国家社科基金项目“政府采购制度实施过程中的问题与对策研究”（08CJY056）
湖南省社科基金项目“政府采购招标制度中反合谋操纵机制的研究与设计”（09JD07）

经济管理学术文库·经济类

政府采购与企业自主创新

Government Purchase and the Independent Innovation Business

马　理　吴金光／著

经济管理出版社
ECONOMY & MANAGEMENT PUBLISHING HOUSE

图书在版编目（CIP）数据

政府采购与企业自主创新/马理，吴金光著．—北京：经济管理出版社，2012.1

ISBN 978－7－5096－1685－7

Ⅰ.①政…　Ⅱ.①马…②吴…　Ⅲ.①政府采购—研究—中国②企业管理—技术革新—研究—中国　Ⅳ.①F812.45②F279.23

中国版本图书馆 CIP 数据核字(2011)第 239520 号

出版发行：经济管理出版社

北京市海淀区北蜂窝 8 号中雅大厦 11 层

电话：(010) 51915602　邮编：100038

印刷：北京银祥印刷厂　经销：新华书店

组稿编辑：王光艳　责任编辑：王光艳

责任印制：杨国强　责任校对：超　凡

720mm×1000mm/16　12 印张　220 千字

2012 年 4 月第 1 版　2012 年 4 月第 1 次印刷

定价：38.00 元

书号：ISBN 978－7－5096－1685－7

前　言

从世界范围内看，利用政府采购资金购买自主创新的企业产品，是促进自主创新企业发展的一条有效途径。该做法不但可以为政府采购资金寻找到更广泛的采购途径与采购来源，而且可以利用市场运作的方式为自主创新企业提供较为充裕的资金支持，并有可能帮助形成优势企业带动行业发展，最终促进整体经济实力的提升与社会总剩余的增加。

但是，以公开招投标为核心的政府采购资金的分配方式与促进自主创新企业的发展，两者之间在实施目标上存在一定冲突。“公开招投标”的目标是要将标的物公平、有效地分配到对它评价最高的购买者手中，而“促进自主创新”则要求政府采购向特定的产业倾斜、对特定的行业进行扶持。如何调和这个矛盾？如何在政府采购的过程中，既考虑经济效益，又兼顾社会效益与产业发展？这是摆在各级政府以及科技管理部门面前的一个紧迫的研究课题。

基于以上分析，本书尝试对政府采购制度实施中的问题与对策进行研究，以探讨在特定条件约束下的政府采购的相关策略。全书的主要内容包括：从经济学的角度解释政府采购扶持自主创新企业发展的必要性与合理性，为政府采购促进自主创新企业发展的偏好政策提供理论支撑；构建多阶层的模糊甄别模型探讨自主创新企业的资质衡量，确保政府采购资金引导的有效性；介绍政府采购实施机制的理论基础，推导市场条件下的招投标的价格模型；加入优惠偏好政策等因素后改进基于自主创新的政府采购模型，并讨论合谋操纵带来的危害及其风险防范；从信息不对称的角度探讨政府采购资金分配中可能存在的问题，提出减小认知差异以缓解资金配给困境的若干建议；从比较的视角阐述政府采购促进自主创新企业发展的实践，梳理归纳发达国家政府采购促进自主创新企业发展的成功经验以及我国政府采购的发展历程；在分析结论的基础上提出我国政府采购机制设计的政策建议。

本书将传统的政府采购招投标模式与促进科技自主创新两者结合起来，探讨了在特定条件约束之下的政府采购的相关策略，尝试为促进科技自主创新发展的政府采购机制的顺利实施寻求必要的理论支撑与现实指导，并最终搭建起一个以促进科技自主创新为出发点、以公开招投标为主要实现手段、以社会与经济效益的总体最大化为追求目标的政府采购机制的实施框架。

本书一方面基于中国的国情，加入新的参数对模型进行了修正，将纯市场条件下的招投标理论拓展成为有中国特色的政府采购招投标理论；另一方面设计了科学合理的促进自主创新企业发展的政府采购招投标机制，促使政府采购从单纯追求经济效益最大化向强调社会效益与产业发展转化，既为我国的政府采购更好地履行产业导向的功能提供了有益的思路，也为财政部门今后进一步完善政府采购机制提供了决策参考。

目　录

导论 ………………………………………………………………………… 1

第一章　政府采购扶持自主创新企业发展的经济学解释 ……………… 13

第一节　斯坦克伯克与价格领导模型 ……………………………… 14
第二节　多局中人多重博弈 ………………………………………… 17
第三节　占优的市场结构与仿真模拟 ……………………………… 21

第二章　自主创新企业的资质衡量 …………………………………… 28

第一节　指标体系的建立 …………………………………………… 28
第二节　粗糙集与定性指标分析 …………………………………… 33
第三节　基于层次分析法的模糊决策 ……………………………… 38

第三章　政府采购过程中的公开招投标 ……………………………… 48

第一节　一对一的协议采购 ………………………………………… 48
第二节　一对多的招投标采购 ……………………………………… 54
第三节　招投标的定价模型 ………………………………………… 58

第四章　促进自主创新的政府采购模型的改进 ……………………… 61

第一节　优惠政策的影响 …………………………………………… 61
第二节　合谋操纵带来的危害 ……………………………………… 65
第三节　基于声誉的约束机制 ……………………………………… 69

第五章　政府采购资金分配中的风险防范 …………………………… 79

第一节　信息披露与信号传递 ……………………………………… 79
第二节　采购资金的配给使用 ……………………………………… 86
第三节　消除认知差异 ……………………………………………… 88

第六章　政府采购促进自主创新企业发展的实践 …………………………… 99

第一节　我国政府采购事业的发展进程 ………………………………… 99
第二节　我国政府采购促进自主创新的实践 …………………………… 108
第三节　西方国家的政府采购制度 ……………………………………… 121
第四节　西方国家政府采购促进自主创新的经验借鉴 ………………… 140

第七章　机制设计与政策建议 ………………………………………………… 162

第一节　促进自主创新企业发展的政府采购的基本原则 ……………… 163
第二节　优化完善政府采购的规模与结构 ……………………………… 164
第三节　促进自主创新企业发展的政府采购机制设计 ………………… 166

参考文献 ……………………………………………………………………… 176

后记 …………………………………………………………………………… 184

导 论

政府采购，是指各级国家机关、事业单位和团体组织，使用财政性资金采购依法制定的集中采购目录以内的或者采购限额标准以上的货物、工程和服务的行为。政府采购制度是我国公共财政管理的重要内容，也是政府调控经济的一种有效手段。随着社会与经济的发展，我国政府采购的规模与金额在逐年急剧增加，涉及的领域也在不断扩大。1998 年，我国政府采购的规模仅为 31 亿元人民币左右，而到了 2010 年，政府采购的规模已达 8422 亿元人民币，涉及的领域也由试点之初单纯的实物采购扩大到了工程、服务等其他领域。

与政府采购投入的庞大资金量相比，我国的中小企业特别是具有自主创新特质的、处于初创期与过渡期的中小企业，长期以来却一直受到资金融通“瓶颈”的制约。由于信用资质不健全，经营风险相对较高，自主创新的中小企业很难从传统的正式的融资途径如商业银行、资本市场获得资金支持，而民间借贷、地下钱庄的高成本、高风险更是让这部分企业望而却步。

为了解决具有自主创新特质的中小企业发展的资金难题问题，市场经济国家通常都会采取必要的政府推动措施。其中一种重要手段就是让政府采购部门承担起部分的资金提供者的职能，通过政府的力量促进与扶持自主创新企业的发展。因此，政府采购在其固有的功能之外通常又被赋予了更多的政策性功能，在此方面西方发达国家的成功实践给我们提供了非常好的借鉴。利用政府采购资金采购自主创新企业的产品，不但可以为政府采购资金找到更广泛的采购途径与采购来源，更重要的是它能以市场运作的方式为自主创新企业提供较为充裕的资金支持，有可能帮助形成优势企业从而带动行业发展，并最终促进整体经济实力的提升与社会总剩余的增加。因此，探讨促进自主创新企业发展的政府采购的机制设计是一个具有重要理论与现实意义的研究课题。

一、问题的提出与研究意义

我国自 1996 年开始实施政府采购试点以来，政府采购事业得到了蓬勃的发展，政府采购制度的各项改革逐步推进，采购规模快速增长，采购范围不断扩大，采购程序也日趋规范。尤其是 2003 年 1 月 1 日施行《政府采购法》以来，我国的政府采购更是走上了法制规范的道路，这也进一步促进了政府采购规模的不断扩大。

根据《中国政府采购统计年鉴》提供的数据，近年来我国的政府采购规模持续快速增长，占财政支出和国内生产总值（GDP）的比重在逐年增加。但是值得指出的是，尽管近年来我国的政府采购事业取得了长足的发展，政府采购的规模却仍然偏小。目前，我国政府采购的金额占GDP的比重大约在2%左右，而西方发达国家政府采购的规模占GDP的比重一般都在10%～15%之间，这意味着我国的政府采购在未来还有巨大的发展空间。

扩大政府采购规模是今后的一个工作重点，然而在现实中政府采购资金的分配却是个很值得探讨的难题。因为政府采购资金不能等同于完全意义上的单纯的财政拨款或财政转移支付，它的使用需要讲究经济效益与社会效益的最大化。一方面，政府采购要保证所采购的货物、工程和服务与需要相吻合；另一方面，政府采购又要兼顾到特定的行业以及具有自主创新资质的企业的发展。这就决定了政府采购部门的效用函数的复杂性以及追求目标的多元性。

按照《中华人民共和国政府采购法》的规定，政府采购的主要方式应该是公开招投标。但是，公开招投标的政府采购在实施的同时，由于过分强调经济效益的最大化，却让我国相当一部分自主创新产品陷入了非常尴尬的境地。不少拥有自主知识产权的民族产品，由于在资本规模上不敌国外的同行，最终不得不在公开招投标的竞争中败下阵来。正是意识到这一点，国务院在最新发布的《国家中长期科学和技术发展规划纲要》中强调，要把实行促进自主创新的政府采购机制，确定为未来十五年我国科技发展的一条重要政策与措施。

然而，公开招投标与促进自主创新在实施目标上存在一定冲突。因为“公开招投标”的目标是要将标的物公平、有效地分配到对它评价最高的购买者手中，而“促进自主创新”则要求政府采购向特定的产业进行倾斜、对特定的行业进行扶持。如何调和这个矛盾？如何在政府采购的过程中，既考虑经济效益，又兼顾社会效益与产业发展？这是摆在各级政府以及科技管理部门面前的一个紧迫的研究课题。

基于以上分析，我们提出要对政府采购制度实施中的问题与对策进行研究，目的就是要探讨在特定条件约束下的政府采购的相关策略，从而构建一套具有中国特色的、促进自主创新的政府采购实施机制。

该研究的理论意义在于：由于在招投标的理论中引入了新的参数、修改模型，将纯市场条件下的招投标理论拓展成为有中国特色的政府采购招投标理论，并进行机制设计，因此该研究是对传统的招投标理论的一个有益的拓展。

研究的现实意义在于：把招投标理论引入政府采购，促使政府采购从单纯追求经济效益最大化向强调社会效益与产业发展转化，帮助政府采购更好地履行产业导向的功能，为政府的采购行为提供现实指导与实用指南。

二、研究综述

关于政府采购与自主创新，国外学者有较深入的研究，取得了丰富的理论成果。本书就此进行了较全面的梳理，但为了保证后面章节关于理论方面研究的完整性，清晰地展示国外理论研究的发展演变脉络，在结构安排的处理上，将相关文献分别融入了各有关的章节中，在此不再重复表述，本部分仅对国内的研究作出梳理。

最近几年，国内学者逐渐认识到政府采购在理论与实践上存在的问题，政府采购对于鼓励和支持自主创新企业发展的重要作用逐渐被提出来，基于政府采购与促进企业自主创新方面的研究文章也层出不穷，大多数学者都赞同政府采购对于科技创新有着很大的促进作用。如王其江（2002）着重分析了政府采购对高新技术产业的拉动作用，他认为这主要表现在四个方面：①降低高新技术产品早期进入市场的风险。高新技术产品的创新活动有不同的阶段，政府采购实施的对象主要是处于产品或产业生命周期早期阶段的创新，政府采购对创新的作用甚至大于政府提供研究与发展资助的作用。②提高高新技术企业的效益。在政府采购过程中，可以对某些高新技术产品以高于市场的价格进行采购，同时也可以对技术创新过程中获得的样品和样机等中间研究成果、技术诀窍及关键技术部件进行预先招标采购，有效地降低市场风险。③加速高新技术产品向民用市场的扩散，较快地提高规模效应。一方面，高新技术产业可以用政府采购的利润来支持向民用市场的渗透，即通过降低民用市场的产品价格来扩大市场需求规模。另一方面，高新技术产品通过政府采购在军事、空间技术等方面的应用，展示了该新产品的有效性和可靠性，从而大大加速了它们向民用市场的扩散。④刺激高新技术产业进行创新。在高新技术产业中，技术领先需要投入大量资源，但产品寿命周期极短，这给收回投资带来了很大的困难。政府采购产生了有一定保证的市场需求，使得技术领先企业能安心进行技术创新和改进来降低成本，从而在市场中占有优势，真正从技术创新中获得优势。

孙瑞华、张兰（2008）认为政府采购对产业技术创新起着市场拉动作用、导向作用、保护作用以及风险分担作用。首先，政府采购能够有效引导技术创新按照政府所鼓励的方向进行，从而使产业政策得以贯彻，资源实现优化配置；其次，政府采购可以通过对企业的性质、产品技术规格以及企业规模等加以限制，来保护国内具有竞争力和发展潜力的高技术产业；最后，政府采购可以充当创新产品的实验场所，可以通过从性能、功能、质量等方面对供应商提出要求，刺激企业进行技术创新，有效降低新技术研究方面的不确定性，通过“定金”的方式向企业及时注入风险资金，降低开发和生产风险，使那些具有发展前景但一时不能被市场接受的创新成果完成市场化过程。因此政府采购对产业技术创新起着很好的风险分担的作用。

洛建文（2008）等人则对我国政府采购高技术产业自主创新产品方面的主要障碍进行了分析，他提出虽然我国有政策规定要优先采购自主创新产品，但是具体实施中仍然有一系列的问题，主要表现在：①自主创新产品的范围难以界定。在政府采购组织实施中难以准确把握某类产品是否属于自主创新产品，也因为对产品难以作出认定，所以政府采购往往就向大品牌企业倾斜，对中小企业和外地小品牌很不公平。②不同部门制定的扶持政策之间存在冲突。政府采购扶持高新技术产业的自主创新牵涉到各个部门，不同部门之间会着重考虑本部门的情况并定出相关的政策法规，因此实施政府采购扶持自主创新政策，首先应当清除各相关政策之间的冲突与不一致。③采购者自身对自主创新产品缺乏信任度。例如，在政府采购中，虽然国产轿车的性价比较高，但是很多部门还是愿意采购国外品牌轿车，这无疑造成了政府采购自主创新产品的巨大障碍。

张凯和郝晓燕（2010）认为政府采购之所以能够对企业起到技术创新的激励作用，是因为政府采购能够提高企业的创新动力和创新激励。一方面是政府通过政府采购帮助企业克服技术创新的风险、资金、人力等方面的困难；另一方面是政府采购通过对社会的引导和示范作用，从外部环境形成对技术创新的拉动作用。基于此，他还建立了政府采购与技术创新的激励体制图，如图 0－1 所示。

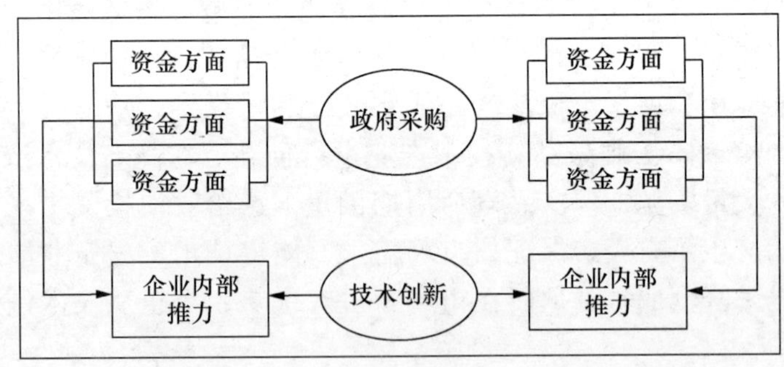

图 0－1　政府采购与技术创新的激励体制

李真（2010）认为政府采购主要是从拉动需求方面促进科技发展，对于政府采购促进科技创新的机理，他认为主要有以下几个方面：①政府采购可以降低企业技术创新的市场风险。即政府采购可以从引导技术方向、扩大市场需求、保障创新收益、实施优惠政策等方面降低技术创新的风险。对于企业的自主创新产品，政府以采购的方式先期加入，加快创新产品进入市场应用的速度。②政府采购能分摊企业技术开发成本。政府采购能够引导科技创新的方向。因为政府在进行采购时，会对需要采购的商品进行指标上的规定，这无疑是给行业的发展方向指明了道路，减少了企业科技创新的盲目性。③政府采购能够促进中小企业的自主创新，这主要是建立在市场失灵的理论基础之上的。自主创新能够产生正的外部效应，并且鼓励小企业进行自主创新能够向其他潜在投资者传递信息，从而使小企业融资变得相对容易。④政府采购能够促进产业结构优化和产业升级。政府采购形成政府财力的注入，可以产生一种示范效应，引致私人资本向这些产品和产业的流动，鼓励、刺激这些产业和产品的发展，实现产业结构的优化和产业升级；政府采购对科技创新行业的发展进行直接支持和刺激，可以促进产业结构升级，加速传统产业的技术改造。此外，他还对我国政府采购对科技创新的促进作用进行了实证分析，得出我国政府采购与科技创新之间有着明显的强相关关系，因此政府很有必要制定相应的政策来促进科技创新。

徐冠华（2009）、柳卸林（2007）等国内专家学者对于政府采购提出了很多建议观点，其内容主要包括：①加强政府采购制度上的创新，建立财政性资金采购自主创新产品制度，并且相应建立自主创新产品的认证制度、审查标准和评价体系。②政府应该改进和完善采购过程中的评审方法，给予自主创新产品更多的优惠待遇，在政府采购的评审方法中，应该充分考虑自主创新因素。③国家应相应建立激励和扶持自主创新的政府采购和订购制度。④对于需要研究开发的重大创新产品或者技术，政府应该通过招标的方式，面向全社会确定研究开发机构，并签订政府订购合同，建立相应的考核验收和研究开发成果推广机制。⑤政府采购应该坚持“有所为，有所不为”的原则。要严格划分各级政府中基础性、共性、关键性科技产品和应用型科技产品的比例，自主知识产权科技产品和无自主知识产权科技产品的比例。重点支持企业有自主知识产权的核心产品的研究和开发，并引导技术创新沿着政府鼓励的方向进行。⑥长期以来对于政府采购支持自主创新产品和高新技术产业的功能认识不够，并且力度也不够，而实际上后者才是政府采购的主要功能，或者说是最重要的功能。

胡长生（2009）在分析了我国实施自主创新政府采购制度的现状与问题之后，提出了以政府采购促进自主创新发展的对策思路，他认为应该从三个方面进行：①转变政府采购的理念与思路。从我国目前政府采购制度的实践来看，政府采购的目标主要是节约资金和抑制腐败，政府采购促进技术创新的目标甚至还没有得到足够的理解与认识。政府作为国内市场最大的消费者，政府采购制度既要体现节约政府开支的要求，又要成为间接扶持国内企业自主创新的良性制度。目前政府采购仍然主要以节约为目的，对推进自主创新作用不明显。②修改与完善我国的政府采购法律制度，凸显促进企业自主创新目标。要充分发挥政府采购在促进自主创新方面的作用，就必须把政府采购制度纳入国家创新政策体系，通过立法建立可操作的政府采购促进自主创新的实现制度。应当选择适当的时机修订完善现行的《中华人民共和国政府采购法》，制订相应的实施细则，进一步增强其可操作性。实施细则可从容易鉴定和操作的产品开始，如纯国产汽车、自主创新占60%以上的新技术、新材料、专利产品等；对国内企业开发的具有自主知识产权的重要高新技术装备和产品，政府应当实施首购与订购政策。③突出政府采购对于中小企业尤其是科技型中小企业自主创新的支持力度。事实上，我国65%的发明专利、74%以上的技术创新是由中小企业获得的，82%以上的新产品开发也是由中小企业创造的，因此政府采购应按一定比例采购中小企业产品，以此来支持鼓励中小企业开发和利用新技术的积极性。④建立完善的政府采购行为的监督机制与机构，加强对政府采购行为的监管。应出台并实施监督政府采购行为的相关规定；应设立专门机构，建立监督检查机制，按照我国相关的法律法规规定，经常检查监督政府采购行为，对于违反法律制度、不利于自主创新的政府采购行为予以及时纠正，从而保障政府采购制度对于自主创新产品的政策支持。

很多学者对于完善支持自主创新的政府采购政策也给出了自己的建议。刘小川（2008）认为，制定合理的政府采购政策，可以在企业科技创新的市场构造、缓解经营风险以及引导投资方向等方面起到关键的作用。沈木珠、徐升权（2006）认为我国应该通过地方立法来建立和完善扶持高新技术产业发展的政府采购制度，即他认为地方政府要在《政府采购法》的指导下，通过立法明确政府采购过程中要优先购买本国高新技术产品，并对可以获得优先采购的高新技术产品范围予以明确。田仪顺（2009）结合我国现状与借鉴国外的实践经验，从主体、模式、体系与机制等四个方面提出了我国政府采购自主创新产品的具体设计框架（如图0－2所示），此外还提出构建分阶段式的政府采购新模式，主要思路是从三个不同的发展阶段选择相应的采购扶持新模式，具体流程如图0－3所示。

还有一些文章结合特定省份的具体情况进行分析，在分析各自省份政府采购促进自主创新现状的基础上提出相应的政策建议。例如唐振鹏、林玮（2007）等人对福建省利用政府采购扶持自主创新企业发展的情况进行了分析；胡舜、陈丽霞（2008）则以湖南省为例作出了类似的分析，并提出了建立和完善高新技术产品采购监督和使用意见反馈机制；邹平、刘鸿芳（2009）则以云南省为例，从自

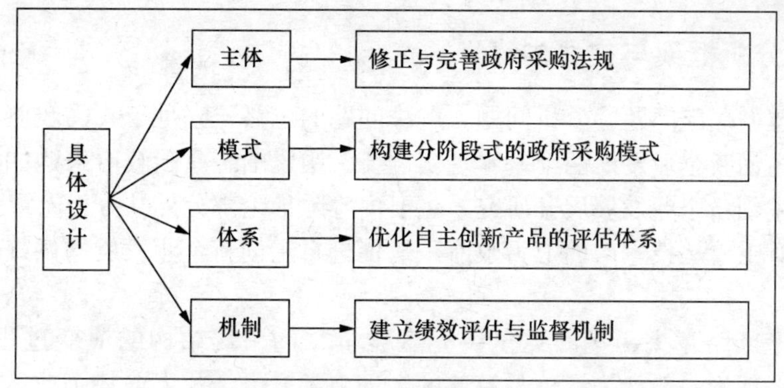

图 0－2　扶持自主创新产品的政府采购制度具体设计图

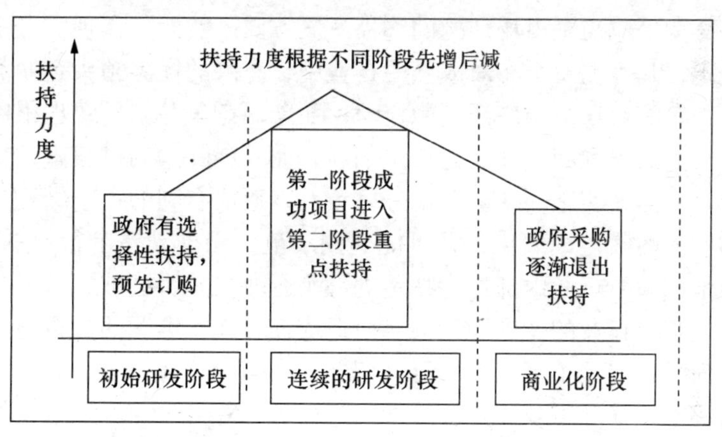

图 0－3　分阶段式政府采购模式图

主创新与公共技术采购的关系入手，对云南省自主创新产品政府采购的现状进行了分析，并提出了建立云南省自主创新产品政府采购管理体制的对策建议。

以上学者的研究成就不容忽视，他们大多专注于对国外先进经验的介绍、引用并提出了很多很好的政策建议，但整体来看仍然存在着若干不足。主要体现在：一是对政府采购促进自主创新发展合理性的经济学解释不足；二是对政府采购促进自主创新发展的内在机理与形成机制没有深入研究；三是对政府采购促进自主创新发展可能出现的一些理论问题缺乏仔细探讨；四是对有中国特色的政府采购招投标的机制设计关注不够。本书尝试在以往学者的研究基础上，针对以上问题进行深入探讨，并希望能够提出科学合理的机制设计为我国的政府采购事业提供相应的理论支撑与实用指南。

三、分析框架与主要内容

本书遵循提出问题、分析问题、解决问题的思路，立足于我国政府采购机制完善与自主创新企业发展两个基本现实需要，紧紧围绕我国政府采购如何更有效地促进自主创新企业发展展开研究，主要内容除导论部分外共分为七章。

第一章主要从技术层面上为政府采购促进自主创新企业发展的偏好政策提供理论支撑。

在"垄断→寡头→垄断竞争→完全竞争"的市场结构的演变过程分析中，传统的经济理论一般认为竞争是有益的。理由是竞争会壮大弱势企业，削弱过分强势的企业，让消费者享受到价格更低廉、数量更丰富的社会产品，从而实现社会经济资源的有效配置与社会总剩余的最大化。传统的市场结构的演化分析也似乎暗示着完全竞争应当是市场结构的终极发展方向。然而，在现实经济生活中我们却常常发现，几乎在每个相对成熟的行业中，有限的优势领头企业与大量的弱势跟随企业并存的市场结构广泛而稳定地存在着，竞争并未导致也根本不会导致领头企业的消失。这说明，在促进自主创新企业发展壮大的过程中，其实有时候可以人为地、适当地实施一些产业偏好政策，以形成有利的市场结构，由此可以促进相关理性人的收益最大化，并可能起到示范作用推动整个行业的整体发展。但是，人为地在某个行业内部扶持特定的领头企业，是否会破坏市场的公平竞争原则，从而对整个行业的发展和社会剩余造成损害呢？本章的分析将双人静态的斯坦克伯克模型拓展到了多人多回合的博弈，在假定存在一个领头企业与 N 个跟随企业的前提下，推导得到 T = 1、T = 2 以及 T = N 期的定价策略，然后比较不同期的局中人收益与社会总剩余，并进行仿真模拟。由此发现，在多人多回合的博弈中，一个领头企业与多个跟随企业并存的市场结构，可能要优于完全竞争下的市场结构，因此利用政府采购资金来扶持自主创新企业的发展并形成行业内的领头企业，总体来说是有利的。不过也要强调的是，扶持新兴产业发展的偏好政策不能滥用，应该有"度"，因此事先对特定产业和特定企业资质的甄别衡量，以及偏好政策实施之后的效果监督必不可少。

第二章主要介绍在定性、模糊的评估数据下，如何对自主创新企业以及创新度进行甄别与决策。

利用政府采购资金来扶持自主创新企业的发展，具体实施前的重要环节是对目标企业的自主创新资质进行科学合理的甄别与衡量，这是一个艰难的问题。因为评判一家企业是否具有自主创新资质，或者评判其自主创新的程度高低，会涉及很多指标，而且不少指标的评价都是定性的描述。因此，在研究与实践中，我们首先要建立起一个合理的指标体系，然后基于该指标体系用数理的方法提炼出科学简单的评价结果，从而为巨额的政府采购资金的使用提供操作指南，充分发挥政府采购资金促进自主创新企业发展的巨大推动作用。本章首先对自主创新与自主创新能力的概念及内涵进行了界定，在以往学者的研究基础上，拟定了一个包含三级指标的自主创新的评价体系，然后构造条件属性与决策属性，基于粗糙集的核值表对定性指标进行了简单的判断甄别。粗糙集理论在精练专家组所获得的定性而不精准的数据方面具有强大的功能，并有较好的容错纠错性，但是它对指标的完全量化分析不足。因此我们选择基于层次分析法的多阶层判别机制，引入专家评估团，在技术专家与管理专家的共同评价下，从评价矩阵中提炼出特征向量，剥离噪声干扰从而留下有用信息，对政府采购的特定企业对象进行精准的甄别。在评价企业的自主创新资质的过程中，并没有完全“好”的唯一的评价方法，根据需要的结论形式、需要付出的成本和可能产生的经济效益，政府采购部门可以灵活地选取不同的甄别方法。但无论如何，对企业自主创新资质进行精准的甄别非常重要，因为只有严格准确的甄别定位，才能使有限的政府采购资金落到实处，发挥其应有的功效。

第三章主要介绍政府采购实施机制的理论基础，并推导市场条件下的招投标的价格模型。

从世界上其他发达国家的先进经验与实践模式来看，政府采购的主要实施方式是公开的招投标。在市场经济条件下，招投标有着较为成熟的理论作为支撑，其最大特点是能够发掘出价值不明的各类资产的真实价值，并实现公开、公平、公正，有效地将资源配置到竞标者手中，我国的《中华人民共和国政府采购法》也明确规定，政府采购的主要方式为公开的招投标。本章首先介绍了在“一对一”情况下的双边叫价与讨价还价，并将传统模型拓展到更一般的市场情形，然后介绍了“一对多”的四种招投标形式。尽管从理论上看，招投标与拍卖在道理上是一致的，但它们存在区别。一般来说，拍卖是向上叫价，或者说是“价高者得”；但是招投标是向下叫价，或者说是“价低者得”。本部分借鉴了维克利关于英式拍卖的经典模型的推导方法，引入一阶常系数非齐次线性微分方程，求解特定经济条件的方程特解，讨论当设标者面临着两位竞标者或者多位竞标者的不同情况时，竞标成功者的价格模型。从分析结果中我们发现，尽管招投标与拍卖的理论基础相同，但即便同在市场经济条件下，招投标仍有其独特的价格形成机制。

第四章主要介绍在政府采购部门的优惠偏好政策影响下招投标模型的变化，并讨论合谋操纵带来的危害及其风险防范。

市场条件下的招投标的分析结论非常简洁有力，但是这是在没有外部干涉、纯市场条件下的招投标的均衡结果。而本书倡导的主旨是利用巨额的政府采购资金扶持有自主创新资质的企业发展，因此我们想知道的是当政府运用有偏好的优惠政策时，自主创新企业参与的招投标的收益格局会发生什么样的变化。假设政府采购面对的竞标者均有程度不等的自主创新资质，并已被成功的量化识别，政府针对企业自主创新资质的不同程度，给予企业不同的优惠承诺，并当竞标者成功获取标的物之后予以兑现。显然，企业自主创新程度越高，从政府处获取的优惠越大，而获得相关优惠之后，自主创新企业的成本函数发生改变，因此政策影响可以表述为：当自主创新程度增加而导致政策变化时，特定竞标者的出价策略也变化。研究结果显示，拥有更强的自主创新资质的企业在投标过程中的竞争力也就越强，这就很好地解决了在招投标时，自主创新企业可能受制于资本规模而无法与实力雄厚的国外大企业相竞争的难题，同时也为政府实施促进自主创新企业发展的支持政策提供了强有力的理论支撑。不过，政府不可能无止境地加大对企业的优惠投入，因为成本收益之间存在均衡点。一方面，对企业的优惠会增加政府采购的正外部性，这是好的方面。但是另一方面，对相关企业的优惠又会增加政府采购的经营成本，这是不好的方面。政府于是需要在成本收益的此消彼长中谋求收益的最大化。本章随后讨论了买方合谋将给政府采购方带来的危害，并基于声誉约束建立了一个防范合谋的多期博弈模型。结论显示，一个有效健全的声誉约束机制可以规范和引导市场参与者的行为选择，当面对着一个好的制度设计时，即使是合谋类型的投标人也有不进行合谋而选择合规经营的激励，在整个宏观经济层面上，科学合理的激励约束机制可以有效诱导投标企业体现出更强的社会责任感与道德伦理观。

第五章主要从信息不对称的角度，分析逆向选择与道德风险可能给政府采购部门带来的危害，并提出减小认知差异缓解资金配给难题的若干建议。

政府采购资金使用过程中的风险主要体现在两个阶段：一个是资金的分配阶段，例如，可能会有非自主创新企业冒充自主创新企业，谎报虚报巨大的研发费用投入，骗取巨额的政府采购资金的支持；另一个则是资金的使用阶段，例如，可能会有企业设计诱人的未来计划，但是在获取到政府采购资金之后，却没有将资金运用到进一步的自主创新的发展中去，而挪作他用。这两种情况都会导致政府采购资金不能发挥应有的功效，必须进行防范。在分析逻辑上，本章首先在阿克罗夫信息不对称与斯彭斯的信号理论基础上，提出了加强对研发投入的信息披露消除逆向选择与道德风险的主张，然后讨论了政府采购部门与自主创新企业对项目投资成功概率的不同预期。正是由于该认知差异的存在，同时出于对自身利益的保护，政府采购部门对申请资金支持的自主创新企业的资金配给存在程度上的差异。模型推导结果证明了资金配给的程度与局中人对项目的认知差异存在正相关关系，因此要减少资金配给，让更多的自主创新企业获得更多的资金支持，降低双方对投资项目的认知差异非常关键。本章最后基于此从政府采购部门与自主创新企业的角度提出了改进的建议。

第六章从比较的视角阐述政府采购促进自主创新企业发展的实践，梳理归纳了发达国家政府采购促进自主创新企业发展的成功经验以及我国政府采购的发展历程。

从世界范围来看，充分发挥巨额政府采购资金的推动作用是扶持具有自主创新资质的高新技术产业发展的一条有效途径，目前西方发达国家普遍取得了较好的效果。美国、加拿大、韩国、澳大利亚、日本、英国、芬兰等国的政府采购以及利用政府采购促进自主创新企业发展的成功经验给了我们很好的借鉴。因此我们有必要对西方发达国家关于政府采购促进自主创新企业发展的相关机制进行比较分析，并从中吸取经验和教训，来指导我国促进自主创新企业发展的政府采购机制的实施。我国的政府采购事业起步时间并不长，但是与国际接轨的步伐非常快，一方面相关立法不断完善，相关的理论研究层出不穷；另一方面，近几年重点加强了政府采购对自主创新企业发展的扶持，各部门各地方政府纷纷出台各项法案，响应国家关于扶持自主创新产品的政府采购政策的实施，以此来规范本部门和本地区政府采购制度，使之达到扶持自主创新产品和高新科技产业的目的。但是，总体来说力度还不够，产生的效果也不十分明显，还需要进一步完善。

第七章“机制设计与政策建议”，以前文的结论为基础，从促进自主创新企业发展的政府采购的基本原则、优化完善政府采购的规模与结构、科学合理地设计自主创新的衡量标准、完善促进自主创新企业发展的投招标制度、建立反合谋操纵的防范机制以及配套政策的实施等多个层面提出政策建议，从而设计了一套科学合理的促进自主创新企业发展的政府采购机制。

四、创新与不足

本书研究的特色与创新之处体现在：将传统的政府采购招投标模式与促进科技自主创新两者结合起来，探讨在特定条件约束之下的政府采购的相关策略，尝试为促进科技自主创新的政府采购机制的顺利实施寻求必要的理论支撑与现实指导，并最终搭建起一个以促进科技自主创新为出发点、以公开招投标为主要实现手段、以社会与经济效益的总体最大化为追求目标的政府采购机制的实施框架。具体有以下几点：

第一，为政府采购扶持自主创新企业发展提供了经济学解释与理论支撑，证明了在多人多回合的博弈中，一个领头企业与多个跟随企业并存的市场结构，要优于完全竞争下的市场结构，因此利用政府采购资金来扶持自主创新企业的发展并形成行业内的领头企业，总体来说是有利的。

第二，借鉴模糊数学的若干算法，建立自主创新资质的立体评价体系，然后基于该指标体系用粗糙集与层次分析法提炼出科学简单的评价结果，精准的甄别企业的自主创新资质，从而为巨额的政府采购资金的使用提供操作指南。

第三，拓展了市场条件下的招投标模型，同时引入自主创新的约束条件，改变局中人的效用函数，讨论在政府采购部门的优惠偏好政策影响下招投标模型的变化，并基于声誉约束建立了一个防范合谋的多期博弈模型，诱导政府采购过程中的投标企业体现出更强的社会责任感与道德伦理观。

第四，从信息不对称的角度，分析逆向选择与道德风险可能给政府采购部门带来的危害，证明了资金配给的程度与局中人对项目的认知差异存在正相关关系，提出减小认知差异缓解资金配给难题的若干建议，帮助自主创新企业获得更多的政府采购资金的支持。

本书研究的不完美之处在于实证检验部分，原课题设计了大规模的调研方案，我们在研究中通过赴政府采购部门访谈与考察，并设计发放调查问卷从而掌握了大量典型的案例，但是最后却无法给出严格的数据检验。因为我国的实情是政府采购没有形成资源的集中分配，一般都是各级政府各自为政进行采购。这就造成了在调研过程中，获取单个的离散的案例容易，但却无法获取连续的可比较的高频数据，由此直接导致原设计的检验分析难以完成。

为了解决这个难题，我们做了两个方面的努力。首先，继续通过多种渠道，赴企业与政府部门调研搜集相关数据，争取在累积了足够丰富的高频数据之后能够作出实证检验。其次，在研究中通过大量的仿真模拟的方法对研究结论进行检验，这在各个章节的内容中都有体现，事实证明当数据检验因为各种原因不可得的前提之下，利用计算机运算技术对真实环境进行仿真模拟，是一种行之有效的证明结论正确性的方法，而且在本书的写作中仿真模拟也确实取得了较好的效果。

第一章　政府采购扶持自主创新企业发展的经济学解释

对于某个特定行业而言，其市场结构的可能的自然发展过程大致是：首先有一家先入企业凭借其创新技术进入该行业成为垄断者，独占垄断利润；其次有企业被利润吸引也进入该行业与先入者进行竞争，市场结构逐渐演变成寡头，双方共同分享超额利润；再次超额利润的存在吸引了更多的企业进入，新入的企业由于资金或者技术的劣势，大多采取跟随的策略，接受行业领头企业的定价并确定自己的最优产量；最后由于竞争的不断加剧，先入企业被迫让价应对竞争，弱势企业不断壮大，市场结构可能会经由垄断竞争而演变成为完全竞争，最终超额利润被抹杀，所有企业成为获取平均利润的平等市场主体。

在以上市场结构的演变过程中，传统的经济理论一般认为竞争是有益的。理由是竞争会壮大弱势企业，削弱过分强势的企业，让消费者享受到价格更低廉数量更丰富的社会产品，从而实现社会经济资源的有效配置与社会总剩余的最大化，传统的市场结构的演化分析也似乎暗示着完全竞争应当是市场结构的终极发展方向。然而，在现实经济生活中我们却常常发现，几乎在每个相对成熟的行业中，有限的优势领头企业与大量的弱势跟随企业并存的市场结构广泛而稳定地存在着。竞争并未导致也根本不会导致领头企业的消失，这样的例子在计算机、机械制造、商业银行、采掘冶炼以及生物制药等各类行业中普遍存在着。

这说明，在促进自主创新企业发展壮大的过程中，其实有时候可以人为地适当地实施一些产业偏好政策，来形成有利的市场结构，由此可能可以促进相关理性人的收益最大化，并可能起到示范作用推动整个行业的整体发展。但是这样做合理吗？是否有科学的经济学解释呢？尽管在现实经济中，利用巨额的政府采购资金扶持自主创新企业的发展，已成为各个国家促进企业发展的一条普遍思路。但是，人为地在某个行业内部扶持特定的领头企业，是否会破坏市场的公平竞争原则，从而对整个行业的发展和社会剩余造成损害呢？毫无疑问，这是一系列亟待解决的重要问题，若不能对这些问题提出合理的理论解释，那么利用偏好政策和政府采购资金来人为地扶持自主创新企业的发展就可能是一种错误而不足取的做法。

本章尝试从数理模型的角度对以上疑问提出相应的经济学解释，为整个研究奠定必要的理论基础。分析的逻辑思路是：首先从斯坦克伯克模型与价格领导模型入手，介绍领头企业与跟随企业的一般定价原则；然后将传统的经典模型拓展到多人多回合博弈，推导多重博弈过程中价格形成的通项公式；最后通过对不同期的博弈结果进行比较与仿真模拟，证明领头企业的存在是有利的，其存在不但有利于消费者与社会剩余最大化，而且能起到示范作用推动整个行业的整体发展，为政府采购资金支持自主创新企业发展与扶持领头企业的形成提供坚实的理论支撑。

第一节　斯坦克伯克与价格领导模型

斯坦克伯克与价格领导模型是宏观经济学中的经典模型，这两个模型针对领头企业与其他跟随企业共同组成的市场经济中的价格形成机制进行了解释。

一、斯坦克伯克博弈中的定价规则

假设市场中只有两家企业，一家是政府扶持的自主创新企业，经过发展目前在特定行业中是领头企业；另一家是没有得到政府扶持的非自主创新企业，在行业中是跟随企业。传统的斯坦克伯克模型可以提供这两家企业在市场博弈中的定价格局。①

领头企业 1 首先选择自己的产量 $q_1 \geq 0$，跟随企业 2 在观测到 q_1 之后，选择自己的产量 $q_2 \geq 0$，因此，这是一个单期的完美信息动态博弈。因为企业 2 在选择 q_2 之前已经观察到 q_1，他可以根据 q_1 来选择 q_2，但是企业 1 由于首先行动，他不可能根据 q_2 来选择 q_1，因此，企业 2 的战略应该是从 Q_1 到 Q_2 的一个函数，即 S_2：$Q_1 \to Q_2$（这里 $Q_1 = [0, \infty)$ 是企业 1 的产量空间，$Q_2 = [0, \infty)$ 是企业 2 的产量空间），而企业 1 的战略就是简单地选择 q_1；这时，精练均衡的结果是 $(q_1, S_2(q_1))$，支付函数是 $u_i(q_1, S_2(q_1))$。

假定两个企业面临的价格函数是 $P(Q) = a - q_1 - q_2$，两个企业有相同的不变的单位成本 $c \geq 0$，那么不同企业的效用函数为 $\pi_i(q_1, q_2) = q_i(P(Q) - c)$，其中 $i = 1, 2$。

首先考虑给定领头企业的 q_1 的前提下，跟随企业的最优选择，此时跟随企

① 斯坦克伯克模型的原型可以参见微观经济学或博弈论的相关教材。

业谋求：

$$\max \pi_2(q_1, q_2) = q_2(a - q_1 - q_2 - c)$$

因为最优化，所以上式的一阶导等于0，推出：

$$\frac{\partial \pi_2(q_1, q_2)}{\partial q_2} \Rightarrow S_2(q_1) = \frac{1}{2}(a - q_1 - c)$$

因为领头企业预测到跟随企业将根据 $S_2(q_1)$ 选择 q_2，所以领头企业会谋求：

$$\max \pi_1(q_1, S_2(q_1)) = q_1(a - q_1 - S_2(q_1) - c)$$

由此，解一阶条件得到：

$$\frac{\partial \pi_1(q_1, q_2)}{\partial q_1} \Rightarrow q_1^* = \frac{1}{2}(a - c)$$

将其代入，可得到：

$$q_2^* = \frac{1}{4}(a - c)$$

以上是传统的斯坦克伯克模型的推导结果，该结果虽然提供了行业中的领头企业和跟随企业之间的定价策略，但是该模型存在较大的缺陷：

首先，斯坦克伯克只分析了在既定规则下的不同企业的产品最优定价，并指出领头企业将比跟随企业获得更多的利润，却并没有分析这种定价是否合理，是否会有利于该行业的总体发展，是否会对社会剩余造成损害。也就是说，该模型只证明了存在性，没有证明合理性。

其次，模型的假设前提过于理想化，其中参与人只有两个，而且进行的是单期博弈。显然，这些假设较之现实条件相去较远，当参与定价博弈的企业有多家，而且进行的是多重博弈的时候，最终的纳什均衡会发生巨大的改变。因此，我们需要将斯坦克伯克模型进行拓展，以解决以上局限性。

二、价格领导模型的改进

价格领导模型相对于斯坦克伯克模型来说，有了很大的改进，它将参与博弈的企业拓展到了多家，因此更加切合实际。

假设市场中有多家企业，一家是经过政府扶持的自主创新企业，目前在特定行业中是领头企业，其他的是没有得到政府扶持的非自主创新企业，在行业中是跟随企业。

在宏观经济学的教材中，提供了一个简单的价格领导模型如下①：

设某产品的市场价格决定函数是：

$$P = 10000 - 10Q_T$$

① 价格领导模型的原型具体可以参见宏观经济学的相关教材。

其中：

$Q_T = Q_L + Q_F$

意味着市场的总产量由领头企业的产量和众多跟随企业的总产量共同组成。

假设领头企业的边际成本函数为：

$MC_L = 100 + 3Q_L$

众多跟随企业的总的边际成本函数为：

$\sum MC_i = 50 + 2Q_F$

则领头企业的利润最大化应该满足：

$MR_L = MC_L$

领头企业的边际收益通过其总收益函数 TR_L 的导数得到，而由于有：

$$\begin{aligned} TR_L &= P \times Q_L \\ &= P \times (Q_T - Q_F) \\ &= P \times (1000 - 0.1P - Q_F) \end{aligned}$$

为了求出 Q_F，考虑到领头企业的市场竞争力，因此跟随企业面对的是一条水平需求曲线，所以有：

$MR_F = P$

跟随企业为了谋求利润最大，所以有：

$MR_F = \sum MC_F$

由此代入推出：

$MR_F = \sum MC_F \Rightarrow P = 50 + 2Q_F \Rightarrow Q_F = 0.5P - 25$

于是，得到：

$$\begin{aligned} Q_L &= (1000 - 0.1P) - (0.5P - 25) \\ &= 1025 - 0.6P \end{aligned}$$

进一步推导可得：

$$\begin{aligned} TR_L &= P \times Q_L \\ &= P \times (Q_T - Q_F) \\ &= P \times (1000 - 0.1P - Q_F) \\ &= 1708.333Q_L - 1.6667Q_L^2 \end{aligned}$$

对上式求导，得到领头企业的边际收益函数为：

$$MR_L = \frac{d(TR_L)}{dQ_L} = 1708.333 - 3.3334Q_L$$

由于领头企业的利润最大化应该满足：

$MR_L = MC_L$

所以得到：

$1708.333 - 3.3334Q_L^* = 100 + 3Q_L^*$

由此，得到领头企业的最优产量是 $Q_L^* = 253.945$，跟随企业的总的最优产量是 $Q_F^* = 617.542$，最终的最优产品价格是 $P^* = 1285.083$。

传统的价格领导模型提供了行业中的一家领头企业和多家跟随企业之间的定价策略，与斯坦克伯克模型相比，该模型尽管有了一定的改进，但同样也存在较大的缺陷：

首先，和斯坦克伯克模型一样，他只分析了在既定规则下的不同企业的产品最优定价，并且指出领头企业将比跟随企业获得更多的利润，同样地并没有分析这种定价是否合理，是否会有利于该行业的总体发展，是否会对社会剩余造成损害。

其次，尽管价格领导模型将参与人拓展到了多家，但是其分析的仍然是单期博弈。显然，若参与企业进行多重博弈，最终的纳什均衡还是会发生巨大的改变。

我们希望在以上传统的经典模型的基础上作出进一步拓展，以克服传统模型的局限与不足，为政府采购扶持自主创新企业发展提供有效的理论支撑。

第二节　多局中人多重博弈

假设一共有 k 个局中人参与市场博弈，其中企业 1 为政府部门通过政府采购资金扶持的自主创新企业，该企业为特定行业中的领头企业。企业 2，3，…，k，是没有得到政府扶持的非自主创新企业，在行业中是跟随企业。

企业的价格函数为：

$$P(Q) = a - \sum_{i=1}^{k} q_i - c_i$$

所有企业的边际生产成本保持相同且不变化的 $c \geq 0$，即：

$$C_i = q_i^* c, \ (i = 1, 2, \cdots, k)$$

那么每家企业的利润函数为：

$$\pi_i(q_1, q_2, \cdots, q_k) = q_i(a - q_1 - q_2 - \cdots - q_k - c) \text{ 其中 } i = 1, 2, 3, \cdots, k$$

其他假设如下：

领头企业和跟随企业，即企业 1 和企业 2，3，…，k 都可以准确地观察到对方选择的产量，而且这种观测所需的成本很小以至于我们可以把它假设为 0，而且各个企业一旦在期初决定自己的产量，那么他们在这个时期内不能再将其进行变动。

领头企业 1 和众多的跟随企业 2，3，…，k，在博弈的各个时期内，没有突破性的技术进步，或者即便有突破性的技术进步出现，那么他们彼此之间在获得该技术时也是同步且无差异的。

领头企业与跟随企业会进行最优的动态反应。企业估算对方企业的当期产量的依据是对方企业的上一期的产量，并在此基础上，决定本企业的当期最优产量，因此本书讨论的是一个多期多局中人的完美信息的动态博弈。①

一、T=1 与 T=2 期的收益格局

我们首先推导当动态博弈过程进行 1 期与动态博弈进行 2 期时，领头企业与跟随企业的各自出价规则。

1. T=1 期

假定领头企业先选择产量 q_1，该信息被跟随企业完美地观察到，此时企业 2 所面临的问题是最大化如下收益：

$$\max_{q_{2,t=1}\geqslant 0}\pi_2(q_1,q_2,\cdots,q_k)=q_2(a-q_1-q_2-\cdots-q_k-c)$$

最优化的一阶条件为：

$$\frac{\partial \max \pi_2}{\partial q_2}=0$$

解得：

$$S_2(q_1)=\frac{1}{2}(a-c-q_1-q_3-\cdots-q_k)$$

同理可得其他跟随企业的情况：

$$S_3(q_1)=\frac{1}{2}(a-c-q_1-q_2-\cdots-q_k)$$

$$S_k(q_1)=\frac{1}{2}(a-c-q_1-q_2-\cdots-q_{k-1})$$

由于：

$$S_2(q_1)=S_3(q_1)=\cdots=S_k(q_1)$$

推出：

$$q^*_{2,t=1}=q^*_{3,t=1}=\cdots=q^*_{k,t=1}=\frac{a-c-q_1}{k}$$

因为领头企业 1 预测到企业 i（i=2，3，…，k）将根据 $S_i(q_1)$ 来选择 $q^*_{i,t=1}$，那么它的追求是最大化如下收益：

---

① 企业的产量制定是基于继承的，例如企业 1 的这种惯例表现为企业 1 会根据 $q_{i,t=N}=S(q_{i,t=1},q_{i,t=2},\cdots,q_{i,t=N-1})$，i=2，…，k 对跟随者在第 N 期的产量进行预测。事实上，函数 $S(q_{i,t=1},q_{i,t=2},\cdots,q_{i,t=N-1})$ 有多种表现形式，本书假设企业 1 不是完美记忆的，即假设企业 1 对于企业 i 在第 N 期的产量预测为：$q_{i,t=N}=q^*_{i,t=N-1}$，其中 i=2，3，…，k；这意味着企业 1 在预测企业 i 的当期产量时，认为企业 i（i=2，3，…，k）会根据上期的产量来安排当期的生产。

$\max_{q_{1,t=1}\geqslant 0}\pi_1[q_1,S_2(q_1),\cdots,S_k(q_1)]=q_1[a-q_1-S_2(q_1),\cdots,S_k(q_1)-c]$

将 $q^*_{i,t=1}$ 带入此式，解得最优的一阶条件为：

$$q^*_{i,t=1}=\frac{a-c}{2}$$

则有：

$$q^*_{2,t=1}=q^*_{3,t=1}=\cdots=q^*_{k,t=1}=\frac{a-c-q_1}{k}=\frac{a-c}{2k}$$

即多寡头 Stackelberg 模型在 t = 1 期的精练纳什均衡解为：

$$(\frac{a-c}{2},\ \frac{a-c}{2k},\ \cdots,\ \frac{a-c}{2k})$$

2. T = 2 期

由于领头者预期到跟随者都会选择：

$$q_{2,t=2}=q_{3,t=2}=\cdots=q_{k,t=2}=q^*_{i,t=1}=\frac{a-c}{2k},\ (i=2,\ 3,\ \cdots,\ k)$$

那么他会安排自己在 t = 2 期的产量为 $q^*_{1,t=2}$，此时，企业 1 面临的问题是：

$\max_{q_{1,t=2}\geqslant 0}\pi_1\ (q_{1,t=2},\ q_{2,t=1},\ \cdots,\ q_{k,t=2})\ =q_1\ (a-q_{1,t=2}-q_{2,t=2}-\cdots-q_{k,t=2}-c)$

最优化的一阶条件为：

$$q^*_{1,t=2}=\frac{1}{2}[a-c-\ (k-1)\ q^*_{i,t=1}]$$

求解得到：

$$q^*_{1,t=2}=\frac{(k+1)}{4k}\ (a-c)$$

追随者观察到领头者的产量决策之后，其所面对的问题是：

$\max_{q_{i,t=2}\geqslant 0}\pi_i=q_i\ (a-q_{1,t=2}-q_{2,t=2}-\cdots-q_{k,t=2}-c)$，其中 i = 2，3，…，k

最优化一阶条件为：

$$\frac{\partial\max\pi_i}{\partial q_i}=0$$

由此推出：

$$q^*_{2,t=2}=\frac{1}{2}\left[\frac{3k-1}{4k}\ (a-c)\ -q^*_{3,t=2}-\cdots-q^*_{k,t=2}\right]$$

$$q^*_{k,t=2}=\frac{1}{2}\left[\frac{3k-1}{4k}\ (a-c)\ -q^*_{2,t=2}-\cdots-q^*_{k-1,t=2}\right]$$

由于：

$$q^*_{2,t=2}=q^*_{3,t=2}=\cdots=q^*_{k,t=2}$$

解得：

$$q^*_{2,t=2}=q^*_{3,t=2}=\cdots=q^*_{k,t=2}=\frac{3k-1}{4k^2}\ (a-c)$$

则 t = 2 期的均衡解为：

$$\left[\frac{k+1}{4k}(a-c),\ \frac{3k-1}{4k^2}(a-c),\ \cdots,\ \frac{3k-1}{4k^2}(a-c)\right]$$

二、T = N 期的结论及数学证明

以上求出的是动态博弈只进行 1 期或 2 期时，领头企业与跟随企业的出价规则，下面我们希望将博弈进行多期，推导出博弈结果的通项表达式，以寻找到更一般化的规律特征。

1. T = N 期

使用相同的推导过程，可以得到：

$$q_{1,t=N}^{*}=\frac{1}{2}[a-c-(k-1)q_{i,t=N-1}^{*}]$$

由于：

$$q_{i,t=N-1}^{*}=\frac{a-c-q_{1,t=N-1}^{*}}{k}$$

则有：

$$q_{1,t=N}^{*}=\frac{1}{2}\left[a-c-(k-1)\frac{a-c-q_{1,t=N-1}^{*}}{k}\right]$$

通过化简得出：$q_{1,t=N}^{*}$与 $q_{1,t=N-1}^{*}$之间的关系式为：

$$q_{1,t=N}^{*}=\frac{a-c}{2k}+\frac{k-1}{2k}q_{1,t=N-1}^{*}$$

令数列 $A_N=q_{1,t=N}^{*}$，$B_N=q_{1,t=N-1}^{*}$（i = 2，3，…，k）

则有：

$$B_N=q_{1,t=N-1}^{*}=\frac{a-c-q_{1,t=N}^{*}}{k}=\frac{1}{k}(a-c-A_N)$$

根据数列 A_N 的递推式，即：

$$A_N=\frac{a-c}{2k}+\frac{k-1}{2k}A_{N=1}$$

经过数学处理，得出 A_N 的通项公式为：

$$A_N=\frac{a-c}{k+1}\left[1-\left(\frac{k-1}{2k}\right)^{N-1}\right]+\left(\frac{k-1}{2k}\right)^{N-1}\frac{(a-c)}{2}$$

取 N = 1、N = 2 以及 N = 3 进行检验，发现由通项公式获得的结果与推导获得的结果相一致，对上式取极限，则有：

$$\lim_{N\to+\infty}A_N=\frac{a-c}{k+1}$$

而且同时推出：

$\lim_{N\to+\infty} B_N = \lim_{N\to+\infty}\left[\frac{1}{k}(a-c-A_N)\right] = \frac{a-c}{k+1}$

2. 数学归纳法证明

假设有结论成立：

$q^*_{1,t=N} = \frac{a-c}{k+1}\left[1-\left(\frac{k-1}{2k}\right)^{N-1}\right]+\left(\frac{k-1}{2k}\right)^{N-1}\frac{a-c}{2}$

使用 Stackelberg 模型的推导方法，可得：

$q^*_{2,t=N} = \frac{a-c-q^*_{1,t=N}}{k}$

再由 $q^*_{2,t=N}$得到：

$q^*_{1,t=N+1} = \frac{a-c}{k+1}\left[1-\left(\frac{k-1}{2k}\right)^{N}\right]+\left(\frac{k-1}{2k}\right)^{N}\frac{a-c}{2}$

该式和 A_{N+1}的形式完全吻合，所以 A_N 的通项公式是正确的。

对 A_N 取极限，则有：

$\lim\limits_{N\to\infty} A_N = \frac{a-c}{k+1}$

而 $B_N = q^*_{i,t=N} = \frac{a-c-q^*_{1,t=N}}{k} = \frac{1}{k}(a-c-A_N)$，则推出：

$\lim\limits_{N\to\infty} B_N = \lim\limits_{N\to\infty}\left[\frac{1}{k}(a-c-A_N)\right] = \frac{a-c}{k+1}$

综上所述可得：

$\lim\limits_{N\to\infty} A_N = \lim\limits_{N\to\infty} B_N = \frac{a-c}{k+1}$。

第三节 占优的市场结构与仿真模拟

通过分析，我们得到了和完全竞争相类似的结果。即如果强行进行多回合的长期博弈，领头企业与跟随企业的差异会消失，所有的市场参与者都会变成平等的市场主体，最终大家面对着相同的产量与价格。但是，现实经济大多数时候结果却并非如此，特定行业中优势领头企业与大量弱势跟随企业并存的市场结构不但普遍存在而且十分稳定，下面我们尝试将获得的各期博弈均衡解作一个比较分析来寻求对该现象的答案。

一、跨期均衡解的比较

为了更好地说明参与的局中人的数目以及进行博弈的次数对于产量决策以及

市场价格的影响，现对一期两人博弈，一期 k 人博弈，二期 k 人博弈以及 N 期 k 人博弈情况下的各个变量指标进行比较分析，列表见 1－1。

表 1－1 跨期的博弈结果

	一期两人博弈	一期 k 人博弈	二期（t=2）k 人博弈	N 期（t=N）k 人博弈
价格：P	$\frac{1}{4}(a-c)$	$\frac{a-c}{2k}$	$\frac{3k-1}{4k^2}(a-c)$	$\frac{1}{k+1}(a-c)$
领头企业的产量：q_1	$\frac{1}{2}(a-c)$	$\frac{a-c}{2}$	$\frac{k+1}{4k}(a-c)$	$\frac{1}{k+1}(a-c)$
单个追随者的产量：q_i（i=2，3，…，n）	$\frac{1}{4}(a-c)$	$\frac{a-c}{2k}$	$\frac{3k-1}{4k^2}(a-c)$	$\frac{1}{k+1}(a-c)$
所有企业总产量：$\sum q_i$	$\frac{3}{4}(a-c)$	$\frac{2k-1}{2k}(a-c)$	$\frac{4k^2-3k+1}{4k^2}(a-c)$	$\frac{k}{k+1}(a-c)$
领头企业的利润：pq_1	$\frac{1}{8}(a-c)^2$	$\frac{(a-c)^2}{4k}$	$\frac{(3k-1)(k+1)}{16k^3}(a-c)^2$	$\frac{1}{(k+1)^2}(a-c)^2$
单个跟随者的利润：pq_i（i=2，3，…，n）	$\frac{1}{16}(a-c)^2$	$\frac{(a-c)^2}{4k^2}$	$\frac{(3k-1)^2}{16k^4}(a-c)^2$	$\frac{1}{(k+1)^2}(a-c)^2$
所有企业的总利润：$\sum pq_i$（i=1，2，…，n）	$\frac{3}{16}(a-c)^2$	$\frac{2k-1}{4k^2}(a-c)^2$	$\frac{(3k-1)(4k^2-3k+1)}{16k^4}(a-c)^2$	$\frac{k}{(k+1)^2}(a-c)^2$

先分析比较表格中的后三列，即 k 个人在不同时期博弈的情况：

首先来看在各个企业内部其利润的变化情况，对于领头企业而言，他在第一期的利润大于第二期的利润，且随着时间的延伸和博弈的重复进行，他在以后各期的利润都会逐渐减少，即：

$$\frac{(a-c)^2}{4k}>\frac{(3k-1)(k+1)}{16k^3}(a-c)^2>\frac{1}{(k+1)^2}(a-c)^2$$

直至在 t=N 期的利润达到最小值：$\frac{1}{(k+1)^2}(a-c)^2$。

而追随者利润情况则正好相反，他们在第一期得到的利润小于第二期的利润，且随着时间的推移，他们在今后各期得到的利润逐渐增大，即：

$$\frac{(a-c)^2}{4k}<\frac{(3k-1)(k+1)}{16k^3}(a-c)^2<\frac{1}{(k+1)^2}(a-c)^2$$

最终在 t=N 期时，追随者的利润达到最大值$\frac{1}{(k+1)^2}(a-c)^2$。

再从整个行业的总产量、总利润和市场价格来看，记一期 k 人博弈时的总产量为 $Q_{k,t=1}$，总利润为$\pi_{k,t=1}$，市场价格为 $P_{k,t=1}$；二期（t=2）k 人博弈的总产量

为 $Q_{k,t=2}$，总利润为$\pi_{k,t=2}$，市场价格为 $P_{k,t=2}$；N 期（t = N）k 人博弈的总产量为 $Q_{k,t=N}$，总利润为 $\pi_{k,t=N}$，市场价格为 $P_{k,t=N}$；由表 1 – 1 可知，对于产量而言，有：

$$Q_{k,t=1} > Q_{k,t=2} > Q_{k,t=N}$$

对于利润而言，有：

$$\pi_{k,t=1} < \pi_{k,t=2} < \pi_{k,t=N}$$

对于价格而言，有：

$$P_{k,t=1} < P_{k,t=2} < P_{k,t=N}$$

这意味着随着时间的延伸，整个行业的总产量呈现出递减的趋势，而价格却是递增的。

再对 t = 1 时两人博弈和多个局中人博弈的情况进行分析，即对表 1 – 1 中前面两列的数据进行比较。由此可知，当 k > 2，即参与人的数量多于 2 时，有：

$$\frac{2k-1}{2k}(a-c) > \frac{3}{4}(a-c)$$

$$\frac{a-c}{2k} < \frac{1}{4}(a-c)$$

这说明只有两个局中人时的总产量比有 k（k > 2）个局中人时的总产量要低，且产品价格更高。这说明多人竞争比只有两个寡头时的市场更有效率。

二、图形仿真模拟

以下通过将模型中的某些参数设定具体的数值，对该模型进行仿真模拟。

设模型中的 a 值为 200，并取单位产品的边际成本 c = 5，然后分别令参与博弈的企业数量为 k = 5，k = 10，k = 20 和 k = 40，我们对不同的 t 值每次取 1 个单位为步长，进行了 2000 次的仿真模拟，得出了领头企业和单个追随企业的产量随时期 t 的变化趋势图，如图 1 – 1 ~ 图 1 – 4 所示。

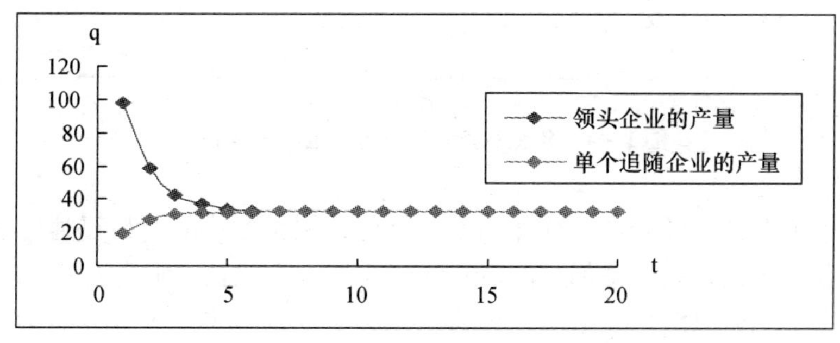

图 1 – 1　各企业产量变化趋势图（k = 5）

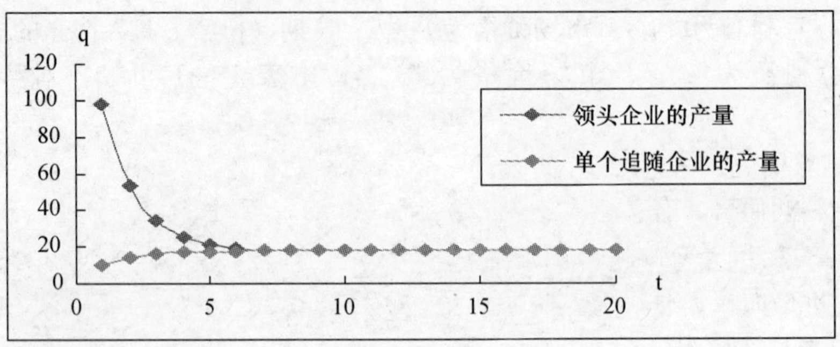

图 1－2　各企业产量变化趋势图（k＝10）

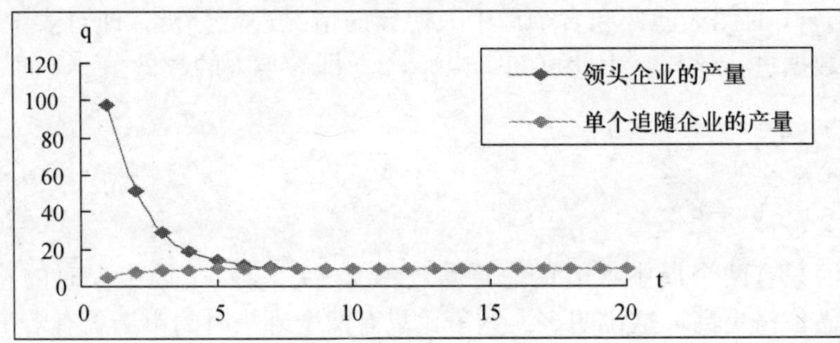

图 1－3　各企业产量变化趋势图（k＝20）

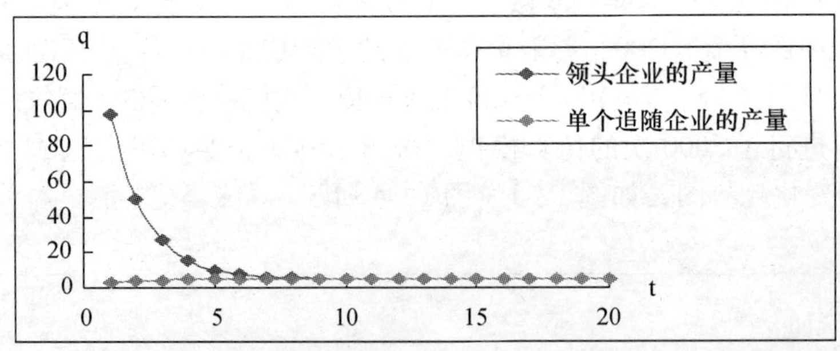

图 1－4　各企业产量变化趋势图（k＝40）

从图中可看出，随着重复博弈的不断进行，领头企业的产量迅速减小，而单个追随企业的产量则缓慢增加，两者最终趋于同一个极值，此后各期的产量会在该极值的水平上得以维持。显然，领头企业的逐利偏好决定了它非常厌恶与跟随企业的混同均衡，它会努力地维护自己的行业龙头地位，谋求收益的最大化。

同时，令横坐标为行业中所有企业的总产量，纵坐标为市场价格，随着博弈的重复进行，得出总产量和行业价格之间的变化趋势图，如图 1－5 所示。

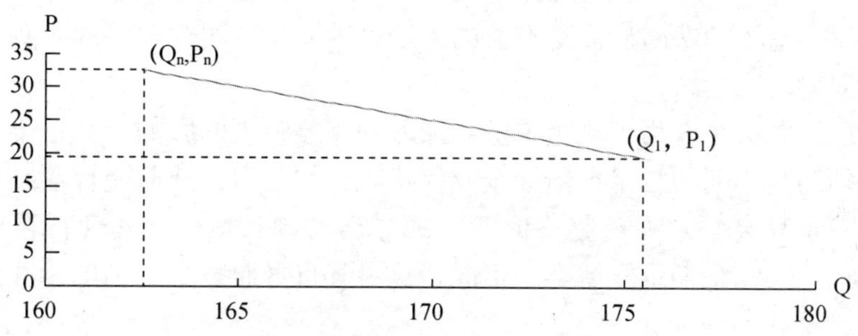

图 1－5　整体价格产量变化趋势图

观察图 1－5，得到非常直观的结果：在 t＝1 期总产量为 Q_1，价格为 P_1；随着博弈次数的增加，均衡点开始沿着曲线从右往左移动，最后在 t＝n 期生成极值，此时总产量为 Q_n，价格为 P_n，显然在此过程中，消费者剩余受到了极大的伤害。由此可知，通过仿真模拟得出的结果与上述模型的分析结果是一致的。

通过上述列表的比较分析以及图形的仿真模拟，可以得出如下的结论：

对领头企业而言，他们不愿意进行多期的重复博弈，因为那将意味着市场份额的减少和利润的降低，以及其市场地位的削弱，因此他们更倾向于进行有限期的博弈。

对于追随企业来说，他们更乐意进行重复博弈，因为无限重复博弈的结果会使得他们的收益增加，以及自身力量的不断壮大，并最终成为和领头企业平等的市场体，因此他们的最优策略是多期博弈。

对消费者来说，单期多个参与人博弈即一个领头企业和多个追随者进行一次博弈的市场结构对他们来说是更优的。因为在这种情况下，消费者不仅可以得到更多的产品数量，而且可以享受更低廉的产品价格，并且此时生产者所能赚取的利润也是最小的。

这是一个与传统的经济理论并不一致的结论，它意味着有一定集中度的市场结构可能是更为稳定的。多局中人单期博弈的市场结构对消费者更有利，而且这种市场结构也是领头企业乐意见到的，因为重复的多期博弈必然会导致其今后各期利润的不断下降。对于长期的重复博弈来说，虽然它使追随企业得以壮大，但这是建立在削弱领头企业实力的基础之上的，并且总体上对消费者来说也是不利的。

从图 1－1 ~ 图 1－4 的仿真模拟来看，追随企业的壮大幅度要远小于领头企业的削弱幅度，而且参与的局中人越多其负面效应越明显。所以，利用多重博弈来壮大追随企业的做法并不可取，盲目地培养过分的竞争弊大于利，这会使得大的企业“大”不了，而小的企业也“大”不起来，这或许也是许多中国企业的通病。相反，适当的垄断反而是有益的，这也进一步说明行业中的龙头企业是有存在的必要的。

基于此，龙头企业为了避免追随者加入到竞争中来的影响，为了维持其领头地位，必须通过不断的技术创新让企业保持充分的活力，从而使行业结构保持稳定。缺乏竞争只会令龙头企业“浪费”掉自己的领头地位，并使得行业不断地趋向于多局中人无限期重复博弈的情况，这对其自身而言是不利的，并且对于消费者来说，也并不是一件好事。

以上分析，为政府部门扶持自主创新企业的发展壮大提供了坚实的理论支撑。常见的对于政府扶持某些产业或某些企业发展的质疑，是担忧该做法会破坏市场的公平竞争原则，从而损害整个行业发展和社会总剩余。但是，本部分的模型推导指出，恰当的扶持与引导虽然会导致一定的市场集中度与垄断，但这种特定行业中的领头企业的存在是有利的，一方面它能起到示范作用，有效地带动其他跟随企业的共同发展，并可能培育出大型的更有竞争力的企业；另一方面能为市场提供更多价低量多的产品，促进社会剩余的最大化。不过也要强调指出的是，扶持新兴产业发展的偏好政策不能滥用，而应该有“度”，因此事先的对特定产业和特定企业的资质的甄别衡量，以及偏好政策实施之后的效果监督必不可少，这在后续章节中有详细论述。

附录：仿真模拟的源程序

```
package src. javaIO;
public class TestFirtst
{
    int a =200;
    int c =5;
    public float calculate (int n, float k)
{     if (n ==1)
        return (float) (a - c) /2;
    else{return ((a -c)/(2 * k) + ((k -1)/(2 * k)) * calculate(n -1,k));}}
public static void main (String [ ] args)
{       float s =1;
        TestFirtst test = new TestFirtst ();
```

```
    for (int i=1; i<=2000; i++)
{     s=test.calculate(i, 20);
          float t= (test.a-test.c-s)/20;
          System.out.println(" a=200, c=5, k=20, N=" +i+" resultA:"
           +s+"resultB:" +t);}}}
```

第二章　自主创新企业的资质衡量

利用政府采购资金来扶持自主创新企业的发展，具体实施前的重要环节是对目标企业的自主创新资质进行科学、合理的甄别与衡量，这是一个很难的问题。因为评判一家企业是否具有自主创新资质，或者评判其自主创新的程度高低，会涉及很多指标，而且不少指标的评价都是定性的描述。因此，在研究与实践中，我们首先要建立起一个合理的指标体系，然后基于该指标体系用数理的方法提炼出科学简单的评价结果。从而为巨额的政府采购资金的使用提供操作指南，充分发挥政府采购资金在促进自主创新企业发展中的巨大推动作用。

第一节　指标体系的建立

2005 年，党中央在十六届五中全会上强调必须把增强自主创新能力作为国家战略；2006 年，国务院发布《国家中长期科学和技术发展规划纲要（2006 ~ 2020 年）》，提出要实行促进自主创新的政府采购机制。同年，在国务院发布的《实施〈国家中长期科学和技术发展规划纲要（2006 ~ 2020 年）〉的若干配套政策》中指出，要“建立财政性资金采购自主创新产品制度，建立自主创新产品的认证制度，建立自主创新产品的认定标准和评价体系”。因此，正确理解自主创新，合理确定自主创新产品的评价指标体系就成为促进自主创新的政府采购政策能否有效落实的首要环节。

一、自主创新的概念及内涵

严格确定自主创新以及自主创新企业的概念与内涵是对自主创新产业进行扶持的必要前提。

1. 自主创新

自主创新是在创新的基础上由我国率先提出来的新名词，国外没有等同的概念，相似的概念有内生创新（Krugman，1999；Raniner A. 和 Franco N.，2005）和集成创新

(R. Rothwell 和 M. Dodgson,1992)。国外关于自主创新的文献非常少，主要的研究都是围绕创新进行的，而国内有关自主创新的研究则是在国外创新研究的基础上进行的。

“自主创新”的概念可能最早出现在陈劲（1994）《从技术引进到自主创新的学习模式》的论文中，在文中他虽没有明确给出自主创新的定义，但将自主创新等同于“自主技术创新”。谢燮正（1995）将自主创新定义为，“是掌握自主知识产权，使经济、技术具有自主特点的创新”，他认为自主创新不同于“自主技术创新”。杨德林、陈春宝（1997）将自主创新界定为：“企业主要通过自身努力，独自研究开发，攻破技术难关，形成有价值的研究开发成果，并在此基础上依靠自身的能力推动创新的后续环节，完成技术成果的商品化，获取商业利润的创新活动”。傅家骥（1998）在《技术创新学》中也给出了类似的定义。阎军印、孙班军（2002）从系统论的角度提出了自主创新的内涵，指不引入外来因素，完全依靠企业现有的技术设备等固有的资源，在一定的目标指引下所进行的创新活动。参照 Utterback（1994）和 Teece（1999）等对技术创新给出的定义，张炜、杨选良（2005）将自主创新定义为，“在解决面临的科技问题的过程中，依靠自身的创造性努力，应用新思想、新理论、新知识、新技术、新方法和新模式等因素，研究开发出得到社会承认的新成果的一系列活动组合”。周寄中等（2005）指出所谓自主创新是指，“通过提高科技原始性创新能力、集成创新能力和引进消化吸收能力，因而拥有一批自主知识产权，进而提高国家竞争力的一种创新活动”。

温瑞珺等（2005）将自主创新分为两类：第一类是渐进的自主创新，就是通过原有技术的融合或引入来建立新的技术平台；第二类是根本的自主创新，就是通过自己的研究，发明全新的技术，由此开发出全新的或新一代的产品。两者的共同点就是拥有自主知识产权的独特的核心技术以及在此基础上实现新产品的价值。孙冰、吴勇（2006）认为，“自主创新是技术创新的一种重要模式，也是技术创新的最高境界，是一个从研究开发，经设计制造，再到市场实现的价值创造过程，是一个综合性的概念”。刘和东、梁东黎（2006）提出，“企业层面的自主创新是以掌握对产业发展有重大影响的自主知识产权（或专有技术）参与国际标准制定为标志，以集成创新和引进基础上的再创新为主要实现形式，以提升企业的核心竞争力，形成自主品牌为目的的创新活动”。宋河发等（2006）认为，自主创新是指创新主体通过主动努力获得主导性创新产权，并获得主要创新收益而进行的能形成长期竞争优势的创新活动。

整体而言，现在比较公认的关于自主创新的内涵一般包括三个方面的内容：

第一个方面是原始创新。主要集中在基础科学和前沿技术领域，以获取科学发现和技术发明为目的，其本质属性是原创性。

第二个方面是集成创新。指企业利用各种信息技术、管理技术与工具，对各个创新要素和创新内容进行选择、优化和系统集成，将多种相关技术有机融合，形成新产品、新产业，以此更多地占有市场份额，创造更大的经济效益，并对这些已经存在的单项技术按照自己的需要进行系统集成并创造出全新的产品或工艺。

第三个方面是引进、消化吸收再创新。指利用各种引进的技术资源，在消化吸收基础上完成重大创新。

2. 自主创新能力

对于自主创新能力的概念，国内学者从各个角度进行了研究，王一鸣、王君（2005）认为，自主创新能力是有效组合各种技术资源从而获得自主知识产权和开发新产品的能力，包括选择能力、研发能力、集成能力和学习能力。温瑞珺等（2005）提出，企业自主创新能力就是企业在市场竞争中，通过有效运用企业内外的各种创新资源，通过建立新的技术平台或改变核心技术，并取得自主知识产权，使企业能不断增强其核心竞争力，从而获得持续竞争优势，在技术创新过程中所表现出来的各种能力的有机综合。马建新（2006）认为，自主创新能力是一个不断积累、逐步持续形成的过程，是企业技术能力不断提高的结果，包括技术吸收能力、技术融合能力和技术变革能力。孙冰、吴勇（2006）认为，自主创新能力是指在一定的技术条件和经济条件下，依靠自身（或主要依靠自身）的力量掌握对企业发展有重大影响的自主知识产权（或专有技术），以集成创新和引进消化吸收基础上的再创新为主要实现形式，使企业不断增强其核心竞争力，从而获得市场竞争优势所表现出来的各种能力的有机综合。

二、自主创新企业与产品的评价体系

国外学者研究自主创新能力评价指标体系的文献较少，而国内学者的相关研究较多。国内学者从大中型企业、中小型企业、高新技术企业、工业企业和农业企业等不同角度切入建立企业自主创新能力评价指标体系。如闫逢柱、张文兵（2006）、孙冰、吴勇（2006）和许绍双（2007）等构建了大中型工业企业的评价指标体系；杨杰（2006）和张凌（2007）等构建了中小型工业企业的评价指标体系；林迎星（2006）构建了民营企业的评价指标体系。胡翼琼（2006）、郭立田（2006）、陈昌柏（2006）、张杰（2007）和李兴文、刘国新（2007）等构建了普适性企业的评价指标体系。

以往学者们的研究成果不容忽视，但是也存在着不足。例如以上学者们在构建企业自主创新能力的指标体系时，要么根据自主创新能力的构成要素设计评价指标体系，要么针对自主创新过程中各环节构建评价指标体系。通过对现有指标体系进一步分析，我们发现已有的评价指标体系一般存在着以下不足：缺乏反映自主创新“自主性”的指标，难以与一般的技术创新能力评价指标体系相区分；

缺少某些影响企业自主创新的关键因素。

强调政府采购自主创新产品的目的在于促进企业自主创新，增加企业自主创新能力，从而增加我国的整体自主创新能力。从各地的自主创新产品认定申请表中，可以发现各地政府除了要求企业对产品的自主知识产权、创新技术进行说明外，还要求企业对其研发情况进行说明。自主创新产品和企业自主创新能力相互统一，两者相辅相成。一方面，自主创新产品是企业自主创新的结果；另一方面，自主创新产品为企业自主创新提供了创新资源。

因此，可以从企业和产品两个角度构建自主创新产品指标体系，首先将自主创新产品评价指标体系分为自主创新产品指标和企业自主创新能力指标两个一级指标，然后对这两个指标分别构建二级指标。

1. 自主创新产品指标的构建

2006 年 12 月，国家科技部和国家发展改革委员会、财政部联合发布了《国家自主创新产品认定管理办法（试行）》（以下简称《办法》）。该《办法》规定：申请认定的国家自主创新产品，应符合以下条件：①产品符合国家法律法规，符合国家产业技术政策和其他相关产业政策。②产品具有自主知识产权，且权益状况明确。③产品具有自主品牌，即申请单位拥有该产品注册商标的所有权。④产品创新程度高。⑤产品技术先进，在同类产品中处于国际领先水平。⑥产品质量可靠。⑦产品具有潜在的经济效益和较大的市场前景或能替代进口。

但是《办法》中给出的七个条件只是自主创新产品的定性条件，没有给出具体的评价指标。因此，我们结合上文对自主创新内涵的认识，根据《办法》中给出的七个条件，构建了自主创新产品指标，如表 2－1 所示。

表 2－1　自主创新产品指标

自主创新产品指标	自主创新技术指标	自主知识产权数量
		自主知识产权权益情况
		自主创新技术的数量
		核心技术的自主创新程度
		自主创新技术的技术水平
	经济效益指标	新产品利润率
		新产品销售率
		市场占有率
		出口创汇水平
		新产品利税率
		研发费用的投资回收期
	环境指标	产品能源消耗减少程度
		产品环境污染减少程度

2. 企业自主创新能力指标的构建

目前对企业自主创新能力评价指标体系研究较有权威性和影响力的是由国家统计局中国经济景气监测中心发布的《中国企业自主创新能力分析报告》，从技术创新能力的角度提出了一个企业自主创新能力的评价指标体系，共包括四个一级指标。一是潜在技术创新资源指标，包括企业工程技术人员数、企业工业增加值、企业产品销售收入等项。二是技术创新活动评价指标，包括科技活动经费占产品销售收入比重、研究和试验发展（R&D）活动经费投入占产品销售收入比重等项。三是技术创新产出能力指标，包括申请专利数量占全国专利申请比例、拥有发明专利数量占全国拥有发明专利量比重、新产品销售收入占产品销售收入比重等项。四是技术创新环境指标，包括财政资金在科技活动经费筹集额中的比重、金融机构贷款在科技活动经费筹集额中的比重等项。

由于该分析报告将自主创新能力等同于技术创新能力，同时缺少了影响企业自主创新能力的其他指标。因此，我们在此分析报告的基础上，结合自主创新能力的内涵，参考其他学者给出的评价指标体系，构建了企业自主创新能力指标，见表2－2。

形成如表2－2所示的关于自主创新产品与企业自主创新能力的指标体系之后，我们于是可以尝试引入定量分析的方法对目标企业进行分析判断。

表2－2　企业自主创新能力指标

<table>
<tr><td rowspan="11">企业自主创新能力指标</td><td rowspan="5">创新资源指标</td><td>企业工程技术人员数</td></tr>
<tr><td>企业工业增加值</td></tr>
<tr><td>企业产品销售收入</td></tr>
<tr><td>生产设备先进水平</td></tr>
<tr><td>产品质量水平</td></tr>
<tr><td rowspan="6">创新投入能力指标</td><td>研发投入强度</td></tr>
<tr><td>研究人员投入强度</td></tr>
<tr><td>研发培训费用</td></tr>
<tr><td>研发设备水平</td></tr>
<tr><td>引进和改造投入强度</td></tr>
<tr><td>消化吸收投入强度</td></tr>
</table>

续表

企业自主创新能力指标	创新投入能力指标	开发的时间及费用
		已有技术的先进程度
	创新组织管理能力指标	信息收集能力
		企业领导的创新欲望和责任心
		企业员工创新意识
		工程技术人员和技术工人的素质及状态
		创新激励机制水平
		组织文化和气氛
		创新的预测和评估能力
		与外界的研究和生产合作能力
	创新产出能力指标	研发成功率
		科技论文和著作数
		申请专利数量占全国专利申请量比例
		拥有发明专利数量占全国拥有发明专利量比重
		单位研发人员的发明专利数
		单位研发经费的发明专利数
		创新产品先进程度
		新产品研发周期
		获省级及国家级科技成果奖励数
		自主开发新产品、新工艺数量
		自主品牌或驰名注册商标数量
		质量保障体系认证指数
	创新环境指标	企业所处地域的信息化水平
		企业所处地域的市场竞争程度
		企业所处地域的政府部门的扶持度
		企业所处地域的金融机构的支持度

第二节 粗糙集与定性指标分析

利用量化的指标体系对社会问题进行衡量与约束，是当前社会科学研究的一个发展趋势。之所以突出指标衡量的作用，是因为社会与经济的发展对人类的行动提出了越来越高的要求。以往定性而粗糙的管理模式被证明难以反映社会的真实情况，与现实更相吻合的是定量而精确的判断、预测、计划与决策。

但是我们在试图对企业的自主创新资质进行定量的指标衡量约束时碰到了麻烦。原因主要是四个：第一，采集的数据大部分是定性的描述；第二，不同的专家对特定的指标评价有不同的评判结论；第三，采集的数据的绝对真实度值得怀疑；第四，采集数据的口径不一。以上因素使得对自主创新的研究陷入一种两难的困境，从而影响了在此基础上进行的预测、计划与决策。

如何把定性、模糊、口径不一的数据进行量化或精练，从而提炼出准确而令人信服的决策？这需要用到模糊数学与数据挖掘的一些先进方法，其中粗糙集理论是值得推荐的一种分析不确定性数据的锐利武器。① 对经济研究者而言，它的长处在于：首先，粗糙集的分析建立在简单的集合论基础上，避免了艰深的数学推导，易学、易用、易接受；其次，该方法适合于处理模糊数据与不确定性；最后，独特的依赖度概念适合于精练不相关因素。②

一、构建条件属性与决策属性

我们通过构造一个基础的模型来认识粗糙集的功能。在对企业资质的评估中，“是否具有自主创新资质”是管理者迫切需要获知的一个信息。最简单的模式是：如果能够确定企业是自主创新企业，那就大力扶持；而如果能够确定企业并非自主创新企业，那就没有必要进行扶持，因为政府部门对自主创新企业的扶持需要付出极大成本。

此时，所谓的“是否具有自主创新资质”就是一个很模糊、不确定又极难获得的数据。例如，有的人认为企业的自主创新主要体现在是否起到示范作用，并促进整个行业的和谐发展；有的人认为考察自主创新主要是看企业的生产和技术是否弥补了空白，达到行业的领先水平；还有的人则关心在扶持自主创新企业发展的过程中是否会扰乱市场公平竞争环境，或者是否会提高社会剩余的程度。显然，这些评估的数据具有一个共同的特点：几乎都是无法量化的定性描述。我们可以利用粗糙集理论来对数据进行精练分析。

首先组织一个独立全面的评估团，让他们对企业的自主创新资质进行评估，然后将结果列入决策表中进行处理。

设条件属性：a = 是否起到示范作用，促进整体行业的发展；

---

① 粗糙集理论（Rough Sets Theory）是波兰数学家 Z. Pawlak 于 1982 年提出的一种数据分析理论。20 世纪 90 年代以后，由于该理论在数据的决策分析、模式识别、机器学习与知识发现等方面的成功应用，才逐渐引起世界各国学者的广泛关注。目前，粗糙集理论是信息科学中最为活跃的研究领域之一。

② 事实上，模糊数据的存在，让基于确定性数据分析基础上的一些常用模型如 VAR 等一筹莫展。

b = 是否弥补了生产与技术空白；

c = 是否不利于社会剩余的增加；

d = 是否扰乱了市场公平竞争环境；

设决策属性：e = 企业是否具有自主创新资质。

假设 a 有三种类型（极大促进，发挥了应有的功能，没有太大作用），如用 H、M、L 标示，则 a =（H，M，L）；b 有两种类型（弥补：B；不弥补：NB）；c 有两种类型（不利于：NC；利于：C）；d 有两种类型（扰乱：R；不扰乱：NR）；e 有两种类型（有自主创新资质：Y；无自主创新资质：N）。

二、自主创新资质的科学甄别

在专家对企业的自主创新资质进行评估后，得到表 2－3。① 很显然，不同的专家对企业是否具有自主创新的资质具有不同的认识和评价。

表 2－3　数据记录表

U	a	b	c	d	e
1	M	B	NC	NR	Y
2	M	B	C	R	Y
3	L	B	C	R	N
4	L	B	NC	NR	Y
5	L	NB	NC	NR	N
6	H	B	NC	NR	Y
7	H	NB	NC	R	Y
8	H	NB	NC	NR	N
9	H	NB	C	R	N

现在的问题是希望精练掉某些“不重要”的因素，然后讨论在不同情况下（分层）的具体决策。具体做法就是利用粗糙集理论尽量简化冗余条件属性。

注意到属性 c 与 d 是大致等价的，去掉其中一个，例如去掉 c，得到表 2－4。

U =1，2，…，9，可以理解为评估团在不同的 9 个时期对企业的自主创新资质进行评估，或者更一般地，可以理解为 9 个不同的评估团专家在同一时期对企业的相关特质进行评估。

① 该模型是笔者杜撰的，并非实际检测数据，仅说明粗糙集理论的原理。此处参阅曾黄麟．粗集理论及其应用．重庆大学出版社，1996；张文修，等．粗糙集理论与方法．科学出版社，2001

表 2-4　去掉 c 后的决策表

U	a	b	d	e
1	M	B	NR	Y
2	M	B	R	Y
3	L	B	R	N
4	L	B	NR	Y
5	L	NB	NR	N
6	H	B	NR	Y
7	H	NB	R	Y
8	H	NB	NR	N
9	H	NB	R	N

为计算核（Core），考虑去掉 a，得到表 2-5。此时 2 与 3 是不相容的，所以去掉 a 后算法的正区将改变，所以 a 属于核，不能去掉。再分别考虑去掉 b 或 d 后的决策表，得到表 2-6 ~ 表 2-7，总会找到某些不相容，如去掉 b 后有 6 与 8 不相容，去掉 d 后 7 与 9 不相容。

表 2-5　去掉 a 后的决策表

U	b	d	e
1	B	NR	Y
2	B	R	Y
3	B	R	N
4	B	NR	Y
5	NB	NR	N
6	B	NR	Y
7	NB	R	Y
8	NB	NR	N
9	NB	R	N

表 2-6　去掉 b 后的决策表

U	a	d	e
1	M	NR	Y
2	M	R	Y
3	L	R	N

续表

U	a	d	e
4	L	NR	Y
5	L	NR	N
6	H	NR	Y
7	H	R	Y
8	H	NR	N
9	H	R	N

表 2－7 去掉 d 后的决策表

U	a	b	e
1	M	B	Y
2	M	B	Y
3	L	B	N
4	L	B	Y
5	L	NB	N
6	H	B	Y
7	H	NB	Y
8	H	NB	N
9	H	NB	N

表 2－8 核值表

U	a	b	d
1	—	—	—
2	M	—	—
3	L	—	—
4	L	B	—
5	L	NB	—
6	—	B	—
7	H	—	R
8	H	—	NR
9	—	—	R

所以 b 与 d 也不能省略，再进一步简化决策表，去掉所有相容决策规则中的冗余属性，得到如表 2－8 所示的核值表。其表述是非常简单直观的，结论大致

有如下一些：

如果企业在示范并促进整个行业发展方面发挥了应有的功能，且至少没有破坏公平竞争的市场环境，那么意味着企业具有一定的自主创新资质；

如果企业在促进行业发展方面作用较低，只要能在生产和技术上弥补空白，也说明该企业具有一定的自主创新资质；

如果企业在示范并促进整个行业发展方面表现突出，但是却可能破坏公平竞争的市场环境，那么不能认为该企业具有值得称道的自主创新能力。

这样，我们就通过非确定性数据表达了企业自主创新资质的"确定性"概念，[①] 有了这个概念，可以比较轻松地制定相应的扶持政策，一定程度上解决了无法对企业的自主创新资质进行科学的数据分析的难题。[②]

第三节　基于层次分析法的模糊决策

粗糙集是一种对定性指标进行分析定位的好方法，它在精练专家组所获得的定性而不精准的数据方面具有强大的功能，并有较好的容错纠错性。但是，粗糙集对指标的完全量化分析颇有不足。首先，它基于定性指标分析之后，获得的仍然是定性的结论，因此只能算是"半"量化分析方法；其次，正因为获得的还是定性的结论，因此粗糙集无法对具有一定自主创新资质的不同企业的自主创新程度进行比较衡量。

比如有两家企业同时被专家组确定为具有自主创新的资质，哪一家在自主创新的能力方面会"优于"另外一家呢，这个工作利用粗糙集的方法是无法完成的。而在政府采购过程中，有时候对特定的企业对象进行精准的甄别非常重要，因为只有严格准确的甄别定位，才能使有限的政府采购资金落到实处，发挥其应有的功效。若甄选不当，资助的可能是落后的生产力，并导致巨额的财政资金付之东流。

以往在判断企业的自主创新资质的环节中常用的方法是，科技管理部门会根据本地区的特点，拟定一个"自主创新企业名录"或"自主创新产品名录"，当需要进行政府采购时即到当中去选取相关对象。这种方法不但甄选范围狭窄，可能出现错选漏选，也不利于动态的优胜劣汰；而且甄选方法简单机械，尤其不适

① 若引入熵的理论，建立统计粗糙集模型，表述将更为全面与丰富多彩。

② 应当指出的是，在数据挖掘（DM）与数据库知识发现（KDD）的诸多理论与算法中，粗糙集只是行之有效的一种方法，而不是唯一的方法。

合具有异质性特点的大型政府采购项目的判别。基于此，寻找恰当的技术方法，对企业的自主创新资质进行甄别是一个具有重要现实意义的研究课题。

针对评估产生数据的模糊性，本部分尝试运用模糊数学方法进行研究。主要思路是利用模糊综合决策理论建立评估企业自主创新能力的数学模型，并根据现实需要进行拓展，引入多层次模糊综合决策模型进行探讨。

按确定的标准，对某个或某类对象的某个因子或部分进行评价，称为单一评价；从众多的单一评价中获得对某个或某类对象的整体评价，称为综合评判。① 而在实际的应用中，评价的对象往往受各种不确定性因素的影响，其中模糊性是最主要的，所以得到的数据也一般是定性的、模糊的，而不是定量的。利用模糊数学中的综合评判方法，可以解决这个问题，从而提炼出准确的决策。

模糊综合评判方法已经在实践中有了广泛的应用，但其应用领域大多是在工程、机械、精密铸造等领域。例如，Huizhong Wu 等（1996）利用拓展的 D－S 理论，结合多级模糊综合评判，建立了一个不精确推理模型，进行机制设计的评价。Jiangguo Sun 等（2000）利用两级综合评判来评估机械加工中磨削液的效果。文章中，作者采用了层次分析法（AHP）来确定各评价因素的权重，并且采用多种算法以避免忽略评价信息。Wei Chen 等（2001）认识到评价压铸面设计质量的因素难以被量化，具有模糊性，而两层模糊综合决策模型提供了一个科学的方法来量化工程师的经验和检验压铸面设计的满意度。Ruei－Shan Lu 等（2001）利用模糊综合评判来判断水库的水质情况，并同卡尔森指数方法、自组织特征映射方法（SOM）就评估效果进行了比较；Ni－Bin Chang 等（2001）同样采用了模糊综合评判的方法来判断江水水质情况，并同传统方法，如水质指数（WQI）进行了比较研究。费忠华、徐辉等（2006）指出企业技术创新过程中多目标决策优化问题的模糊性，可以利用模糊综合决策理论进行研究，从而实现了对促进企业技术创新的多个方案的排序。

在本部分，我们的研究尝试将模糊综合决策理论和层次分析法应用于解决评估企业自主创新能力产生的模糊性问题，通过建立数学模型与实证分析证明模型的有效性。

一、量化评价体系及评估

为了解决模糊判断的难题，我们设计了一个完整的四阶层评判方案进行检验，具体来说分为建立指标体系与专家组评估判断两步。

① 胡宝清．模糊理论基础．武汉大学出版社，2004

1. 建立三级指标

2006 年 12 月，国家科技部和发改委以及财政部联合发布的《国家自主创新产品认定管理办法（试行）》，规定申请国家自主创新产品的认定应符合七个条件①，但是这些规定只是给出了自主创新产品的定性条件，并没有给出具体的评价指标。因此，我们结合对自主创新内涵的认识，在表 2－1 与表 2－2 的基础上进一步精练从而构建了三级共 13 个指标的自主创新产品指标体系，见表 2－9。

表 2－9　企业自主创新资质的评价体系

一级指标	二级指标	三级指标	计算方法
自主创新	研发能力	专利数量增长率	新增专利数/上年专利总数
		研发经费占销售收入的比重	研发经费/销售收入
		研发人员比重	研发人员数/企业总人数
		研发技术收入占总收入的比重	研发收入/总收入
		研发周期	企业研发周期/行业研发周期
		科技论文产出率	三大检索科技论文数/研发人员人数
	生产制造能力	生产设备的水平	新技术设备数/总设备数
		劳动生产率	参照各行业公式
	价值实现能力	新产品销售额的增长率	新产品销售额/上年总销售额
		著名商标数	国际商标数 +0.5 × 中国商标数 + 0.2 × 省级商标数
	经营管理能力	资产报酬率	税后利润/平均资产总额 ×100%
		总资产周转率	主营业务收入净额/平均资产总额 ×100%
		环保指数	排污量/标准排污量

企业根据计算细则自评得到具体的三级指标数据，评估者将获取的特定企业的数据与相关佐证材料汇总核实②，得到确定材料待用。

2. 专家组评估

设计的方案中，专家组由管理专家与技术专家两类组成，分别对项目进行打分评估，最后再进行综合评判。

（1）管理专家确定权重矩阵。需要明确每个指标的权重即每个指标代表自

① 一是产品符合国家法律法规，符合国家产业技术政策和其他相关产业政策。二是产品具有自主知识产权，且权益状况明确。三是产品具有自主品牌，申请单位拥有该产品注册商标的所有权。四是产品创新程度高。五是产品技术先进，在同类产品中处于国际领先水平。六是产品质量可靠。七是产品具有潜在的经济效益和较大的市场前景或能替代进口。

② 必要时需对企业的生产能力、生产技术、生产环节等反映自主创新资质的具体因素进行实地考察。

主创新资质的程度。我们组织了一个管理专家评估团经过充分讨论后，得到科学的权重矩阵。在图2-1中，目标层是“自主创新能力”，准则层则是指影响企业具有自主创新能力的各个评判因素。

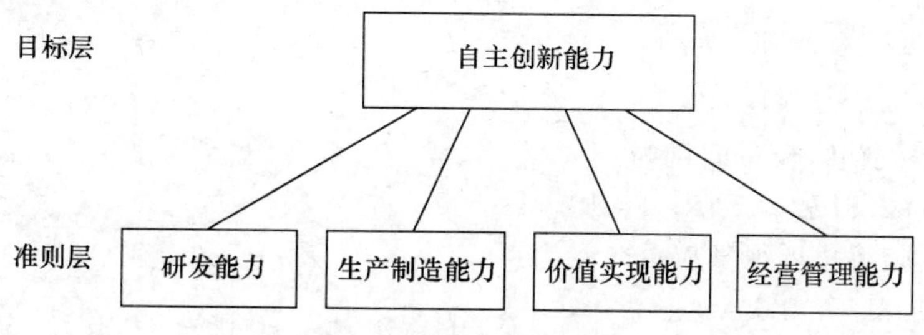

图2-1　评判目标层与准则层的构成

各位管理专家充分讨论分析后认为：在判断企业的自主创新资质的过程中，“研发能力”和“生产制造能力”两个因素相比较，前者的重要性要“很强于”后者，于是定义 $a_{12}=7$，$a_{21}=\frac{1}{7}$。“研发能力”和“价值实现能力”相比较，前者的重要性要“稍强于”后者，于是定义 $a_{13}=3$，$a_{31}=\frac{1}{3}$。“研发能力”和“经营管理能力”相比较，前者的重要性要“稍强于”后者，于是定义 $a_{14}=3$，$a_{41}=\frac{1}{3}$。“生产制造能力”与“价值实现能力”相比较，前者的重要性要“稍弱于”后者，所以定义 $a_{23}=\frac{1}{3}$，$a_{32}=3$。“生产制造能力”与“经营管理能力”相比较，前者的重要性要“稍弱于”后者，所以定义 $a_{24}=\frac{1}{3}$，$a_{42}=3$。而经专家组讨论，“价值实现能力”与“经营管理能力”相比较，两者的重要性大致相同，于是定义 $a_{34}=a_{43}=1$。对角线意味着各要素对自身的比较，全部为1。

可得判断矩阵A如下：

$$A=\begin{pmatrix}1 & 7 & 3 & 3\\ \frac{1}{7} & 1 & \frac{1}{3} & \frac{1}{3}\\ \frac{1}{3} & 3 & 1 & 1\\ \frac{1}{3} & 3 & 1 & 1\end{pmatrix}$$

管理专家组认定的矩阵的四行分别代表四种评判因素对甄别企业具有自主创新能力的程度的高低，对矩阵的每一行元素进行几何平均以进一步综合专家们的意见，得到：

$W_1=\sqrt[4]{1\times7\times3\times3}=2.817$

$W_2=\sqrt[4]{1/7\times1\times1/3\times1/3}=0.355$

$W_3=\sqrt[4]{1/3\times3\times1\times1}=1$

$W_4=\sqrt[4]{1/3\times3\times1\times1}=1$

从而得到初步权重向量为：

$W_0=(2.817,\ 0.355,\ 1,\ 1)$

对 W_0 归一化后得到权重向量为：

$$W=\left(\frac{2.817}{5.172},\ \frac{0.355}{5.172},\ \frac{1}{5.172},\ \frac{1}{5.172}\right)=(0.545,\ 0.069,\ 0.193,\ 0.193)$$①

（2）技术专家确定专业指标评价矩阵。与此同时，组织技术专家对各企业上报的材料及自评数据进行认真评判。尤其必须强调技术专家评价的独立性与专业性，不能相互交流与影响，以保证结果的公正性。

我们组织的评估团专家组由10人组成，用无记名投票的方法表明各自的态度。在对特定企业的研发能力进行评价时，评估团中有8位专家认为其体现了企业具有自主创新能力，2位专家认为它没有体现企业的自主创新能力；在对企业的生产制造能力进行评价时，有4位专家认为其体现了自主创新的能力，但有6位专家却对此有异议。其他因素也做类似评价之后，其结果如表2－10所示。

表2－10　专家评估团的评价结果

专业指标集U	专家评价集V	
	v_1（有自主创新能力）	v_2（没有自主创新能力）
u_1（研发能力）	8（c_{11}）	2（c_{12}）
u_2（生产制造能力）	4（c_{21}）	6（c_{22}）
u_3（价值实现能力）	7（c_{31}）	3（c_{32}）
u_4（经营管理能力）	4（c_{41}）	6（c_{42}）

其中 c_{ij}（$i=1,2,3,4$；$j=1,2$）表示的是赞成第 i 项因素 u_i（$i=1,2,3,4$），评价为 v_j（$j=1,2$）的票数。令

$$r_{ij}=\frac{c_{ij}}{\sum_{j=1}^{2}c_{ij}}\ (i=1,2,3,4)$$

① 归一化的分母计算为 $2.817+0.355+1+1=5.172$。值得注意的是 $\sum_{w_i\in W}w_i=1$，所以 w_i 实际上就是各个指标在总体评价中所占的比重。

从而得到专业指标评价矩阵为：

$$R = \{r_{ij}\} = \begin{pmatrix} 0.8 & 0.2 \\ 0.4 & 0.6 \\ 0.7 & 0.3 \\ 0.4 & 0.6 \end{pmatrix}$$

二、计算特征向量与决策判断

将从管理专家处获取的权重矩阵与从技术专家处获取的专业指标评价矩阵做叉集，即综合考虑管理专家与技术专家共同的评价，从而得到最终的特征向量：

$$B = W \times R = (0.545 \quad 0.069 \quad 0.193 \quad 0.193) \begin{pmatrix} 0.8 & 0.2 \\ 0.4 & 0.6 \\ 0.7 & 0.3 \\ 0.4 & 0.6 \end{pmatrix} = (0.6759, \quad 0.3241)$$

于是，特定企业的属于有自主创新能力集合的特征向量是0.6759，属于没有自主创新能力集合的特征向量为0.3241。

首先，需要设置“门槛阈值”。例如，可以规定若自主创新资质系数低于0.6的企业不能参与政府采购项目的竞标，直接将低素质企业拒之门外。若所有企业的门槛阈值均低于0.6，则废止此次甄选，“宁缺毋滥”保证了政府采购资金能够有效地资助高自主创新资质的企业发展。

其次，进行同类比较。在符合所有门槛阈值的企业中，选拔具有最优自主创新资质系数的企业中标，从而得到对企业资质的客观评价，以供科技管理部门进行政府采购的最终决策。

本部分运用了模糊决策模型来甄别企业自主创新的资质，该算法具有如下特点：首先，简单易行，不存在复杂的高等数学推导，但理论基础真实有效，有显著的经济学涵义；其次，容错性好，能有效消除要素评价过程中常见的歧义与偏差，剥离噪声干扰从而留下有用信息；最后，该算法科学的多阶层判别机制，充分考虑了管理专家与技术专家的综合评判意见，能为巨额的政府采购资金的合理运用提供有力的理论支撑。

不过，该方法由于要引入专家评估团机制，因此在单次的成本消耗上要高于常用的在企业与产品名录中进行甄别的方法，所以本算法不太适合标的金额较小的采购项目。但是在大型的政府采购项目中，该评判方法的成本相对于工程总标的金额、项目实施效果及对自主创新企业的推动等因素而言，却明显具有成本淡化的优势，因此在未来毫无疑问具有广泛的实用前景。

从以上的分析可以发现，其实在评价企业的自主创新资质的过程中，并没有完全“好”的唯一的评价方法，根据需要的结论形式、需要付出的成本和可能产生的经济效益，政府采购部门可以灵活选取不同的甄别方法。但无论如何，对企业自主创新资质进行精准的甄别非常重要，因为只有严格准确的甄别定位，才能使有限的政府采购资金落到实处，发挥其应有的功效。

附录：算法的数学表达

1. 定义向量与集合

$U=\{u_i\}$，$(i=1, 2, \cdots, m)$ 为专业指标集，$V=\{v_j\}$，$(j=1, 2, \cdots, n)$ 为专家评价集，$W=\{W_1, W_2, \cdots, W_m\}$为因素权重向量，$R=\{r_{ij}\}_{m\times n}$为专业指标评价矩阵，$B=\{b_1, b_2, \cdots, b_n\}$为特征系数向量。

2. 计算权重向量

将U中元素两两比较，设置步长，得到对角线为1的矩阵，然后每排元素求几何平均，再归一化并转秩，得权重向量 $W_{1\times m}$，其中 $W_i=\dfrac{\sqrt[m]{\prod_{j=1}^{m}a_{ij}}}{\sum_{i=1}^{m}w_i}$。

3. 计算专业指标评价矩阵

将V中因素进行评估,结果加总再标准化,得到评价矩阵 $R_{m\times n}$,其中 $r_{ij}=\dfrac{c_{ij}}{\sum_{j=1}^{n}c_{ij}}$。

4. 计算特征系数向量

将权重向量与专业指标评价矩阵做叉集，得到特征系数向量 $B_{1\times n}=W\times R$。

附件：企业自主创新能力问卷调查

一、企业基本情况

<table>
<tr><td>企业名称：</td><td>成立时间：　　　　年</td></tr>
<tr><td colspan="2">企业性质：
☐ 国有及国有控股企业　　☐ 集体企业
☐ 民营企业　　☐ 三资企业
☐ 私营企业　　☐ 其他企业</td></tr>
<tr><td colspan="2">所属行业：
☐ 医药制造业　　☐ 电子及通信设备制造业
☐ 电子计算机及办公设备制造业　　☐ 医疗设备及仪器仪表制造业
☐ 公共软件服务业　　☐ 其他企业</td></tr>
</table>

续表

<table>
<tr><td colspan="6">企业规模：
☐ 大型　　☐ 中型
☐ 小型</td></tr>
<tr><td colspan="6">是否高新技术企业：
☐ 是　　☐ 不是</td></tr>
<tr><td>职工总数</td><td></td><td>大专以上科技人员总数</td><td colspan="3"></td></tr>
<tr><td colspan="6">企业注册商标数：
☐ 国内________　☐ 港台________　☐ 国外________</td></tr>
<tr><td rowspan="4">近三年主要经济指标</td><td>年份</td><td>销售收入</td><td>利税</td><td>出口创汇</td><td>R&D 投入</td></tr>
<tr><td>2006 年</td><td></td><td></td><td></td><td></td></tr>
<tr><td>2007 年</td><td></td><td></td><td></td><td></td></tr>
<tr><td>2008 年</td><td></td><td></td><td></td><td></td></tr>
</table>

二、企业产品情况

<table>
<tr><td>产品名称：</td><td>技术领域：</td></tr>
<tr><td colspan="2">有无自主知识产权
☐ 有　　☐ 无</td></tr>
<tr><td colspan="2">授权专利类型：
☐ 发明专利　　☐ 实用新型</td></tr>
<tr><td colspan="2">技术来源：
☐ 科研计划　☐ 自有专利技术　☐ 受让技术　☐ 其他</td></tr>
<tr><td colspan="2">研发方式：
☐ 自主创新　☐ 引进消化开发　☐ 联合研制　☐ 委托开发　☐ 其他</td></tr>
<tr><td colspan="2">研发阶段：
☐ 市场调研　☐ 设计定型　☐ 生产样品　☐ 产品定型</td></tr>
<tr><td>产品研发周期：</td><td>产品研发费用：</td></tr>
<tr><td colspan="2">产品技术水平：
☐ 国际领先　☐ 国际先进　☐ 国内领先
☐ 国内先进　☐ 其他</td></tr>
<tr><td colspan="2">产品品牌称号数：
☐ 中国名牌产品__________☐ 中国驰名商标 __________
☐ 省级名牌产品__________☐ 省级驰名商标__________</td></tr>
</table>

三、企业创新能力调查

（一）创新投入能力

1. 企业是否设有研究开发机构（ ）。

A. 有研究开发机构，并能独立自主地从事研究开发

B. 有研究开发机构，但只有少量的技术开发力量

C. 没有研究机构，不能独立地从事研究开发工作

2. 企业研究开发经费主要来源于（ ）。

A. 政府投入（ ）% B. 企业自筹（ ）%

C. 金融机构（ ）% D. 其他（ ）%

3. 企业用于研究开发的资金占企业销售收入的（ ）%。

4. 从事研究开发的工作人员占职工总数的（ ）%。

5. 平均每个研发项目投入的 R&D 费用为（ ）万元。

6. 用于技术改造和技术引进的费用占销售收入的（ ）%。

7. 用于技术消化吸收的费用占销售收入的（ ）%。

（二）创新组织管理能力

1. 企业各级领导对创新的态度（ ）。

A. 非常重视 B. 重视 C. 一般 D. 不重视 E. 非常不重视

2. 企业是否设立了技术创新激励制度（如政策性文件，奖励办法等）（ ）。

A. 已形成完善的制度 B. 虽有相应制度但不完善 C. 还未设立相应制度

3. 企业员工对创新激励机制实施满意程度为（ ）。

A. 非常满意 B. 较满意 C. 一般 D. 不太满意 E. 不满意

4. 企业管理水平（ ）。

A. 通过 ISO 9000 质量管理认证 B. 通过 ISO 14000 环境管理认证

C. 通过 ISO 8000 职业健康和安全管理认证 D. 通过其他国际认证

5. 企业是否与高校、科研机构有合作（ ）。

A. 有 B. 没有

6. 企业与高校、科研机构合作方式（ ）。

A. 委托开发

B. 在高校、科研机构设立研发机构（工程技术研究中心、实验室等）

C. 联合成立独立（法人）研究机构

D. 聘请高校、科研机构专家在企业技术开发机构兼职

E. 其他

（三）创新产出能力

1. 企业年度专利申请总量（ ）项，其中发明专利申请量（ ）项，实用

新型专利申请量（　）项，外观设计专利申请量（　）项。

2. 企业年度专利授权总量（　）项，其中发明专利授权量（　）项，实用新型专利授权量（　）项，外观设计专利授权量（　）项。

3. 开发新产品数（　）个。

4. 新产品市场占有率（　）%。

5. 企业 R&D 的成功率（正式投入项目占 R&D 项目的比重）（　）%。

6. 企业投入市场产品的高新技术附加值占企业销售收入的比重（　）%。

7. 企业新产品的销售额占企业销售收入的比重（　）%。

8. 企业是否有技术转让收入（有、无），如有，占销售收入的比重（　）。

（四）创新环境

1. 企业对当前自主创新环境的满意程度（　）。

A. 很不满意　B. 不满意　C. 一般　D. 比较满意　E. 很满意

2. 企业目前主要受益于下列哪些促进企业自主创新的财政政策？（　）（多选）

A. 对高新技术企业的财政专项资金扶持政策

B. 对新产品的财政专项资金扶持政策

C. 对贷款的财政贴息

D. 政府采购中的自主创新产品优先采购制度

E. 其他（请注明）＿＿＿＿＿＿＿＿＿＿

3. 贵公司目前主要受益于下列哪些促进企业自主创新的税收政策？（　）（多选）

A. 自主创新投入的所得税税前加计抵扣

B. 高新技术企业的所得税减免

C. 进口国内不能生产的关键设备、原材料及零部件免征进口关税和进口环节增值税

D. 研究开发仪器设备加速折旧及缩短折旧年限

E. 其他（请注明）＿＿＿＿＿＿＿＿＿＿

4. 贵公司目前主要受益于下列哪些促进企业自主创新的金融政策？（　）（多选）

A. 政策性银行对自主创新的资金支持

B. 政府利用基金、贴息、担保等方式，对商业金融机构支持自主创新的引导

C. 知识产权权利质押贷款

D. 对高新技术企业的保险服务

E. 政府对创业风险投资企业投资于高新技术企业的引导

F. 其他（请注明）＿＿＿＿＿＿＿＿＿＿

第三章　政府采购过程中的公开招投标

完成对目标企业的自主创新资质的衡量后，就开始进入政府采购的具体实施环节。从世界上其他发达国家的先进经验与实践模式来看，政府采购的主要实施方式是公开的招投标。在市场经济条件下，招投标有着较为成熟的理论作为支撑，其最大特点是能够发掘出价值不明的各类资产的真实价值，并实现公开、公平、公正，有效地将资源配置到竞标者手中。《中华人民共和国政府采购法》也明确规定，政府采购的主要方式为公开的招投标，这和国际上通用的实践模式完全吻合。

第一节　一对一的协议采购

在政府采购中，可能会出现只有政府一个买方、只有企业一个卖方的情况①，这种情况在特定领域的高新技术产品的采购中经常出现。这种情况下，可以利用一对一双边竞价模型进行处理。

令市场中只有一位卖者和一位买者，卖者拥有一件要出卖的公司资产。公司资产对卖者的效用为 v_1，对买者的效用为 v_2，v_i 在区间［m，n］上服从均匀分布。v_i 是个人信息，只有第 i 个人知道自己的价值类型，第 $j \neq i$ 个人不知道他人的信息。当 $v_1 \geq v_2$ 时，除非交易双方调整各自的价值类型，否则谈判无法进行；只有当 $v_1 < v_2$ 时，才存在交易的可能性。设卖者的出价为 p_1，买者的出价为 p_2，双方承认的最终成交价为 p。因为 $v_1 < v_2$，所以 $\Delta v = v_2 - v_1 > 0$，Δv 即常说的所谓的“经济蛋糕”，由此资产交易的实质就是如何合理地分配 Δv 这块“经济蛋糕”，为此定义竞价规则如下：

---

① 政府采购的“买方”是政府，而“卖方”是企业。政府在政府采购过程中购买包括货物、工程、服务等一系列的产品。因此，从理论上，抽象地来讲，这是“买卖双方”就一件资产进行定价并达成交易的过程。

一、双边一次叫价模型与拓展

双边一次叫价是一对一的协商定价过程中最为简单的一种形式，它的优势是简便而且低成本，省去了冗长的讨价还价过程。

1. 模型

假设政府采购过程中，政府作为“买方”，企业作为“卖方”，对一件产品或资产同时出价 p_1 与 p_2，因为在市场条件下没人会高于自己的成本或低于自己的预期去交易，所以 $p_1 \geqslant v_1$，且 $p_2 \leqslant v_2$。规则规定出价只进行一个回合，当 $p_1 > p_2$ 时交易结束，任何一方的过分逐利将让买卖双方谁也无法得到额外收益；当 $p_1 \leqslant p_2$ 时，成交价为出价的线性组合。

$p = k_1 p_1 + k_2 p_2$

其中 $k_1 + k_2 = 1$，而 $0 \leqslant k_i \leqslant 1$。$k_i$ 代表妥协程度，由双方事先约定。

Chatterjee 和 Samuelson（1983）推导后认为，在成交价为 $p = \frac{1}{2}(p_1 + p_2)$ 的前提下，双方的最优出价是：$p_1 = \frac{1}{4} + \frac{2}{3}v_1$，$p_2 = \frac{1}{12} + \frac{2}{3}v_2$。

其证明过程如下：

卖者最优：对所有的 $v_1 \in [0, 1]$，$p_s^*(v_1)$ 是满足下列最优化问题的解：

$$\max\left[\frac{1}{2}(p_s + E[p_b(v_2) \mid p_b(v_2) \geqslant p_s]) - v_1\right]\text{Prob}[p_b(v_2) \geqslant p_s]$$

其中 $E[p_b(v_2) \mid p_b(v_2) \geqslant p_s]$ 是给定卖者的要价低于买者的出价的条件下，卖者预期的买者的出价。

买者最优：对所有的 $v_2 \in [0, 1]$，$p_b^*(v_2)$ 是满足下列最优化问题的解：

$$\max\left[v_2 - \frac{1}{2}(p_b + E[p_s(v_1) \mid p_b \geqslant p_s(v_1)])\right]\text{Prob}[p_b \geqslant p_s(v_1)]$$

其中 $E[p_s(v_1) \mid p_b \geqslant p_s(v_1)]$ 是给定卖者的要价低于买者的出价的条件下，买者预期的卖者的要价。

假设买卖双方的出价都是自己的效用线形函数，即：

$$\left.\begin{aligned} p_s(v_1) &= \alpha_s + \beta_s v_1 \\ p_b(v_2) &= \alpha_b + \beta_b v_2 \end{aligned}\right\}$$

因为 $v_2 \sim U(0, 1)$，所以 $p_b \sim U(\alpha_b, \alpha_b + \beta_b)$，于是：

$$\begin{aligned} \text{Prob}[p_b(v_2) \geqslant p_s] &= \text{Prob}[\alpha_b + \beta_b v_2 \geqslant p_s] \\ &= \text{Prob}\left[v_2 \geqslant \frac{p_s - \alpha_b}{\beta_b}\right] \\ &= 1 - \text{Prob}\left[v_2 < \frac{p_s - \alpha_b}{\beta_b}\right] \end{aligned}$$

$$=\frac{\alpha_b+\beta_b-p_s}{\beta_b}$$

而根据条件概率的计算有：

$$E[p_b(v_2)\mid p_b(v_2)\geqslant p_s]=\frac{\frac{1}{\beta_b}\int_{p_s}^{\alpha_b+\beta_b}xdx}{Prob[p_b(v_2)\geqslant p_s]}\text{①}$$

$$=\frac{1}{2}(p_s+\alpha_b+\beta_b)$$

将上式带入卖者的最优化条件，得到：

$$\max\left[\frac{1}{2}(p_s+E[p_b(v_2)\mid p_b(v_2)\geqslant p_s])-v_1\right]Prob[p_b(v_2)\geqslant p_s]=$$

$$\max\left[\frac{1}{2}\left(p_s+\frac{1}{2}(p_s+\alpha_b+\beta_b)\right)-v_1\right]\left[\frac{\alpha_b+\beta_b-p_s}{\beta_b}\right]$$

以上的最大化意味着：

$$\frac{\partial\max}{\partial p_s}=0\Rightarrow p_s=\frac{1}{3}(\alpha_b+\beta_b)+\frac{2}{3}v_1$$

再与前式联立起来比较对应系数：

$$\left.\begin{array}{l}p_s=\alpha_s+\beta_s v_1\\ p_s=\frac{1}{3}(\alpha_b+\beta_b)+\frac{2}{3}v_1\end{array}\right\}\Rightarrow\left\{\begin{array}{l}\beta_s=\frac{2}{3}\\ \alpha_s=\frac{1}{3}(\alpha_b+\beta_b)\end{array}\right.$$

同理，因为 $v_1\sim U(0,1)$，所以 $p_s\sim U(\alpha_s,\alpha_s+\beta_s)$，于是：

$$Prob[p_b\geqslant p_s(v_1)]=Prob[p_b\geqslant\alpha_s+\beta_s v_1]$$

$$=Prob\left[v_1\leqslant\frac{p_b-\alpha_s}{\beta_s}\right]$$

$$=\frac{p_b-\alpha_s}{\beta_s}$$

同时的推导过程可得：

$$E[p_s(v_1)\mid p_b\geqslant p_s(v_1)]=\frac{\frac{1}{\beta_s}\int_{\alpha_s}^{p_b}xdx}{Prob[p_b\geqslant p_s(v_1)]}$$

$$=\frac{1}{2}(\alpha_s+p_b)$$

将上式带入买者的最优化条件，得到：

① 此处用到条件均值的计算公式。

$$\max\left[v_2-\frac{1}{2}\left(p_b+\frac{1}{2}\ (\alpha_s+p_b)\right)\right]\left[\frac{p_b-\alpha_s}{\beta_s}\right]$$

以上的最大化意味着：

$$\frac{\partial \max}{\partial p_b}=0\Rightarrow p_b=\frac{1}{3}\alpha_s+\frac{2}{3}v_2$$

再与前式联立起来比较对应系数：

$$\left.\begin{array}{l}p_b=\alpha_b+\beta_b v_2\\ p_s=\dfrac{1}{3}\alpha_s+\dfrac{2}{3}v_2\end{array}\right\}\Rightarrow\begin{cases}\beta_b=\dfrac{2}{3}\\ \alpha_b=\dfrac{1}{3}\alpha_s\end{cases}$$

联立四元一次方程组，推出：

$$\alpha_s=\frac{1}{4},\ \beta_s=\frac{2}{3},\ \alpha_b=\frac{1}{12},\ \beta_b=\frac{2}{3}$$

即最后双方的最优出价是：$p_1=\frac{1}{4}+\frac{2}{3}v_1$，$p_2=\frac{1}{12}+\frac{2}{3}v_2$。

所以有：

$$p=\frac{1}{6}+\frac{1}{3}\ (v_1+v_2)$$

2. 拓展到更一般的情形

Chatterjee 和 Samuelson 讨论了强制一次成交模型中的价格确定，但是他们在模型中定义 $p=\frac{1}{2}\ (p_1+p_2)$ 并不合理，因为博弈的最终结果取决于双方的话语权与决策权，完全对等的博弈双方是不存在的，在更一般的情况下，成交价 p 仅是 p_1 与 p_2 的一种线形组合。下面我们试图采用与原来不同的设定，将结果拓展到更一般的情形（任意的 k_i 且 $v_i\sim U\ (m,\ n)$）。

设政府采购中，企业作为“卖者”的效用函数为π_1，并追求收益最大化：

$$\pi_1=[k_1p_1+k_2E\ (p_2\ (v_2)\ /p_2\ (v_2)\ \geqslant p_1)\ -v_1]\mathrm{Prob}(p_2\ (v_2)\ \geqslant p_1)$$

设政府采购中，政府作为“买者”的效用函数为π_2，并追求收益最大化：

$$\pi_2=[v_2-\ (k_2p_2+k_1E\ (p_1\ (v_1)\ /p_2\geqslant p_2\ (v_2)))]\mathrm{Prob}\ (p_2\geqslant p_2\ (v_2))$$

其中：$\begin{cases}p_1\ (v_1)\ =\alpha_1+\beta_1v_1\text{①}\\ p_2\ (v_2)\ =\alpha_2+\beta_2v_2\end{cases}$，

$\because v_1,\ v_2\sim U\ (m,\ n)$，

① 此处之所以选定目标函数为参与人各自的效用线性组合是因为 Myerson、Satterthwaite（1983, pp. 265－281）证明了，在均匀分布的前提之下，线性均衡比其他任何贝叶斯均衡产生的净剩余都要高。

$$\therefore \begin{cases} p_1 v_1 \sim U(\alpha_1 + m\beta_1, \ \alpha_1 + n\beta_1) \\ p_2 v_2 \sim U(\alpha_2 + m\beta_2, \ \alpha_2 + n\beta_2) \end{cases}$$

通过计算得到：

$$Prob(p_2(v_2) \geqslant p_1) = Prob\left(v_2 \geqslant \frac{p_1 - \alpha_2}{\beta_2}\right) = \frac{n\beta_2 - p_1 + \alpha_2}{\beta_2(n-m)},$$

同时有：

$$E(p_2(v_2)/p_2(v_2) \geqslant p_1) = \frac{\frac{1}{(n-m)\beta_2}\int_{p_1}^{\alpha_2 + n\beta_2} x dx}{Prob(p_2(v_2) \geqslant p_1)} = \frac{1}{2}(\alpha_2 + n\beta_2 + p_1)$$

令$\frac{\partial \pi_1}{\partial p_1} = 0$，求$\pi_1$的极值，得到：

$$p_1 = \frac{k_1(n\beta_2 + \alpha_2)}{2k_1 + k_2} + \frac{1}{2k_1 + k_2} v_1。$$

同理可得：

$$Prob(p_2 \geqslant p_1(v_1)) = Prob\left(v_1 \leqslant \frac{p_2 - \alpha_1}{\beta_1}\right) = \frac{p_2 - \alpha_1 - m\beta_1}{\beta_1(n-m)},$$

$$E(p_1(v_1)/p_2 \geqslant p_1(v_1)) = \frac{\frac{1}{(n-m)\beta_1}\int_{\alpha_1 + m\beta_1}^{p_2} x dx}{Prob(p_2 \geqslant p_1(v_1))} = \frac{1}{2}(\alpha_1 + m\beta_1 + p_2),$$

把π_2对 p_2 求一阶偏分，并令之等于零，得到：

$$p_2 = \frac{k_2}{2k_2 + k_1}(m\beta_1 + \alpha_1) + \frac{1}{2k_2 + k_1} v_2。$$

对比系数并解方程得到：

$$\begin{cases} \alpha_1 = \frac{2nk_1 + k_1 k_2[m + mk_2 + nk_1]}{2(1+k_1)(1+k_2)} \\ \beta_1 = \frac{1}{1+k_1} \end{cases} 与 \begin{cases} \alpha_2 = \frac{mk_2}{2} + \frac{nk_1 k_2}{2(1+k_2)} ① \\ \beta_2 = \frac{1}{1+k_2} \end{cases},$$

为了在规则限制下顺利生成成交价，列示以下三个条件：

$p_1(v_1) > v_1, p_2(v_2) < v_2$ 与 $p_1(v_1) < p_2(v_2)$，

由此推出：

$$v_1 < \frac{\alpha_1}{1-\beta_1}, \ v_2 > \frac{\alpha_2}{1-\beta_2} 与 v_1 < \alpha_2 + \beta_2 v_2,$$

其中 α_i 与 β_i 均由前述推导得到。这三个关系式构成了强制一次成交的价格

① 此处为简化表达式需用到 $k_1 + k_2 = 1$。

的解空间，当价格落在该空间时，政府采购中的政府与企业作为“买卖双方”均有一定收益是双赢格局；一旦价格落在该空间之外时，由于至少有一方的效用未被满足，买卖双方虽然没有损失，但是各自的收益也为0。可见，如果当标的资产对双方的效用是确定时，政府采购中买卖双方的出价是唯一确定的。但是，最终的均衡价却不仅仅取决于己方的主观定价，同时还取决于对方的客观定价。

二、讨价还价

尽管双边一次叫价机制的规则简单容易实施，但是由于它严格限制了 p_1 必须小于 p_2，且规定当 $p_1 > p_2$ 时交易必须结束，所以显得未免武断，在现实经济中使用的也并不多见。在政府采购过程中，若是出现 $v_1 < p_2 < p_1 < v_2$ 的情况，因为企业作为“卖者”的要价 p_1 要低于政府作为“买者”的预期 v_2，而买者的出价 p_2 高于卖者的预期 v_1，买卖双方仍然还是存在着谈判的余地，在允许讨价还价的前提下，考察“经济蛋糕”的分配状况：用 x_i 表示参与人 i 的占有份额，则另外一个人的份额为 $1 - x_i$，其中 $0 \leqslant x_i \leqslant 1$。首先由卖者出价 x_{11}，若买者同意则按 x_{11} 成交，若买者不同意则可报价 x_{21}。此时若卖者同意买者的出价，则按 x_{21} 交割，若买者不同意该价格则继续报价 x_{12}。依此规则类推，买卖双方各自作出让步，经过多回合谈判，最终形成双方认可的成交价 p，显然 $p_2 < p < p_1$，可以预见讨价还价过程中的出价是一个振荡而向终值收敛的可列可行集。其中 $p_1 = \{p_{1i}\}$ 与 $p_2 = \{p_{2j}\}$，i 与 j 从 1 开始取整数值。

假设卖者的贴现系数是 δ_1，而买者的贴现系数是 δ_2。Rubinstein（1982）证明了，在无限期轮流出价的博弈中，唯一的子博弈纳什均衡是 $x^* = \frac{1-\delta_2}{1-\delta_1\delta_2}(v_2 - v_1)$。

其简要证明如下：

假定参与人 1 在 t 期能得到的最小份额是 m（m 是百分比）。

因为 t 期的 m 等价于 t－1 期的 $\delta_1 m$，因此参与人 2 在 t－1 期最多得到 $1 - \delta_1 m$。

因为 t－1 期的 $1 - \delta_1 m$ 等价于 t－2 期的 $\delta_2(1 - \delta_1 m)$，因此参与人 1 在 t－2 期至少得到 $x_1 = 1 - \delta_2(1 - \delta_1 m)$。

对于参与人 1 而言，其在 t 期和在 t－2 期得到的必须一样，这才是一个有效的多回合博弈。试想一下，如果他在 t－2 期得到的还要少于 t 期得到的，那博弈还有什么进行下去的必要呢？

因此，推出 $m = 1 - \delta_2(1 - \delta_1 m)$，推出 $m = \frac{1-\delta_2}{1-\delta_1\delta_2}$。

根据 Shaked 和 Sutton（1984）的结论，从参与人 1 出价的任何一个阶段开始的子博弈等价于从 t＝1 开始的整个博弈，因此我们用有限阶段的逆向归纳法寻找到的就是整个博弈的子博弈精练纳什均衡。

第二节　一对多的招投标采购

以上是对政府采购过程中一对一的协商定价的分析，但是政府采购中最常见的情况是生产某种产品的企业多于两家，这种情况就必须利用一对多的多边竞价模型进行处理，博弈论定义这种资产的定价与分配方式为拍卖。为了抽象地建立数理模型对政府采购过程中的采购定价进行分析，我们将政府即将采购的资产定义为标的物，并假设有若干家企业可以生产这种标的物，那么现在政府作为“买方”要做的事情，就是在认真甄别、综合考虑之后，确定标的物的一个合理价格进行买进。

一、竞价规则

与“一对一”的双边竞价不同，当资产交易中的竞购者多于两人以上即“一对多”的时候，就必须引入主持人，在主持人的引导之下一般来说，通常存在着四种常见的多边竞价方式。①

第一种，英式拍卖（English Auction 或 Ascending Auction）。它设置拍卖标的物的一个起价，然后由各竞拍者竞相加价报价，报价最高的竞拍者获得标的物并按其本人的报价进行支付。

第二种，荷式拍卖（Dutch Auction 或 Descending Auction）。拍卖师首先报出标的物的一个非常高的价格，当无人接受时，拍卖师逐渐降低报价，在向下报价的过程中，第一个举牌表示接受的竞拍者获得标的物，并支付该价格。

第三种，一价密封拍卖（First - price Sealed - bid Auction）。针对标的物，众多竞拍者写下各自的出价意愿，密封起来不让他人知道，交给拍卖师开启确认后，出价最高的竞拍者获得标的物，并支付其本人写下的价格。

第四种，二价密封拍卖（Second - price Sealed - bid Auction）。针对标的物，众多竞拍者写下各自的出价意愿，密封起来不让他人知道，交给拍卖师开启确认后，出价最高的竞拍者获得标的物，但与一价密封拍卖不同的是，竞拍者支付的

---

① 招投标与拍卖的理论支撑一样，但成交方式恰好相反。例如，拍卖是价高者得；而招投标由于收益最大化是价低者得。在本部分的论述中，以拍卖为对象而展开介绍，但两者在本质上是一致的。因为招投标与拍卖具有相同的理论支撑，因此我们先讨论拍卖的具体形式及价格形成机制，然后再拓展到招投标。

不是自己写下的价格，而是出价为第二高价格的竞拍者的出价。[①]

以上四种拍卖方式尽管形式不同，但相互之间联系很紧密。如“英式拍卖”与“二价密封拍卖”的解空间相同，而“荷式拍卖”与“一价密封拍卖”的解空间一致。[②]

大多数现实生活中的拍卖模式都可归结为以上四种传统的拍卖方式。

二、解构成的空间

Vickrey（1961）讨论了“一价密封拍卖”的解。假设市场中有两位竞标者，$i=1, 2$，他们公开竞买同一件物品。令 $b_i \geqslant 0$ 是竞标者 i 的出价，v_i 为待拍卖的物品对竞标者 i 的效用。v_i 的具体数值只有 i 知道，且服从于区间［0，1］上的均匀分布，$v_i \sim U(0, 1)$。假设 b_i 是 v_i 的单调增函数。竞标者 i 的收益状况如下：

$$u_i = \begin{cases} v_i - b_i, & b_i > b_j \\ \frac{1}{2}(v_i - b_i), & b_i = b_j \\ 0, & b_i < b_j \end{cases}$$

此处竞标者 i 的效用函数 u_i 不仅是本身禀赋的函数，[③] 而且还是其他竞标者出价 b_j 的函数。假设最终胜出的竞标者的出价是 b，标的物对他的效用是 v，则竞标成功者的效用函数 u 的数学期望是：

$$Eu = (v-b)P(b>b_j) + \frac{1}{2}(v-b)P(b=b_j) + 0 \times P(b<b_j)$$[④]

而

$$P(b_j<b) = P(b(v_j) < b(v)) = P(v_j < b^{-1}(b)) = \Phi(b)$$[⑤]

竞标者的“追求”就是最大化 Eu。

最优化的一阶条件是：

$$\max Eu = (v-b)P(b_j<b) = (v-b)\Phi(b)$$

为求该最大值，对其求 b 的一阶导数，可得：

$$-\Phi(b) + (v-b)\Phi'(b) = 0$$

---

① 还有一些其他的拍卖规则与方式，如“三价密封拍卖”之类。但那都是理论学家们的假设模型，在实际中罕见。

② 因为“英式拍卖”与“二价密封拍卖”的竞价规则都是“价高者得，然后支付次高价”，而“荷式拍卖”与“一价密封拍卖”的竞价规则是“价高者得，然后支付最高价”。所以“英式拍卖”与“二价密封拍卖”的解空间相同，而“荷式拍卖”与“一价密封拍卖”的解空间一致。

③ 本身禀赋包括竞标者本人的出价，以及待拍卖物品对竞标者本人的效用。

④ 后两项的值均为0。

⑤ 此处用到了一个概率的性质：若 $\theta \sim U(0, 1)$，那么对于所有的 $k \in (0, 1)$，有 $P(\theta \leqslant k) = k$。

由于在均衡时，最优解 Φ（b） =v，所以推出：

$$\frac{dv}{db}=\frac{v}{v-b}$$

解出此常微分方程①，得到结果是：

$$b=\frac{v}{2}$$

这说明当经济中只有两位竞标者时，如果存在均衡，拍卖品将归出价最高的竞标者得到，但出卖方将只可能得到胜出者价值的一半。

以上推导出的对出卖方不利的情况在竞标者增多的时候，会逐渐改观。设其他条件都如前，但竞标者增加到 n 人，则竞标成功者的期望收益将是：

$$u_i=(v-b)\prod_{j\neq i}P(b_j<b)=(v-b)[\Phi(b)]^{n-1}$$

求该函数的最大值，对其求 b 的一阶导数，可得：

$$-[\Phi(b)]^{n-1}+(v-b)(n-1)[\Phi(b)]^{n-2}\Phi'(b)=0$$

同理，在均衡时，最优解 Φ（b）=v，所以推出：

$$\frac{dv}{db}=\frac{v}{(v-b)(n-1)}$$

解出此常微分方程，得到结果是：

$$b=\frac{n-1}{n}v$$

这是在“一价密封拍卖”机制下，n 人竞标同一标的物，所得到的一般结论。从该结论我们看到，当竞标者越多时，出卖方得到的将越多。在最极端的情况下，当参与竞标者有无穷多人时，b 的极限将趋于胜出者价值的全部，此时，出卖方得到最多，而竞标者将无利可图。

关于“二价密封拍卖”的解构空间，现在几乎已经形成公理性的认识。② 假设市场中有多位竞标者，他们公开竞买同一件物品。令 $b_i\geqslant 0$ 是竞标者 i 的出价，则最终胜出的竞标者的出价 b_i 的期望值会等于待拍卖的物品对竞标者 i 的效用 v_i。我们可以定性地考察这个结论：若该竞标者以低于自身效用 v_i 的出价参与竞标，则可能在竞争中失去主动，得不到拍卖物品，从而收益为 0；若该竞标者以高于自身效用 v_i 的出价参与竞标，虽然得到拍卖物品的可能性增大，但若其他

---

① 形如 $\frac{dy}{dx}=a(x)y+b(x)$ 的一阶线性非齐次常微分方程，可套用公式 $y=e^{\int a(x)dx}\left[\int b(x)e^{-\int a(x)dx}dx+C\right]$求解，或本微分方程亦可使用齐次微分方程的方法：令$\frac{b}{v}=k$而解之，初始条件为 $b(0)=0$。

② 关于“二价密封拍卖”的解构空间，历史上已有许多经济学家们做过研究，在相互引用的过程中，它的解现在几乎已经形成公理性的认识，难以寻觅最初的原创了。

竞争者有同样的想法，也按照超出自身效用的方法出价，则该胜出者的支付也会相应提高，最终造成收益减少，仍然得不偿失。因此在“二价密封拍卖”规则下，竞标者的最优战略是按自身的实际效用出价。

“一对多”多边竞价的四种常见方式相互之间联系非常紧密，事实上早在1961年，Vickey就提出了收益等价原则，他认为在竞买者风险中性、独立个人效用函数、信息对称、支付函数只和本人类型有关的假设前提下，以上四种竞价方式收益的期望值相等。而Myerson（1981）和Riley、Samuelson（1981）等人则给出了更一般的表述：假定给定确切数目的潜在的风险中性竞标者有独立的私人信号满足单调、严增、连续的分布。那么满足“标的物总是会卖给拥有最高信号的买者”、“任何拥有低信号的竞标者得到零剩余”两个条件的拍卖机制都能获得相同的期望收益且预期收益均是其信号的函数。

不过这种理论推导的“完美”结果对现实似乎并无太大意义，由于各种客观因素影响，收益等价原则在现实中并不存在。经济学家们通过逐步放宽前提假设，得到了与收益等价原则迥异的结果。如Maskin和Riley（1984）研究了参与者的风险厌恶态度对均衡的影响；Milgrom和Weber（1982）研究了联合信息下的最佳机制的选择；Bikhchandani（1988）证明了即便是很小的信誉优势也可能改变均衡结果；而Wilson（1977）则探讨了在竞价者增多时，最终成交价可能发生的变化。其他的如：是否设置保留价格、是否交纳入场费、是否能够进行标的物的再出卖等也都是影响竞价均衡的重要原因。因此在现实中，对具体的参与者而言，各种竞价方式实际上是有优劣之分的。

除了“一对一”与“一对多”之外，还存在着“多对多”的拍卖方式。“多对多”的拍卖机制更为复杂，它在电力竞价、天然气竞价、无线频段的分配等领域有广泛的运用，常见的股票市场也可视为是一种特殊的“多对多”的拍卖。①

“多对多”的拍卖的具体形式包括同步竞价与序贯竞价两种模式。在序贯竞价机制下，物品按顺序逐个地重复拍卖。假设每个竞买人最多只能购买一件标的物，Maskin和Riley（1989）认为此时的多物品拍卖是单物品拍卖的简单外拓。但如果竞买人对多个单位的标的物感兴趣，则会出现不同的结果，例如Wilson（1979）认为标的物在可分割或不可分割的前提之下，形成的均衡价格是不同的，而Hansen（1988）则证明了收入等价原理在需求依赖于价格时将不再成立，Milgrom和Weber（1982）认为“多对多”的序贯拍卖中的均衡价格序列是向上漂移的，但Ashenfelter（1989）、McAfee和Vincent（1993）对此却持有不同的意见，他们的研究显示在某些资产的竞价出卖中出现了均衡价格序列的向下漂移。

---

① 由于“多对多”的招投标或拍卖过程要求标的物必须同质可分，否则就可转化成简单的“一对多”，而这种情况在政府采购的招投标过程中一般并不存在，因此本文没有过多涉及。

多物品的同步竞价又可分为一价拍卖、二价拍卖以及公开的加价或压价拍卖。1994 年，在 Milgrom 等人的主持下进行的美国“无线频谱许可证”的拍卖即采取了多回合公开加价的同步竞价拍卖模式，此机制要求竞买者密封报价并由主持人开标公示，竞买者根据公示结果再决定下轮密封投标的价格，此过程持续进行直到某一轮无任何人有任何的抬价行为为止。多回合公开加价的同步竞价拍卖可视为是单物品英式拍卖的一个近似拓展，它使 1994 年美国“无线频谱许可证”的分配获得了空前的成功。

以上这些招投标与拍卖的经典模型，正是后续的政府采购的招投标机制设计与实施的理论基础。

第三节　招投标的定价模型

Vickey 的拍卖模型是后来的拍卖理论的起点，在 Vickey 之后，经济学家们对拍卖理论进行了不断的研究与完善。不过，本部分研究的重点不是从方法论上去讨论拍卖理论的最新技术进展，而是希望将拍卖理论的相关结论运用到招投标领域，然后在政府采购的招投标过程中进行科学合理的机制设计。

一、双边博弈

从理论上看，招投标与拍卖在道理上是一致的，例如在一次工程的招标中，我们可以把“建设权”看成是一种资产，尽管他不是看得见摸得着的实物，但确实是客观存在的能产生未来现金流的一种真实的资产。这样，招标方“出卖”的就是一份资产了，我们于是可以运用拍卖的一些理论对其进行规划。

但是，毫无疑问招投标与拍卖有区别。最大的区别就是，一般来说，拍卖是向上叫价，或者说是“价高者得”；但是招投标是向下叫价的，或者说是“价低者得”。因此，我们有必要改变拍卖模型的叫价方式，将其引入招投标，推导出合理的价格形成机制。

假设政府采购部门要采购一项服务，例如要修建一项标的额高达百亿元的城市地铁工程。发布招标信息之后，有两支符合资质的工程队参与竞标，采用的规则是“价低者得”的一价密封招标。两位竞标人的出价分别是 B_i 与 B_j，成本分别是 c_i 与 c_j,[①] 所有变量均服从 [0, 1] 上的均匀分布。很显然，出价是成本的

① 成本也可理解成标的物对竞标者的心理价位。

单调增函数。

假定 i 是最后的竞标成功者，他的效用函数是：

$$u_i = (c_i - B_i)P(B_i < B_j) \tag{1}$$

因为有

$$P(B_i(c_i) < B_j(c_j)) = P(c_j > B^{-1}(B_i(c_i))) = 1 - P(c_j < B^{-1}(B_i(c_i))) = 1 - \omega(B_i)$$

代入（1）式，得到：

$$u_i = (c_i - B_i)(1 - \omega(B_i)) \tag{2}$$

竞标者在特定的出价前提下谋求收益的最大化，所以有：

$$\frac{\partial u_i}{\partial B_i} = -(1 - \omega(B_i)) - (c_i - B_i)\omega'(B_i) = 0 \tag{3}$$

因为在最优化条件下有 $\omega(B_i) = c_i$，代入（3）式得到：

$$(1 - c_i) - (B_i - c_i)\frac{dc_i}{dB_i} = 0 \tag{4}$$

解此一阶非齐次线性微分方程，得到：

$$B_i = \frac{c_i - \frac{c_i^2}{2} + t}{1 - c_i} + 1 \tag{5}$$

竞标时，当竞标者的成本为 0 时，从理论上说竞标者的最低出价可以为 0，但在现实经济生活中没有任何含义。因为，此时尽管竞标者能够顺利获得标的物，但是他的收益也为 $u_i = c_i - B_i = 0$。因此，为了谋求收益的最大化，竞标者会在可能的前提下，寻求最高的成交价格。尽管不知道另一位竞争者的具体出价，但他知道对方的出价服从［0，1］上的均匀分布，所以竞标者的最优出价将是对方的数学期望，即 $E(B_j) = \frac{1}{2}$。将初值条件代入（5）式，得到竞标成功者的出价函数为：

$$B = \frac{c + 1}{2} \tag{6}$$

二、多人竞价的定价机制

下面将招投标的情况进一步拓展，假设政府采购项目发布之后，吸引到 n 支工程队参与竞标，采用的规则仍然是“价低者得”的一价密封招标。第 i 位竞标人的出价是 B_i，成本是 c_i，所有变量均服从［0，1］上的均匀分布，且出价是成本的单调增函数。

竞标成功者的效用函数是：

$$u_i=(c_i-B_i)\prod_{i\neq j}P(B_i<B_j) \tag{7}$$

因为有：

$P(B_i\ (c_i)\ <B_j\ (c_j))=P(c_j>B^{-1}(B_i\ (c_i)))=1-P(c_j<B^{-1}(B_i\ (c_i)))=1-\omega\ (B_i)$

所以（7）式等价于：

$$u_i=(c_i-B_i)(1-\omega(B_i))^{n-1} \tag{8}$$

对（8）式求竞标成功者的收益极值，所以有：

$$\frac{\partial u_i}{\partial B_i}=-(1-\omega(B_i))-(n-1)(c_i-B_i)(1-\omega(B_i))^{n-2}\omega'(B_i)=0 \tag{9}$$

将最优化条件代入（9）式得到：

$$(1-c_i)-(n-1)(B_i-c_i)(1-c_i)^{n-2}\frac{dc_i}{dB_i}=0 \tag{10}$$

解此微分方程，得到：

$$B_i=\frac{n-1}{n}c_i+\frac{1-(1-c_i)^{1-n}}{n} \tag{11}$$

竞标时，当竞标者的成本为0时，为了谋求收益的最大化，竞标者的出价将是余下的 $n-1$ 位竞标者出价的数学期望，即$\frac{1}{n}$。①将初值条件代入，得到竞标成功者的出价函数为：

$$B=\frac{(n-1)c+1}{n} \tag{12}$$

以上的（6）式和（12）式即市场条件下，招投标过程中竞标成功者的出价应当满足的条件。然而，若是存在着外部干扰，定价机制将会发生相应的改变。

---

① $E\xi^{n-1}=\int_{-\infty}^{+\infty}x^{n-1}f(x)dx=\int_{0}^{+1}x^{n-1}dx=\frac{1}{n}$。

第四章　促进自主创新的政府采购模型的改进

上一章推导之后得到的结论是，当竞标者只有两位时，竞标成功者的出价为 $B=\frac{c+1}{2}$；当竞标者为 n 位时，成功者的出价为 $B=\frac{(n-1)\ \ c+1}{n}$。结论显然非常简洁，但是这是在没有外部干涉、纯市场条件下的招投标的均衡结果。而本书倡导的主旨是利用巨额的政府采购资金扶持有自主创新资质的企业发展，因此我们想知道的是当政府运用有偏好的优惠政策时，自主创新企业参与的招投标的收益格局会发生什么样的变化。

第一节　优惠政策的影响

政府采购是我国的国家财政政策的重要组成部分，也是一种推动自主创新企业发展的有效工具。2006 年国务院发布《国家中长期科学和技术发展规划纲要(2006 ~ 2020 年)》，提出要实行促进自主创新的政府采购机制。同时，根据《中华人民共和国政府采购法》的要求，我国政府采购主要采取公开招标的方式。公开招标是一种要求各个供应商同时出价，价低者得的资金分配机制。这种纯市场行为使得许多具有自主创新资质，而经济实力偏弱的民族企业在招标中败下阵来。为了能够在维护政府既定经济利益的基础上，最大限度地促进自主创新企业的发展，中央和地方政府颁布了一系列旨在扶持自主创新企业的政策，其中大多数的文件都涉及在公开招投标过程中给予自主创新企业优惠待遇。但是，在政府采购的过程中，促进自主创新的政策与公开招标经济目标之间存在着矛盾冲突。所以，在中国的政府采购招投标分析中，在传统拍卖理论的基础上，还需加入具有中国特色的自主创新因素，将纯市场条件下的招投标理论拓展成为符合我国国情的政府采购招投标理论。

关于政府采购对自主创新企业发展进行扶持，理论界已有不少探讨。例如，刘慧（2005）指出，由于科技创新需要大量的资金、需要发明人或实验企业承担风险和需要长期的研究周期，因此科技创新需要政府采购的参与，政府采购恰恰可以对科技创新起到很大的推动作用。徐焕东（2005）提出了政府采购推进自主创新的必要性和优越性，并建议政府采购在促进自主创新的过程中，建立严密的自主创新产品和技术的界定体系，建立客观公正的自主创新评价与评估标准体系。陆军（2004）认为政府采购通过作为需求者对技术创新成果市场进行拉动和诱导，以实现其降低技术创新不确定性的政策目标，同时又需要政府各种政策的制定和执行过程中的良好协调。

综而观之，上述研究大多进行的是定性的、说理性的分析，而从技术层面上讨论如何将自主创新机制加入招投标的理论分析框架，目前国内还鲜有文献涉及，本部分尝试在此方面作出拓展。

一、招投标市场模型的修正

第三章，我们推导了市场经济条件下，招投标的价格形成机制。当竞标者只有两人时，竞标成功者的出价函数为：

$$B=\frac{c+1}{2}$$

当竞标者有 N 位时，竞标成功者的出价函数为：

$$B=\frac{(n-1)c+1}{n}$$

现在假设政府采购面对的竞标者均有程度不等的自主创新资质 θ_i，并已被成功的量化识别，[①] $\theta_i\in[0,\ \bar{\theta}]$，其中$\bar{\theta}$是政府认定企业自主创新资质的最高标准。政府针对企业的自主创新资质的不同程度，给予企业不同的优惠承诺 $f(\theta_i)$，当竞标者成功获取标的物之后予以兑现。[②] 显然，企业自主创新程度越高，则从政府处获取的优惠越大，即$\frac{df(\theta_i)}{d\theta_i}>0$。

从模型中看，给予自主创新企业优惠，实际上就是依自主创新的程度高低而降低了各企业的竞标成本。获得相关优惠之后，自主创新企业的新的成本为 $C_i=c_i-f(\theta_i)$。因此政策影响可以表述为，当自主创新程度增加而导致政策变化时，特定竞标者的出价策略也会随之变化。

当只有两位竞标者时：

$$\because B=\frac{C+1}{2}=\frac{c-f(\theta)+1}{2}$$

① 参见第三章内容。

② 这样做有两个好处：一是政府事先不需要真实付出，因此在初期降低了启动成本；二是政府在竞标成功后兑现，又保证付出落到了实处。

$$\therefore \frac{dB}{d\theta} = -\frac{1}{2}\frac{df(\theta)}{d\theta} < 0$$

当有 n 位竞标者时：

$$\because B = \frac{(n-1)C+1}{n} = \frac{(n-1)(c-f(\theta))+1}{n}$$

$$\therefore \frac{dB}{d\theta} = -\frac{n-1}{n}\frac{df(\theta)}{d\theta} < 0$$

很显然，从以上的两位竞标者和 n 位竞标者的情形，我们可以得到，当 θ↑时，有 B↓。即意味着，如果企业的自主创新程度越高，他从政府得到的优惠资助就越大，企业在竞标时的出价也越低，所以拥有更强的自主创新资质的企业在投标过程中的竞争力也就越强。这就很好地解决了在招投标时，自主创新企业可能受制于资本规模，无法与实力雄厚的国外大企业相竞争的难题；同时也为政府实施促进自主创新企业发展的支持政策，提供了有力的理论解释。

以上推导表明，政府的优惠程度会影响供应商的出价格局。享受优惠程度较高的供应商会提高报价，而享受优惠程度较低的企业会令报价接近于其成本价格。在这样的出价格局下，政府需做到以下几点来确保自身和社会利益的最大化。

首先，要建立完善的自主创新甄别体系，科学合理的指标体系是政府“让利”的基础，政府只有拥有完善的经过权威认证的自主创新产品与服务的信息库，才能有理有据地对企业进行让利。

其次，在建立自主创新企业甄别体系的基础上，政府应该合理地“让利”。这个“利”是建立在准确地度量供应商自主创新度的基础上的。之所以要合理是因为：如果让利太高，会使得自主创新所带来的正外部性不足以弥补政府的让“利”，造成社会总体福利的损失；如果让利太低，就不能改变自主创新企业在招标过程中的劣势地位，从而就会损失掉企业由于自主创新可能带给社会的正外部性。可见，政府让利的“度”的准确把握，也是基于一套合理度量自主创新外部性的指标体系上的。

二、谋求社会福利的最大化

值得指出的是，促进自主创新企业发展的政府政策的正效应是多方面的，它不但可以促进具有自主创新资质的企业自身的发展，同时这种政策还具有显著的正外部性。当行业内某家企业由于自主创新取得了显著的收益，行业内的其他企业就会纷纷模仿。模仿体现为不同的形式，如技术的模仿、产品的模仿、专利的改进、研发环境的改善等等。随着过程的推移，该行业的生产力水平会在技术产品的不断更新中持续提高，并最终导致整体的社会生产力提高。

不过，政府不可能无止境地加大对企业的优惠投入，因为成本收益之间存在均衡点。一方面，对企业的优惠会增加政府采购的正外部性，这是好的方面。但是另一方面，对相关企业的优惠又会增加政府采购的经营成本，这是不好的方面。政府于是需要在成本收益的此消彼长中谋求收益的最大化。

假设依据企业的自主创新资质θ，政府给予相应的优惠投入 f（θ）。标的物在政府心中的市场公允价值是 v，f（θ）的上限是 v，因为政府不可能对企业给出高于 v 的优惠投入。由优惠投入而产生的正外部性是 $\varphi(f(\theta))$，显然有$\frac{d\varphi}{d\theta}>0$。因此政府的总体收益是：

$$R=K\phi(f(\theta))(v-f(\theta)) \tag{1}$$

上式体现了政府的优惠政策的正负效应的累积效果，于是政府谋求的最大化出现在如下等式中：

$$\frac{dR}{d\theta}=\frac{dR}{df}\frac{df}{d\theta}=Kf'_{\theta}((v-f(\theta))\phi'_{f}-\phi)=0 \tag{2}$$

推出：

$$f(\theta)=v-\frac{\phi}{\phi'_{f}}=\varphi(v)<v \tag{3}$$

以上（3）式即在最优化条件下，政府对企业的优惠必须满足的条件，该条件依正外部性的函数表达式 $\phi(f(\theta))$ 的形式变化而不同，以下列出三种常用的情况：

若政府优惠的正外部性函数为 $\phi=Jf(\theta)$，那么 $f(\theta)=\frac{v}{2}$

若政府优惠的正外部性函数为 $\phi=(f(\theta))^{n}$，那么 $f(\theta)=\frac{n}{n+1}v$

若政府优惠的正外部性函数为 $\phi=e^{f(\theta)}$，那么 $f(\theta)=v-1$

其中，最常见的是政府优惠与正外部性成线形正比，即 $\phi=Jf(\theta)$，此时政府能够对自主创新企业给出的最大优惠是自身心理价值的一半。

为了验证以上结论，我们设计仿真模拟如下：

假设政府优惠的正外部性函数为 $\phi=Jf(\theta)$，则政府采购部门的总体收益是：

$$\begin{cases}R=Mf(\theta)(v-f(\theta))\\ R|_{f(\theta)}=R_0\end{cases}$$

其中第二个式子是方程的初值条件，也是政府采购部门总体收益的下限值。

取 $R_0=1$，f（θ）从 0 开始取 0.001 为步长增加，我们分别用 v = 150 与 v = 250 进行了 6000 次的仿真模拟得到图 4－1。

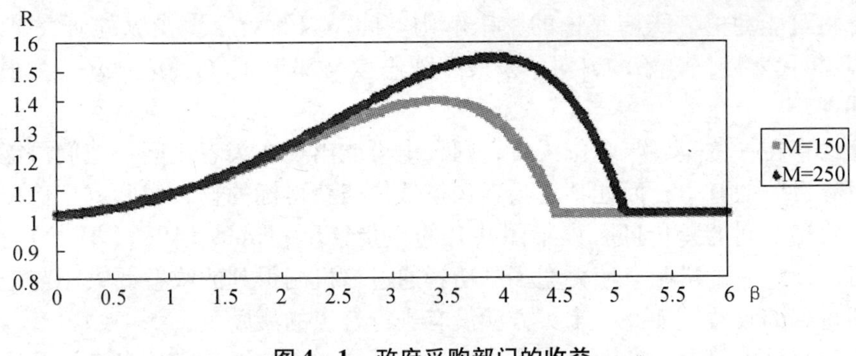

图 4－1　政府采购部门的收益

从图形中非常直观地发现，即便考虑到扶持自主创新企业发展的正外部性，政府采购部门的收益增加也不是完全单调递增的，收益存在着一个极值，过了该极值点，政府采购的总体受益将呈现下降趋势。

可见，政府对企业给出的优惠待遇并非无原则地让利，而是存在着最佳均衡点，在该点，政府能够实现社会福利的最大化。

第二节　合谋操纵带来的危害

应当说，在招投标的过程中，经济学家们设计的市场竞价机制非常精巧漂亮，也不乏成功运用的案例，但用于模拟现实似乎总有一定差距。尤其当参与交易过程的局中人越多时，实际成交价格越容易偏离理论价格，数理模型的拟合度越差。究其原因，合谋操纵是一个重要原因。

早期关于合谋操纵的研究主要集中在产业经济学领域。古典经济理论认为在自由竞争市场中，产品的价格取决于边际收益与边际成本的交点，而当存在垄断时，边际收益与边际成本的交点只能决定产量，垄断价格要高于边际收益与边际成本的交点。此时的垄断显然是一种合谋，寡头们共同操纵了市场的价格并获得额外的收益。但学者们对垄断与寡头市场的合谋现象进行研究之后，关于合谋的研究似乎开始停滞不前。尽管合谋操纵是所有组织机构和交易模式中普遍存在的一个现象，而且政治学与社会学对其倾注了高度的关注，但是由于传统的理性人假设的局限性，导致主流经济学一直顽强地将其拒之研究领域之外。

以 Nash 开创的现代博弈论为例，它的假设前提就是“非合作”的，即各局中人互不干涉各自追求收益最大化，并最终达成一个均衡。而研究合谋操纵则承认局中人之间存在合作的可能，非合作型博弈因此转向了合作型博弈，假设前提的改变将可能动摇传统博弈论的整个解构空间。因此对合谋操纵的研究是从20世纪80年代才慢慢开始的，对其发展，陈志俊与邹恒甫（2002）有一个很好的理论述评。

假设存在一位卖者与多位买者，则合谋可能出现在买者之间，他们可能串通起来放弃过分的竞争，而让某竞买者在较低价格获得标的物，实际成交价格与理论预期价格之间的差价即合谋集团共有的“蛋糕”。Tirole（1986、1992）指出，卖方可以设计一个机制，使得竞买成功者通过该机制得到的收益要大于与他人合谋可能得到的收益，如此一来买方就没有进行合谋的激励了。

假设交易中只有一位卖者与一位买者，另有一位掌握关键信息者，在此三方博弈中，由于掌握关键信息者了解卖方的私人信息，因此买方有可能向其寻租。买方与掌握关键信息者可能形成合谋，后者通过透露特定的信息让买方以较低的价格获得标的物，在成交后再从买方手中分得信息租金。Laffont 和 Martimort（1997、1998、2000、2001）等人的系列论文认为，卖方可以尝试分解一部分权力给掌握关键信息者，如果此权力带来的收益大于其与买方合谋所得到的收益，即可有效防止掌握关键信息者与买方之间的合谋，同时他们还指出分解权利的机制即等于最优的防范合谋的机制。

一、买方合谋中的收益最大化

传统的合谋一般集中在卖方团体中，因为在博弈中，拥有资源的卖方大多具有更多的话语权与决策权。但在政府采购的过程中，客观存在的买方合谋（产品服务提供方），容易联合起来成为一个团体可能会极大地损害卖方（采购方）的利益。①

以下部分试图讨论政府采购过程中的买方合谋，与相近的文献不同，本部分的分析根据实际情况，引入了启动成本和新的价格函数，这有利于探讨联盟的存在与分析相关收益，并易于拓展到多对多的交易情形，具有更广泛的实际意义。

假设政府采购部门希望目标企业能够在提高自主创新资质方面进行激烈的竞争，并将自己能够支配的政府采购资金尽量地分配到竞争的胜出者手中。但是，多个目标企业之间却有两种不同的选择：第一种，选择相互竞争，并争取在自主创新资质的比拼中胜出而获得更多的资金支持；第二种，选择合谋，让某一家企业低成本或者无成本的胜出，获得资金支持后再由胜出者支付给妥协者一定的补偿。这两种模式的收益差异在哪儿？对政府采购部门的损害到底有多大？下面用模型进行说明。

---

① 可以把巨额的政府采购资金看成资源或资产，政府采购部门则是该资源的出卖方，收益是社会剩余并追求最大化，而产品服务的提供企业则是资产的购买方。

假设经济中有一个出卖方，有若干无差异资产待售，[①] 资产总份额为1，另有两位资产的购买者。其他符号各自代表的经济学含义如下：

$q_i \in (0, 1)$：第i个购买者的购买份额；

q_i^*：第i个购买者的最优购买份额；

$Q = q_1 + q_2 \in (0, 1)$：购买方的所有购买份额；

Q^*：购买方的最优购买份额；

π_i：第i个购买者的收益；

W：单位份额的资产对购买方的效用；

c：购买方获得单位份额的资产后必须进行的投入；[②]

$P = P(q_1 + q_2) = P(Q)$：资产的成交价，是总购买份额的函数。在资产的交易过程中，购买方若购买的份额越多，出卖方给出的价格显然越低，因此资产价格是购买份额的减函数，设 $P = \lambda e^{-Q}$，其中 λ 是大于0的比例系数。

1. 当购买者之间没有合谋

$\pi_i = (W - c)\, q_i - \lambda q_i e^{-(q_1 + q_2)}$

因为购买者追求各自的收益最大化，所以π_i 对 q_i 的一阶偏导均等于0。

$\because q_1^* \in \max \pi_1 \Rightarrow$

$$\frac{\partial \pi_1}{\partial q_1} = W - c - (1 - q_1)\, \lambda e^{-(q_1 + q_2)} = 0$$

$\therefore (W - c)e^{q_1 + q_2} - (1 - q_1)\, \lambda = 0$[③]

$\therefore (W - c - \lambda) + (W - c + \lambda)\, q_1^* + (W - c)\, q_2^* = 0$

同理可得：

$q_2^* \in \max \pi_2 \Rightarrow$

$$\frac{\partial \pi_2}{\partial q_2} = W - c - (1 - q_2)\, \lambda e^{-(q_1 + q_2)} = 0$$

$\therefore (W - c - \lambda) + (W - c + \lambda)\, q_2^* + (W - c)\, q_1^* = 0$

求均衡点：

$$q_1^* = q_2^* = \frac{\lambda - (W - c)}{\lambda + 2(W - c)}$$

由此形成的总购买份额为：

---

① 可以看成是政府采购资金的细分。

② 即启动成本。比如技术改造、管理重组、人员培训、生产转向等的费用投入等。此假设与现实相符，自主创新企业获得政府采购权之后，如没有启动成本投入，购买到手的“权”是不能产生现金流的，对购买方没有任何含义。

③ 用泰勒级数把 $e^{(q_1 + q_2)}$ 在原点展开。而在原点附近，略掉余项之后的一次项是原函数的相当精确的近似值。

$$Q^*_{无合谋}=\frac{2\lambda-2(W-c)}{\lambda+2(W-c)}$$

两位购买者的收益最优分别为：

$$\pi_1^*=\pi_2^*=\frac{\lambda-(W-c)}{\lambda+2(W-c)}(W-c-\lambda e^{-\frac{2\lambda-2(W-c)}{\lambda+2(W-c)}})$$

在购买者各自收益最大化的前提下，购买方总的收益最大化为：

$$\pi^*_{无合谋}=\frac{2\lambda-2(W-c)}{\lambda+2(W-c)}(W-c-\lambda e^{-\frac{2\lambda-2(W-c)}{\lambda+2(W-c)}})$$

2. 当购买者之间存在合谋

$$\pi=(W-c)Q-\lambda Qe^{-Q}$$

因为购买方追求收益最大化，所以π对 q 的一阶偏导等于 0。

$$Q^*\in\max\pi\Rightarrow$$

$$\frac{\partial\pi}{\partial Q}=W-c-(1-Q)\lambda e^{-Q}=0$$

$$Q^*_{有合谋}=\frac{\lambda-(W-c)}{\lambda+(W-c)}$$

合谋集团的收益最优为：

$$\pi^*_{有合谋}=\frac{\lambda-(W-c)}{\lambda+(W-c)}(W-c-\lambda e^{-\frac{\lambda-(W-c)}{\lambda+(W-c)}})$$

由此得到三个结论：

$$Q^*_{有合谋}<Q^*_{无合谋}$$

$$\pi^*_{有合谋}<\pi^*_{无合谋}$$

$$\pi^*_{有合谋}>\pi_1^*=\pi_2^*$$ ①

二、对卖方的损害

由第一个结论可得：存在合谋格局时，成交的资产份额会要小于不存在合谋时的情况，说明出现了能成交却没有成交的非效率状态。

---

① 命题 1 与命题 2 均易证，现证命题 3。

要证$\pi^*_{有合谋}>\pi_1^*=\pi_2^*$，即证$\frac{\lambda-(W-c)}{\lambda+(W-c)}(W-c-\lambda e^{-\frac{\lambda-(W-c)}{\lambda+(W-c)}})>\frac{\lambda-(W-c)}{\lambda+2(W-c)}(W-c-\lambda e^{-\frac{2\lambda-2(W-c)}{\lambda+2(W-c)}})$。因为 Q 与$\pi$均要大于 0，所以$\lambda-(W-c)>0$且$(W-c)-\lambda e^{-Q'}>0$，所以$\lambda e^{-Q'}<(W-c)<\lambda$，当 Q'较小时，$(W-c)$是落在极狭区间$(\lambda e^{-Q'},\lambda)$的值，所以$(W-c)-\lambda e^{-Q'}$是极小量，且相对于 Q'是高阶小。换句话说，在乘积$Q'(W-c-\lambda e^{-Q'})$中，函数变化的主要影响是由 Q'给出的。做商：$\dfrac{\frac{\lambda-(W-c)}{\lambda+(W-c)}(W-c-\lambda e^{-\frac{\lambda-(W-c)}{\lambda+(W-c)}})}{\frac{\lambda-(W-c)}{\lambda+2(W-c)}(W-c-\lambda e^{-\frac{2\lambda-2(W-c)}{\lambda+2(W-c)}})}=\dfrac{\frac{\lambda-(W-c)}{\lambda+(W-c)}}{\frac{\lambda-(W-c)}{\lambda+2(W-c)}}>1$，所以命题 3 得证。

由第二个结论可得：存在合谋格局时，购买方获得的收益会要小于不存在合谋时的情况，存在合谋格局时出卖方获得的收益更多。出现该情况的原因是买卖双方共同调高了交易的成交价格，命题 2 显示购买者之间的合谋对出卖方而言，从账面收益上看是有利的。

而第三个结论则揭示了买方合谋存在的可能性。尽管合谋后购买者获得的总收益要小于无合谋时购买者获得的总收益，但合谋后购买者获得的总收益会要大于无合谋时任意单个购买者的收益，这就为合谋集团留下了利润空间。

假设有这样一种情况：合谋者甲愿向合谋者乙让渡一笔利润，以换取合谋者乙放弃争夺市场份额的努力的承诺。只要此利润大于合谋者乙的启动成本，这笔交易对乙而言就是有利的。因为，尽管他投入启动成本有可能换得收益，但收益是需贴现且有风险溢价的，相对于甲提供的当期完全无风险收益，乙会接受后者。甲让渡的利润只要小于合谋总利润与无合谋收益之差，对于甲而言也是有利可图的。

以上合谋的可能结局是甲给了乙一笔支付，乙于是放弃竞争，甲于是独占了合谋格局下的全部市场份额与收益，此时甲获得的收益会大于在无合谋格局下能够获得的收益。

但是，甲设计的初始收益格局可能会落空，因为当甲对乙缺乏有效的行为约束时，这将是个不稳定的联盟。设想，乙收下甲支付之后，口头承诺退出竞争而实际上并没有退出竞争，此时购买方又变成了无合谋的格局。博弈的结果是乙将得利，获得π_2^* 和甲付来的启动成本，而甲将遭受很大的损失，不但损失了付给乙的启动成本，而且市场占有份额也下降了。

因此要增加联盟的稳定性，甲必须加大对乙的付出，只有当甲对乙的支付大于乙通过自由竞争所获得的收益π_2^* 时，乙才不会主动寻求其他的牟利方式。那么这笔支付从何而来？有效的方法是尽量获取更多的政府采购资金。甲获得的政府采购资金一部分用于支付给乙，让对方放弃竞争；一部分用于成本的支出；剩下的部分才可能用于自身企业的自主创新发展。对政府采购部门而言，显然资金没有发挥最大的功效，没有完全用于资助自主创新企业的发展。因此，企业间的合谋对政府采购部门来说非常不利,她需要出卖方随时保持警惕并进行及时的防范。

第三节 基于声誉的约束机制

政府采购部门对投标企业进行随时监控以防范可能存在的合谋，是一个旷日持久而成本高昂的过程，若能设计一个低成本的合谋防范机制，让投标企业在激励相容的前提下公平竞争，则对设标方政府采购部门来说是一个有利的均衡格局。

Tirole（1986、1992）曾经指出，当存在一位卖者与多位买者时，卖方可以设计一个机制，使得竞买成功者通过该机制得到的收益要大于与他人合谋可能得到的收益。在现实经济中，声誉约束就是这样的一种非常有效的机制设计，它能帮助政府采购部门约束投标企业间可能存在的合谋行为。

本部分将 KMRW 声誉理论引入招投标的机制设计，在 Barro 和 Gorden 研究成果的基础之上，建立多期的动态博弈模型，分析了在不完全信息的情况下，招标人和投标人在重复博弈中的行为策略。结果表明，声誉因素对于市场参与者而言是一个很强的约束，即使是“坏”的投标人在长期博弈中也有不进行合谋的激励。在声誉约束机制的诱导下，企业将选择合规的经营行为，从而在宏观层面上体现出更强的社会责任感与企业伦理观。

一、效用函数与均衡解

根据亚当·斯密的观点，所有的市场参与者都是追求收益最大化的理性人，因此在科学合理的激励约束机制诱导下，不论是合谋类型的企业还是非合谋类型的企业都有可能会选择合规的经营行为，从而在整个宏观经济层面上有效地体现出更强的社会责任感与道德伦理观，并最终促进消费者剩余与社会总剩余的增加。

基于声誉约束的机制设计是当前博弈论研究中的一个前沿方向。Kreps 和 Wilson（1982）运用声誉理论解决了 Selten 的连锁店悖论，Milgrom 和 Roberts（1982）在同一时间引入声誉机制来解释有限次重复博弈的囚徒困境，KWMR 的理论被统称为声誉理论。Barro 和 Gordon（1983）将 KMRW 声誉模型运用到政府货币政策博弈当中，以此来分析声誉对央行货币政策实行的影响。S Bikhchandani（1988）对两个投标者在二价密封拍卖下的单期博弈和重复博弈进行了分析，Michael H. Rothkopf 和 Ronald M. Harstad（1994）也在二价密封拍卖中引入声誉机制；Daniel Houser 和 John Wooders（2006）通过对 Ebay 网上拍卖的实证分析，得出声誉对招标者比对投标者而言更为重要；Ming Zhou、Martin Dresner 和 Robert J. Windle（2008）对缺少声誉反馈机制和拥有声誉反馈机制的网上拍卖者的行为进行了分析，其结论是没有声誉机制的情况下，即使是好的招标者其合作行为也不会得以维持，而一旦考虑到声誉，情况就会改变。Yang Jian、Hu Xiaorui 和 Zhang Han（2007）运用仿真模拟对 CtoC 环境下的网上拍卖的声誉反馈机制进行了分析，得出了类似的结论；Luis Cabral（2009）站在拍卖者的角度，认为拍卖者建立自己的声誉会是一个漫长的过程，而毁掉声誉却只在一瞬间，这是因为一个声誉低下的拍卖者不得不以更低的价格和更低的频率来拍卖物品。国内也有一些文献谈到声誉因素在招投标中的应用，如 Zhao Jia 和 Huang Jinghua（2008）

运用中国淘宝网上的数据，将声誉因素对网上拍卖者的影响进行了实证分析。

本部分改进与完善了 Barro 与 Gordon 模型中的效用函数，将声誉机制引入到多回合的招投标分析。结果显示，基于声誉的博弈机制设计对投标人而言将会是一个很强的约束，只要重复博弈达到一定的次数（没有必要是无限期的），那么合谋类型的投标人也可能在相当长一段时期内表现得像非合谋类型的投标人一样，从而有利于招标人，并创造出更多的消费者剩余与社会总剩余。

1. 基本假设与效用函数

假设博弈的双方为招标人和投标人。一般认为招标方的行为特征对于众投标人而言都属于公共信息或共同知识，因此，在本书中，假设招标人只有一种类型，它总是可以以自己认为合适的价格选择中标者，并且总能够保证自己的价格得以实施，即招标人是言行一致的，说到做到。

同时，本部分分析中把众多的投标人标准化为一个行为人，即投标者，并假设投标者有两种类型：一是非合谋型，它是指投标者的品质是“好”的，不会参与招投标过程中的合谋；二是合谋型的，即该投标者的品质是“坏”的，在招投标过程中，会通过合谋来抬高标价，获取超额利润。

投标者属于何种类型只有他自己知道，对招标方而言，这是对方的私人信息，自己无从知晓。但是假设每次招标人与投标人进行完一次交易之后，招标人可以对投标人进行评价，即包括“差评”和“好评”。他们会为自身设置一个可承受的区间值，投标人在交易中的表现在其可接受范围之内时，招标者认为自己得到了正的效用，因此就会给予“好评”，一旦投标人在交易中的表现超出自身评价的可接受区间，招标人就会认为自己是吃亏的，那么就会给“差评”。同时假设招标人都是道德良好和理性的，能够在每次与投标人的交易中了解到自身是否遭受损失，同时也不存在恶意评价。通过这种评价反馈机制，每个投标者的表现会成为公共信息而存在于信息库中，招标者在下一期就会根据这些信息来判断投标者的类型。

假定 V 代表投标人对招标人利益的实际侵占率，即投标人通过非法合谋，抬高标价所取得的超额利润。b 是类型参数，代表投标者的类型。令 b = 0 代表投标者的类型为非合谋型；令 b = 1 代表投标者的类型为合谋型。V^E 是招标者对投标者侵占率的心理预期，表示招标者对投标者的预期行为判断，显然有 V 与 V^E 均大于 0 且小于 1。构造投标者的效用函数如下：

$$U = -\frac{1}{2}V^2 + b(V - V^E) + K \tag{4}$$

其中 K 为常数项，且由于投标者的效用一般为非负的，故还应满足初始条件 U≥0，对于上式有两点说明：①若 b = 0，即投标者为非合谋型时，上式为 U =

$-\frac{1}{2}V^2+K$，只有当 $V=0$ 时，才能使其效用最大化，而 $V=0$ 意味着投标者不侵占招标者的利益，这意味着，对于非合谋型的投标者而言，其行动是单一和明确的，不侵占招标者的剩余是它的最优选择，这与投标者的类型相吻合；②若 $b=1$，即投标者为合谋型时，$U=-\frac{1}{2}V^2+V-V^E+K$，他可以选择合谋，但是也可能为了长期利益的最大化而把自己伪装成“好”人。

2. 均衡解

对投标者来说，市场均衡解分成单期均衡解与多期均衡解两类，这直接决定了投标人在博弈中的行为选择。

（1）单期博弈的均衡解。若博弈只进行一期，则有如下结论：

对于非合谋型的投标人而言，有 $b=0$，其效用函数为 $U=-\frac{1}{2}V^2+K$，于是 $V=0$ 时投标人取得最大的效用 K，这意味着好品质的投标人不会通过合谋来获利，其行为始终是明确和合法的。

对于合谋型的投标者而言，有 $b=1$，其效用函数为 $U=-\frac{1}{2}V^2+V-V^E+K$，由 $\frac{\partial U}{\partial V}=-V+1=0$ 得到当 $V=1$ 时，投标人取得最大效用为 $U=K+\frac{1}{2}-V^E$；如果投标者不合谋，选择 $V=0$，那么投标者的单期效用为 $U=K-V^E$，小于进行合谋时的效用。于是在单期博弈中，坏品质的投标人没有伪装成“好”人的动力。因此单期博弈的均衡解为：非合谋型的投标者选择不合谋，即 $V=0$；而合谋型的投标者选择合谋，即 $V=1$。

（2）多期博弈的均衡解。以上单期博弈的均衡结果在长期博弈中会改变，假定在 $t=0$ 期 $b=0$ 的先验概率是 p_0，$b=1$ 的先验概率是 $1-p_0$。

若博弈重复 T 阶段，令 y_t 为 t 阶段合谋类型的投标者选择非合谋策略的概率，x_t 为招标者认为非合谋类型的投标者不合谋的概率；在均衡的情况下，$y_t=x_t$。那么，在 t 阶段如果招标者对投标者的评价是“好评”，当这成为公共信息时，根据贝叶斯法则，招标者在 $t+1$ 阶段认为该投标者是非合谋类型的投标人的后验概率是：

$$p_{t+1}(b=0\mid V_t=0)=\frac{p_t\times 1}{p_t\times 1+(1-p_t)\times x_t}\geqslant p_t \tag{5}$$

其中 p_t 是 t 阶段招标者认为投标者为非合谋类型投标人的概率，1 是非合谋类型的投标者不进行合谋的概率，这意味着如果投标者没有进行合谋，那么招标者认为他是非合谋类型的投标人的概率是向上调整的。而如果投标者进行合谋而被“差评”，这就会成为行业内的公共信息，此时有：

$$p_{t+1}(b=0|V_t=1)=\frac{p_t\times 0}{p_t\times 0+(1-p_t)x_t}=0 \tag{6}$$

这意味着一旦招标者得知投标者合谋过，那么他们就会在下一期定义该投标者是合谋类型的投标者。

首先考虑两个阶段（t-1 和 t）模型的均衡解。在 t 阶段（最后阶段），投标者建立较好的声誉已经没有意义了，合谋型的投标人的最优选择是 $V_t=b=1$，招标者对投标人的侵占率预期为 $V_t^E=V_t\times(1-p_t)=1-p_t$，此时合谋型的投标人的效用水平是：$U_t=-\frac{1}{2}V_t^2+(V_t-V_t^E)+K=-\frac{1}{2}+[1-(1-p_t)]+K=p_t-\frac{1}{2}+K$；因为 $\frac{\partial U_t}{\partial p_t}=1>0$，所以合谋型的投标人的效用是声誉的增函数，这也是合谋型的投标人在前若干期的博弈中有积极性建立声誉的原因。

再考虑 t-1 期合谋型投标者的策略选择。假定合谋型投标者在 t-1 阶段之前都没有进行合谋，那么招标者对投标者的预期侵占率为：

$$V_{t-1}^E=V_{t-1}\times(1-p_{t-1})\times(1-x_{t-1})=1\times(1-p_{t-1})\times(1-x_{t-1}) \tag{7}$$

其中 1 是合谋型投标者的最大侵占率，$(1-p_{t-1})$ 是投标者为合谋型的概率，$(1-x_{t-1})$ 为招标人认为合谋型投标者选择合谋的概率。令 σ 为贴现因子。在 t-1 阶段合谋型的投标者可以选择合谋的策略来实现单期效用的最大化，也可以继续建立声誉而把自己伪装成非合谋型的投标人。

如果合谋类型的投标人在 t-1 期选择合谋，那么他的总效用为：

$$U_1=U_{t-1}+\sigma\times U_t=(\frac{1}{2}-V_{t-1}^E+K)+\sigma\times(K-\frac{1}{2}) \tag{8}$$

如果合谋类型的投标者在 t-1 期选择伪装，那么他的总效用为：

$$U_2=U_{t-1}+\sigma\times U_t=(K-V_{t-1}^E)+\sigma\times(p_t-\frac{1}{2}+K) \tag{9}$$

如果 $U_2>U_1$，即 $p_t\geqslant\frac{1}{2\sigma}$，则 t-1 期不合谋的总效用就会大于合谋的总效用，因此即使是合谋型的投标者也有合规经营的可能。因为在均衡情况下，招标者的预期 x_{t-1} 等于投标者的选择 y_{t-1}，因此 $y_{t-1}=1$ 成为合谋类型的投标人不进行合谋的策略。

这说明如果在 t-1 阶段招标人认为投标人是非合谋型的投标人的概率不小于 $\frac{1}{2\sigma}$，那么合谋型的投标人选择不合谋要优于合谋。因此该博弈的纳什均衡战略为：只要贴现因子 σ 足够大，合谋型的投标者在 t-1 期选择不合谋，在 t 期选择合谋。而且，如果投标人的声誉越好，它维持自身声誉的积极性就越高。这一点在混合战略均衡中更为清楚。

如果 $p_t=\frac{1}{2\sigma}$，任何的 $y_{t-1}\in[0,1]$ 都是最优的。但因为均衡要求 $y_t=x_t$，将 $p_t=\frac{1}{2\sigma}$ 带入贝叶斯法则并重新安排，我们得到：

$$y_{t-1}=x_{t-1}=\frac{(2\sigma-1)p_{t-1}}{1-p_{t-1}} \tag{10}$$

在该式中，假定 $\sigma>\frac{1}{2}$，则有：

$$\frac{\partial y_{t-1}}{\partial p_{t-1}}=\frac{2\sigma-1}{(1-p_{t-1})^2}>0 \tag{11}$$

即招标者越认为投标者是“好”人，合谋型的投标者选择不合谋的积极性就越高。特别地，当 $p_{t-1}\to\frac{1}{2\sigma}$ 时，$y_{t-1}\to 1$。

从上述分析得出，合谋型的投标者在选择 t-1 阶段的对策时，面临着眼前利益和未来利益之间的权衡。给定招标者不知道投标人的真实类型，如果合谋型的投标者在现期选择合谋，他在现阶段的效用 $U_{t-1}=\frac{1}{2}-V_{t-1}^E+K>-V_{t-1}^E+K$，但在声誉被毁之后，他下阶段的效用为 $U_t=-\frac{1}{2}+K<p_t-\frac{1}{2}+K$。因此，合谋型的投标者面临的问题是究竟在现阶段利用自己的声誉还是在下阶段利用自己的声誉？如果 p_{t-1} 充分大，即 σ 充分接近于1，那么他的最优选择是下阶段而不是现阶段利用自己的声誉。

容易证明，如果合谋型的企业在 T-1 阶段选择不合谋时的策略是最优的，那么，在所有 $t<T-1$ 阶段选择不合谋都是最优的。因此，如果 $p_0\geqslant\frac{1}{2\sigma}$，我们有如下的纳什均衡：在长期博弈中，非合谋型的投标者选择不合谋，即有 $V_0=V_1=\cdots=V_{t-1}=V_t=0$；而合谋型的投标者会在前 t-1 选择不合谋，即 $V_0=V_1=\cdots=V_{t-1}=0$，但在最后一期选择合谋。此时，若招标人能给出足够的激励约束，投标人在最后一期也可能选择不合谋。

该博弈均衡战略解的存在，必须满足 $p_{t-1}\geqslant\frac{1}{2\sigma}$，即只要 σ 足够大，该式就能成立。因此，合谋型的投标者就会选择不合谋，即选择把自己伪装成“好”人的积极性就越高，这样就越有利于建立一个诚信的招投标环境。这也意味着，只要博弈是一直重复的（没有必要是无限期的），即使是合谋型的投标者也会有合规经营的动力。

二、仿真模拟

以上的推导得到了市场条件下单期博弈的均衡解和多期博弈的均衡解，并给出了投标企业的相应行为选择，下面我们尝试着设计与现实经济尽量吻合的仿真模拟来进行证明。

1. 不同类型的效用函数的比较

如前文所述，非合谋类型的投标人的效用函数为 $U_1 = -\frac{1}{2}V^2 + K$，而合谋类型的投标人的效用函数为 $U_2 = -\frac{1}{2}V^2 + V - V^E + K$，将 U_1 和 U_2 定义为三维坐标的纵轴，而 V 和 V^E 分别是两个横轴。根据假定，V 和 V^E 都在 0 到 1 之间取值，将 K 取常数 1，V 与 V^E 均从 0 开始，按 0.001 的步长递增，做 1000 次模拟，于是得到图 4－2。

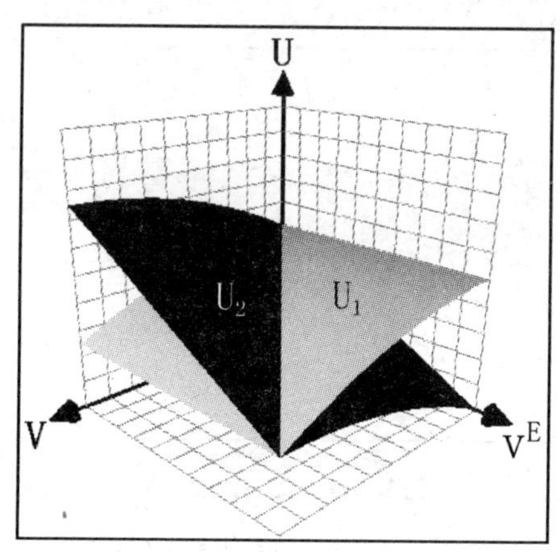

图 4－2　两种效用函数的模拟图

如图所示，图中黑色阴影部分曲面代表的是合谋型投标人的效用函数图，其效用函数为 $U_2 = -\frac{1}{2}V^2 + V - V^E + K$，而灰色的曲面代表非合谋型投标人的效用函数图，其效用函数为 $U_1 = -\frac{1}{2}V^2 + K$。从图中可看出，如果投标人是合谋型企业，那么其获得的效用将随着 V^E 的增大而减少，即随着招标人对其侵占率预期的增大而减少；而对非合谋型的投标人来说，只有在 $V = 0$ 时其效用才是最大的，随着 V 增加其效用也会逐渐减少。

由于这两个效用函数的图形形成相交的曲面，因而 U_1 和 U_2 之间的大小关系并不确定，这意味着随着 V 和 V^E 取值的不同，有时候 $U_1 > U_2$，有时候 $U_1 < U_2$。

这说明对投标人来说其选择不定，机制合理的话可能都会选 U_1，但机制不合理可能会选 U_2。因此可以看出，机制设计对于投标者的行为选择起着重要的作用。

2. 不同类型企业的行为选择

那么怎样才能诱导合谋型企业选择非合谋的行为呢？下面建立一个多期博弈的仿真模拟来进行说明。

针对合谋型的投标人，其面临的效用函数为 $U_2 = -\frac{1}{2}V^2 + V - V^E + K$。假设在博弈的首期，招标人的态度中立，认为投标人是非合谋型与合谋型的先验概率均为 $p_0 = 0.5$。现在投标人有两种选择：要么在本期伪装成非合谋型企业，招标人在下期博弈中仍然维持对他的“好评”的预期概率；要么在本期选择合谋，招标人在下期博弈中将调低对他的“好评”的预期概率。基于此，我们分别计算出投标人在今后各期选择合谋策略和不合谋策略的单期效用和累积效用，通过模拟，得到图 4－3 与图 4－4。

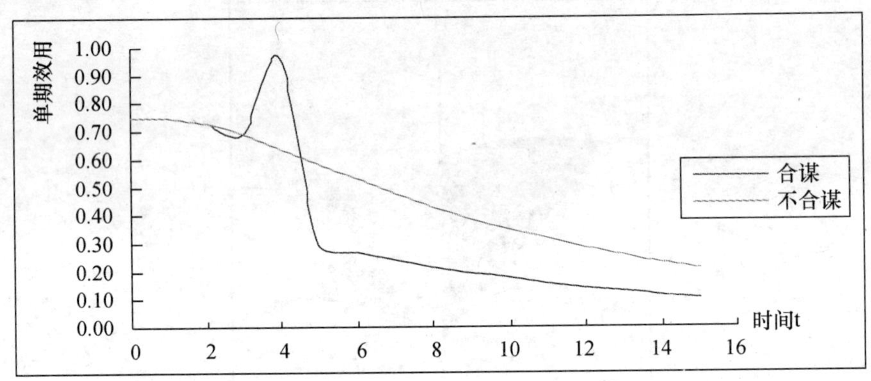

图 4－3　单期效用随时间变化趋势图

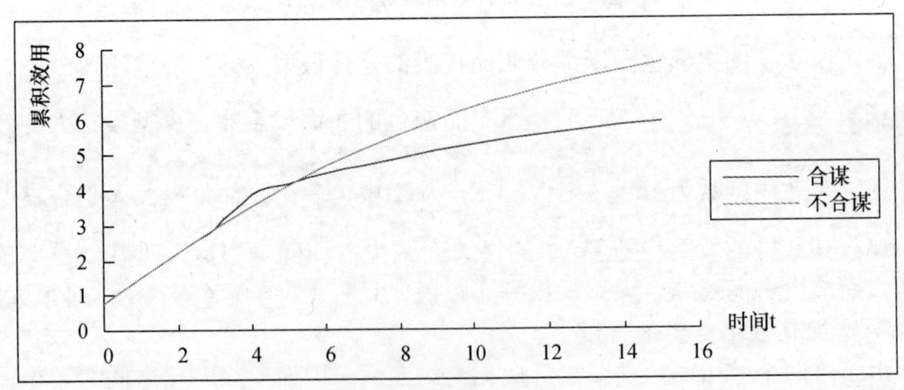

图 4－4　累积效用随时间变化趋势图

图4-3显示，在设定的数值下，投标人若选择合谋，那么他在t=4期的收益将达到最大，但是由于招标人基于投标人的合谋行为，调低了对投标人的“好评”的预期概率，所以投标人在t=5期的收益会急剧下降，并在后续的经济交往中，每一期的收益都会低于非合谋型投标人的每一期收益。

图4-4则显示，尽管在t=4期以前，合谋型投标人的累积效用会大于非合谋型投标人的累积效用，但是从t=5期开始，非合谋型投标人的累积效用将大于合谋型投标人的累积效用，并在以后的博弈中，两者的差距会越来越大。

从仿真模拟可见，其实并不需要进行无穷多期博弈，只要博弈的次数足够多，投标人选择不合谋所获得的收益将超过选择合谋所获得的收益。因此，在声誉机制约束之下，基于收益最大化，不论是合谋型投标人还是非合谋型投标人，都会选择不合谋的行为，这显然有利于维护招标人的利益，并提高消费者的福利。

通过上文分析可见，基于声誉的制度设计对政府采购过程中的投标企业约束的重要性。在标的金额巨大的政府采购中，存在着各种利益的冲突，巨大的经济利润的诱惑可能会推动投标者不自觉地触动自己的道德底线，朝着合谋的方向越陷越深。显然，一个有效健全的声誉约束机制可以规范和引导市场参与者的行为选择，使得投标者能够在实现自身利益最大化的同时不辜负整个社会对他们的道德期盼。由此可见，面对一个好的制度，即使是合谋类型的投标人也有不进行合谋而选择合规经营的激励，在整个宏观经济层面上，科学合理的激励约束机制可以有效诱导企业体现出更强的社会责任感与道德伦理观，这也印证了邓小平同志曾经讲过的一段话：“制度好的话可以使坏人无法任意横行，制度不好的话可以使好人无法充分做好人，甚至会走向反面。”①

仿真模拟源程序代码1

```
#include " stdio. h"
#include < math. h >
double R;
double r =0. 0187;
double k1 =0. 1, k2 =5;
double calculate (double x, float M)
{R = r * M * x + k1 * M/2 * x * x + (k1 * k2 - k2 * r - k1 * k2 * x) * exp (x) + (1 + r) *
M + k2 * r - k1 * k2;
```

① 邓小平文选．第二卷．人民出版社，1994：333

```
return R;}
void main ()
{  double s;
   double x;
   for (x=0.001; x<5; x+=0.001)
{  s=calculate (x, 200);
   printf("r=0.0187,k1=0.1,k2=5,M=200,β=%f,R=%lf\n",x,s);}}
```

仿真模拟源程序代码 2

```
public class Stimulate1 {
  public static void main (String [] args) {
  double V, Ve;
  double U1, U2;
  int k=1;
  for (V=0; V<=1; V=V+0.001) {
  U1=- (V*V) /2+k;
  System.out.println (" V=" +V+"; U1=" +U1);}
  for (V=0; V<=1; V=V+0.001) {
  for (Ve=0; Ve<=1; Ve=Ve+0.001) {
  U2=- (V*V) /2+V-Ve+k
  System.out.println("V="+V+";Ve="+Ve+";U2="+U2);}}}}
```

仿真模拟源程序代码 3

```
public class Stimulate2 {  int k=1;
  double x=0.5;
  double valueP (int t) {
  if (t==0)
  return 0.5;
  else{  double pt=valueP(t-1)/(valueP(t-1)+(1-valueP(t-1))*x);
  return pt;}}
  public static void main(String[] args) {  Stimulate2 st=new Stimulate2();
  for (int t=0; t<=100; t++) {
  double Vt= (1-st.valueP (t))* (1-st.x);
  double Dt=st.k-Vt;  System.out.println("t="+t+";Dt="+Dt);}}
```

第五章　政府采购资金分配中的风险防范

随着社会与经济的发展，我国政府采购的规模与金额在逐年急剧增加，涉及的领域也在不断扩大。1998 年我国政府采购的规模仅为 31 亿元左右，而到了 2010 年，我国政府采购的规模已达 8422 亿元，涉及的领域已由试点之初单纯的实物采购扩大到了工程、服务等其他领域。

巨大的财政性资金支出来源于税收，从某种意义上说，政府采购事实上是在履行社会受托责任，发挥社会收入再分配功能，因此其使用必须要谨慎。相关支出部门既要在明确使用目的、使用对象、使用方法的基础上，实现资源的优化配置，更要注重风险的防范。

政府采购资金使用过程中的风险防范主要体现在两个阶段：一个是资金的分配阶段，例如可能会有非自主创新企业冒充自主创新企业，谎报虚报巨大的研发费用投入，骗取巨额的政府采购资金的支持；另一个则是资金的使用阶段，例如可能会有企业设计诱人的未来计划，但是在获取到政府采购资金之后，却没有将资金运用到进一步的自主创新的发展中去，而挪作他用。这两种情况都会导致政府采购资金不能发挥应有的功效，必须进行防范。

第一节　信息披露与信号传递

在政府采购资金的分配阶段，防范风险的一个重要举措就是要求目标企业要进行主动真实的信息披露。

本部分我们利用 Akerlof 的“柠檬市场”模型,① 分两种情况分析说明在政

① 将 Akerlof 的“柠檬市场”模型应用到政府采购资金的分配是有道理的。任何行业都由很多企业组成，但不是每个企业都具有自主创新的资质，即便都具有一定的自主创新资质，但每个企业具有自主创新资质的程度也不同。把政府采购部门看成购买者，那么他面临的事实上就是一个“柠檬市场”，不同的企业就是系列的“产品”。这些“产品”中有质量高的（自主创新资质高的），也有质量低的（自主创新资质低的）。因此，政府采购部门的任务就是要合理认真地甄别这些“产品”的“质量”，并支付资金进行“购买”。

府采购过程中也需要进行主动真实的信息披露。当信息不对称时，具有自主创新资质的企业将无法获取充分的政府采购资金的支持，同时政府采购资金也不能有效地资助具有先进生产力的企业的发展。当信息对称时，则会出现刚好相反的情况。因此，对政府采购资金的需求与供给双方来说，主动真实的信息披露防止信息不对称非常重要。①

一、信息不对称的危害与改进

信息不对称是任何资金分配过程中都会碰到的难题，它会给资金的所有者带来巨大的危害，因此有必要针对资金分配中的信息不对称提出相应的改进措施。

1. 当信息不对称时

p：相关政府部门支出的政府采购资金；

u：企业自主创新的平均程度；

$Q^d = D(p, u)$：企业对政府采购资金的需求函数；

S：政府采购资金的供给函数；

$u = u(p)$：政府采购资金与企业自主创新程度是同升同降的单调函数；

$Q^d = S \Rightarrow S(p) = D(p, u(p))$：供需均衡时需要满足的条件，即供给=需求。

假设市场由若干家企业组成，每家企业的自主创新资质的程度不同，所有的企业组成了一个 Group。令：

Group 的效用函数为 $u = M + \sum_{i=1}^{n} x_i$

其中，M 为定值，x_i 是第 i 个企业自主创新的程度，n 是团体中可能有的企业的数量。

以上效用函数注意几点：①没有非线性效用函数带来的不必要的复杂性；②关注不对称信息的影响；③效用函数均为离散函数，以便于累加更多的企业进行分析和拓展；④局中人在不同的可能的状态下谋求最大化；⑤Group 中每家企业的自主创新的程度是 x_i，且 $x_i \sim U(0, 2)$。

假设政府采购部门的收益为 Y。

Group 的需求函数为：

---

① 本部分主要做的工作在于：一方面将 Akerlof 模型应用到政府采购资金的使用领域；另一方面在应用过程中拓展了对原有模型中参与市场交易的企业的认定。Akerlof 的“柠檬市场”模型将市场交易人分为 Group1 与 Group2，每个群体内都有质量不等的二手车，Akerlof 分别给出效用函数、需求函数和供给函数，并基于此分析后得到最后的结论。本部分对此进行了简化，将两个群体合二为一，这样更简便也更容易阅读。

$$D=\begin{cases}\frac{Y}{p}, & p<u\\ 0, & p>u\end{cases}$$

信息不对称意味着：每个企业的自主创新资质的真实状况是每个企业的私人信息，政府采购部门并不完全清楚，即企业知道自己的具体的 x_i，并可按照特定的自主创新资质确定需求的政府采购资金的数量，即 $p=x_i$。政府采购部门并不知道每个企业的具体的自主创新资质的程度 x_i，但政府采购部门知道企业的自主创新资质的平均程度是 u。所以，当企业要求的政府采购资金高于企业应该对应的自主创新资质的程度时，需求为0；当企业要求的政府采购资金低于企业应该对应的自主创新资质的程度时，需求与价格成反比。

Group 的供给函数为：

$$S=\frac{p}{2}N$$

Group 中一共有 N 家企业，但他们不可能都能获取到满意的政府采购资金的支持。有多少企业能获取资金支持，取决于政府采购部门提供的政府采购资金数量 p。提供的政府采购资金越多，愿意从事自主创新发展的企业越多，愿意从事自主创新发展的程度越深。而反过来，政府采购资金的数量又取决于企业自主创新的程度。

由于企业自主创新的程度 $x_i\sim U(0,2)$，对均匀分布而言，有 $P(X=x_i)=\frac{x_i}{2}$。所以 Group 的供给函数如上，在此函数中，可将$\frac{x_i}{2}$视为一个概率来进行理解。

此时，有个很重要的等式，即 $u=\frac{S}{N}=\frac{p}{2}$。因为政府采购部门并不完全知道特定的具体的某个企业的自主创新的程度，所以他只能通过观察一些指标来确定企业的自主创新的程度。他能观察到的指标主要是两个：申请政府采购资金的企业的数量和总的企业的数量。因此，政府采购部门确定的企业的自主创新程度=供给/总数量，即 $u=\frac{S}{N}$，所以得到上式。

Group 的供给函数亦可同时写成 $S=uN$。其中，$u=\frac{p}{2}$，即 $p=2u$。当然，如果申请政府采购资金支持的企业数量是 N 的话，可以推出 $u=E(x_i)=1$；但是，此时申请政府采购资金支持的企业不是全部的 N①，而是根据特定的政府采

① 最根本的原因就是在信息不对称的前提下，政府采购不能提供充分的资金支持，而导致了有自主创新潜质的企业退出了申请，最终申请该资金的可能是“伪”自主创新企业。举个例子：若某企业有自主创新的潜质，进行自主创新改造的投入是1000万元，但若是预计获得的政府采购资金的支持力度只有500万元，那么该企业肯定会放弃对该项资金申请的努力。

购资金总量 p 提供的特定数量的企业数量，所以 $u \neq E(x_i)=1$，而必须要根据相关指标来确定。这隐含着“柠檬市场”中，如果要有供给，那么必须要满足 $p=2u$，将有供给的条件 $p=2u$ 带入总体需求函数，发现对应的需求为 0。

从而得到：在不对称信息前提下，政府采购市场将萎缩。

2. 当信息对称时

信息不对称与信息对称的区别就在于 u 的值是否已知。

在信息不对称的情况下，因为申请政府采购资金支持的不是全部的 N，所以尽管 $x_i \sim U(0, 2)$，但是 $u \neq E(x_i)=1$，所以必须要根据相关指标来估计 u。

在信息对称的情况下，因为政府采购部门知道了每家企业的真实的自主创新程度，所以愿意根据具体的程度“物有所值”地支付相应的采购资金，所以所有的企业都愿意提出对政府采购资金的申请，并真实地表达需要的资金数量。当所有的企业 N 都参与申请时，因为 $x_i \sim U(0, 2)$，所以 $u=E(x_i)=1$。

此时的供给函数为 S = N，政府采购部门愿意提供尽可能充分的资金支持。

此时的需求函数为：

$$D=\begin{cases}\dfrac{Y}{p}, & p<u\\ 0, & p>u\end{cases}，即 D=\begin{cases}\dfrac{Y}{p}, & p<1\\ 0, & p>1\end{cases}$$

综合以上两式可见，当 $0<p<1$ 时，既有 S 又有 D，存在有意义的均衡解。此时，均衡解为 $p=\dfrac{Y}{N}$。

从而得到：在对称信息前提下，政府采购市场不会萎缩。

Akerlof 的“柠檬市场”模型在今天看来，仍然具有极强的理论与现实意义。在政府采购领域，他提示我们真实的信息披露的重要性。从企业的角度论，一般来说企业会认为自主创新是一种内在追求，等同于商业秘密，也不愿意向外宣布。但是，以上模型指出这种做法是不对的。只有将自己潜在的自主创新特质与程度真实地、公开地彰显出来，才能获得政府采购部门的有效充分的资金支持。不论出于何种目的，掩盖真实的信息，形成不对称的格局，只会造成市场的萎缩，并最终不利于企业自身的发展。

二、信号的作用：研发费用的支出效应

前面论证了在政府采购资金的支出过程中,信息公开的重要性。但是,要使用什么方法才能实现信息的公开呢? Spence 的信号理论在分析信息的传递方面,作出了卓越的贡献。本节使用 Spence 的经典模型来论证自主创新企业如何实现信息的传递。

在具有自主创新资质的企业的认定过程中，研发费用的支出是一个强劲的信号。一家敢于在研发费用方面进行大笔投入的企业，毫无疑问向外界传递了一个

非常有效的信号，政府采购部门也愿意将自己的采购资金投向这些企业。

下面，我们用一个简单的信号模型对此进行说明。

假定政府采购部门现在面对着两类企业，一类是低自主创新能力的企业Ⅰ，另一类是高自主创新能力的企业Ⅱ。其中：

低自主创新能力的企业Ⅰ的生产力为1，占总企业的比例为q。

高自主创新能力的企业Ⅱ的生产力为2，占总企业的比例为1－q。

在信息不对称的情况之下：

第一种情况：若无信号标识。

因为政府采购部门无法区分低自主创新能力的企业与高自主创新能力的企业，因此他会按企业群体的数学期望支付政府采购资金，采购金额因此是$\overline{G}=q\times 1+(1-q)\times 2=2-q$

每个企业都得到$\overline{G}=2-q$的采购资金，这体现不了政府采购资金优中选优，进行企业扶持的功能。

第二种情况：若有信号标识。

例如定义研发费用与销售收入的比值的一定数额水平作为识别自主创新能力高低的企业的信号：y。①

假定：

低自主创新能力的企业Ⅰ为了获得y单位的比值水平，需支付$\frac{y}{1}$的成本；

高自主创新能力的企业Ⅱ为了获得y单位的比值水平，需支付$\frac{y}{2}$的成本。②

政府采购部门不知道企业的真实的自主创新能力的高低，只能看到企业的研发费用与销售收入的比值水平的高低，并根据这个信号支付相应的政府采购金额。设对企业的政府采购金额为G（y），获得y单位的研发费用与销售收入的比值水平的成本为c（y），企业作为理性人所以会谋求Max［G（y）－c（y）］。此时，政府采购部门可以给出一个指标作为门槛y^*（比如，可以定义y^*为研发费用与销售收入的比值为25%），然后通过如下方法确定政府采购的金额大小：

$$\begin{cases} G(\text{I})=\frac{1}{4}, & \text{if} \quad y<y^* \\ G(\text{II})=\frac{1}{2}, & \text{if} \quad y\geq y^* \end{cases}$$

第Ⅰ类（低自主创新能力的企业）有两个选择：努力提高指标水平获得高的

① 单纯定义研发费用的多少不足以真实反映企业的自主创新能力高低，大企业支出的相应费用肯定比小企业支出的相应费用要高，因此根据企业规模大小对研发费用投入进行修正是比较合理的衡量指标。

② 很显然，越有自主创新能力的企业，获得同样的认证水平的成本越低；反之亦成立。

政府采购资金支持，或者是放弃提高指标水平获得低的资金支持，其收益分别是：

$$\begin{cases}\pi_1 = G（Ⅱ） - c（Ⅰ） = \frac{1}{2} - \frac{y^*}{1} \\ \pi_2 = G（Ⅰ） - c（Ⅰ） = \frac{1}{4}\end{cases}$$

在这个收益格局中：

$$\begin{cases}\text{If} \quad y^* < 25\%, \quad \text{then} \quad Ⅰ \quad \text{choose} \quad \pi_1 \\ \text{If} \quad y^* > 25\%, \quad \text{then} \quad Ⅰ \quad \text{choose} \quad \pi_2\end{cases}$$

第Ⅱ类（高自主创新能力的企业）也有两个选择：努力提高指标水平获得高的政府采购资金支持，或者是放弃提高指标水平获得低的资金支持，其收益分别是：

$$\begin{cases}\pi_1 = G（Ⅱ） - c（Ⅱ） = \frac{1}{2} - \frac{y^*}{2} \\ \pi_2 = G（Ⅰ） - c（Ⅱ） = \frac{1}{4}\end{cases}$$

在这个收益格局中：

$$\begin{cases}\text{If} \quad y^* < 50\%, \quad \text{then} \quad Ⅱ \quad \text{choose} \quad \pi_1 \\ \text{If} \quad y^* > 50\%, \quad \text{then} \quad Ⅱ \quad \text{choose} \quad \pi_2\end{cases}$$

综合一下，很有趣的是：若 y^* 选取恰当，比如 $25\% < y^* < 50\%$ 时，那么第Ⅰ类（低自主创新能力的企业）选择放弃对研发费用的投入；而第Ⅱ类（高自主创新能力的企业）选择在研发费用方面的坚定投入。所以 $25\% < y^* < 50\%$ 是甄别低自主创新能力企业和高自主创新能力企业的一个重要条件。通过这个条件，低能力企业和高能力企业被有效地分开，没有出现混同均衡。

此时，Ⅰ不愿意选Ⅱ的收益，Ⅱ也不愿意选Ⅰ的收益。没有谁会花大力气把自己“装扮成”另外的类型，而获得更多的收益。用个实际的数字来说明：

若在一个市场中，低自主创新能力的企业和高自主创新能力的企业各占50%，即 $q = 0.5$。为了政府采购部门要求的研发费用占销售收入的比值达1个单位的证明，低自主创新能力的企业需要付出1个单位的成本，而高自主创新能力的企业只需要付出0.5个单位的成本。

第一种情况：若是无法区分低能力的企业和高能力的企业，那么政府采购部门就只能支付 $\overline{G} = q \times 1 + (1 - q) \times 2 = 2 - q = 1.5$ 的平均资金支持力度。政府采购部门在支付了3个单位的采购资金后，能够资助到两家企业，其中有一家可能是有自主创新资质的企业。但是，结果也仍然是“可能”。因为此时，低能力的企业会放弃研发费用的投入，让成本为0，从而得到1.5个单位的净利润。而对高能力的企业而言，前期研发费用投入已经付出0.5个单位的成本，若资金支持力度是1.5个单位，那么他只能获得1个单位的净利润。结果，高能力的企业反而只能得到比低能力的企业更低的净利润。于是，高能力的企业将离开这个不能甄别优劣的“雇主”而寻找能给他更高评价的“雇主”。原来的政府采购部门在花了3个单位的资金后资助的都是低能力的企业。这是一个典型的“柠檬市场”，最后高自主创新能力的企业会被低自主创新能力的企业完全驱逐出市场。

第二种情况：若是可以区分低能力的企业和高能力的企业，那么政府采购部门就可以按企业的自主创新能力高低来配置采购资金。例如，对低能力的企业支付$\frac{1}{4}$个单位资金投入，对高能力的企业支付$\frac{1}{2}$个单位的资金投入。

此时，低能力的企业将放弃研发费用的投入，让成本为0，从而得到1个单位的净利润，因为若他努力地加大投入研发费用达到政府采购部门的要求，尽管可以拿到2，但剥离成本后还是只有1个单位的净利润，当然放弃投入研发费用更“轻松”。

而对高能力的企业而言，达到政府采购部门的自主创新的要求将付出0.5个单位的成本，获得2的利润，于是他得到1.5个单位的净利润，比在不能甄别优劣的“雇主”那里要拿得多，所以高能力的企业会偏向于这个差别性的资金投入选择。最后，政府采购部门在花费了3个单位的资金投入后可以资助一个低能力的企业和一个高能力的企业。显然，这个结果要优于第一种情况。

有趣的是，政府采购部门的甄别条件有时候具有非常强的威慑力，例如他可以把对自主创新能力的衡量的门槛定得更高一些，这将在初筛时就把低能力的企业完全淘汰掉，若他要资助两个有自主创新能力的企业，则只要支付4个单位的资金即可，此时资助的都是高能力的企业。

作为一个政府采购部门，你是愿意花3个单位资金资助两家低能力的企业，还是愿意花4个单位的资金资助两家高能力的企业？选择是不言而喻的。

尽管以上分析说的是政府采购部门如何通过制定一些合理的指标来甄别高自主创新能力的企业和低自主创新能力的企业，但是反过来看，若是当企业去申请政府采购资金的支持时，也应该向资金的提供者提供一个切实可信的信号，来证明自己是高能力的企业，顺利谋求恰当的评价和充分的资金支持。这对资金的供需双方来说，都是一种减少风险实现收益最大化的有效手段。

第二节　采购资金的配给使用

前两节的分析指出，政府采购资金的供需双方应该通过恰当的方式来消除信息不对称，从而实现资金的顺利合理的分配。但这仍然还不够，因为消除信息不对称只是解决了事前的逆向选择难题，尽可能地帮助政府采购部门甄别到拥有真实的自主创新资质的企业；一旦当资金从政府采购部门转移到企业手中，另外的一种风险开始了，那就是道德风险。

一、特定环境下不合理的瓦尔拉斯均衡

获取到政府采购部门支付的资金后，企业可能会降低原来承诺的自主创新收益率，甚至可能改变原先承诺的资金用途，投资于政府采购部门不愿意其从事的其他的项目，从而偏离政府采购的初衷，降低政府采购资金的使用效率。此时，采购资金的配给使用可能是政府部门可以使用的一种保护自身利益的有效方法。

为了说明这种方法，我们首先构造一个看起来“合理”的瓦尔拉斯均衡。

假设政府采购部门的资金支出依赖于企业承诺实现的由于自主创新而带来的收益率的提高。显然，企业是政府采购资金的需求方，其对政府承诺的收益率越高，对资金的需求越低；承诺的收益率越低，对资金的需求越高。所以政府采购资金的需求曲线是向右下方倾斜的曲线。

同时，政府采购部门是政府采购资金的供给方，企业承诺的收益率越高，政府部门越愿意提供更多的资金支持；企业承诺的收益率越低，政府部门提供资金支持的意愿越低。所以政府采购资金的供给曲线是向右上方倾斜的。

假定用简单曲线表达政府采购资金的供需，那么他们构成了一个瓦尔拉斯均衡，存在着交点。交点是双方共同达成的政府采购资金支出金额和企业承诺的收益率。按照新古典经济学的观点，当承诺的收益率降低时，资金的需求会大于供给，出现供给不足；当承诺的收益率升高时，资金的供给会小于需求，出现供给过剩。而且这些非均衡状态是不稳定的，会随着承诺收益率和资金供需的变化，迅速地出清，从而达到一种稳定的供需格局。其过程如图 5－1 所示。

以上的瓦尔拉斯均衡的理论解释简单明了，但是遗憾的是，在现实中几乎不可能发生。原因就是，传统的瓦尔拉斯均衡只考虑了无成本的理想状态，而在现实生活中，由于每种均衡状态的变化都是需要成本的，所以资金供需的即时调整不可能发生。

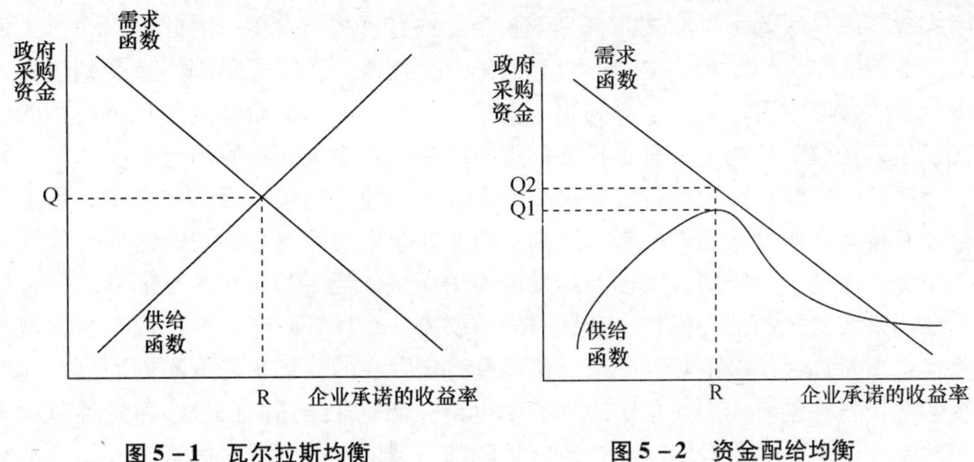

图 5-1 瓦尔拉斯均衡　　图 5-2 资金配给均衡

二、资金配给降低风险

Stigliz 用一个经典的资金配给图说明了真实的状况（见图 5-2）。当企业承诺的收益率落在区间［0，R］时，政府采购的资金供给是企业承诺的收益率的单调增函数。企业承诺的收益率越高，政府采购提供的资金支持力度越大，并在区间的端点 R 达到极大值 Q1。

但是，当企业承诺的收益率落在区间［R，+∞）时，政府采购的资金供给却成了企业承诺的收益率的单调减函数。企业承诺的收益率越高，政府采购提供的资金支持力度越小。根本原因就是企业承诺的收益率过高，超过了企业真实经营所能够达到的最大收益率，也超过了政府管理部门的心理预期。于是，企业承诺的过高收益率给政府管理部门传递了一个信号：这是不真实的收益率，企业达不到这个收益率水平，之所以定这么高的收益率水平是为了获得政府管理部门的可能肯定，从而获取该企业不应该获取的政府采购资金的支持。既然如此，政府部门的理性选择当然是减少政府采购的资金支持，保护自身的利益。因此，当企业承诺的收益率落在区间［R，+∞）时，政府采购部门非但不会进一步增加资金的支持力度，反而会减小政府采购资金的供给。于是，政府采购资金的配给使用就成了政府采购部门规避资金道德风险的一种重要而经常使用的手段。

综上所述，政府采购部分在对自主创新企业进行政府采购资金的使用时，应当努力地防范与控制风险的发生。

第一个方面，可以在事前推行强制的真实的风险披露。事实上，口头上号称自身是自主创新企业的任何承诺都不足为信，因为不排除有企业通过虚拟研发费用投入的名目，来骗取巨额的政府采购资金的支持。而真实的大量的研发费用的投入则可以成为企业向外特别是向政府采购部门传递的一个有利信号，这个信号因为成本高昂因此不可能被非自主创新企业进行复制与模仿，因此可以在自主创新企业与非自主创新企业之间形成有效的分离均衡，政府采购部门接受到信号并进行有效核实之后，能够了解到企业自主创新的程度，从而杜绝信息不对称的情况发生，让政府采购资金真正投向值得投资的有自主创新资质的企业。

第二个方面，可以推行政府采购资金的配给使用政策。现实经济中，可能会存在有某些企业设计诱人的未来计划，但是在获取到政府采购资金之后，却没有将资金运用到进一步的自主创新的发展中去而挪作他用，对此进行部分的资金配给使用是政府采购部门保护自身利益的重要方式。尽管政府采购部门在努力地消除信息不对称，但是不对称的信息格局是肯定存在的，只是程度不同而已，此时企业基于自主创新能力而承诺的收益率也是一个非常强劲的信号，在理性范围内当然是企业承诺的收益率越高，政府采购部门越愿意提供更多的资金支持。但是若企业提供了高于预期的收益率的时候，政府采购部门有理由相信企业应该达不到这个收益率水平，之所以定这么高的收益率水平是为了获得政府管理部门的可能肯定，从而获取该企业不应该获取的政府采购资金的支持。既然如此，政府部门进行采购资金的配给使用就成了政府采购部门规避资金的道德风险的一种重要而经常使用的手段。

当然，在真实的信息披露和资金的配给使用之外，政府采购部门还应当更主动地进行资金使用与项目进展的全程监控，并设立严格具体的资金使用效率的考核评估机制，从而让巨额的政府采购资金投向最需要的企业，并保证这些企业对资金有最正确的使用状况。

第三节　消除认知差异

对政府采购部门来说，配给使用采购资金是保护自身利益的一种有效方式，但是这可能会导致负效应，即随着需求的扩大，资金配给的难题会日趋严重，越来越多的即便是符合了申请条件的自主创新企业也无法充分地从政府采购部门获取到资金支持。

运用传统的瓦尔拉斯均衡似乎可以很“顺畅”地解释政府采购部门的资金使用状况。若把采购资金视为普通的商品，则供需会在图 5－1 O 点达成均衡，在均衡点将形成均衡的采购资金量 Q 和均衡的企业承诺收益率 r。但这种分析方式因为没有考虑到风险的摩擦成本，因此与现实经济并不完全符合，例如当企业承诺的收益率 r 变化时，采购资金的供应量 Q 不一定会出现即时调整并导致市场出清，因此存在着资金配给的现象。

之所以会出现这种现象，借鉴 Stigliz 与 Weiss 的解释，是因为信息不对称导致的逆向选择与道德风险，市场出现了资金配给。也就是说在资金的供需市场中，有独特的不同于瓦尔拉斯均衡的贷款资金供给曲线存在，在均衡状态时资金的供需并不会形成交点，此时资金的供给会小于资金的需求。如图 5 – 2 中，若 Q 是政府采购部门愿意提供的资金量，Q′是自主创新企业发展需要的资金量，则 $Z = Q - Q' > 0$，Q 与 Q′两者之间的差距被称为“测度”，测度越大意味着信贷配给越严重。

许多学者对资金供需市场中的资金配给问题作过研究，并依据各自的假设条件，从不同的角度对资金配给现象作出了理论解释，这些研究在信息不对称的大前提下，大都集中于讨论资金配给的产生原因以及风险甄别机制的设计，这可能忽略了一个问题：即资金的提供方与资金的需求方，即政府采购部门与自主创新企业之间对风险的认识是否会不一样？若存在着对风险的认知差异，那么认知差异是否会对资金配给产生影响？如果这种影响是不好的，又该如何消除？基于此，本书尝试分析风险认知差异对资金配给的影响，并进行仿真模拟，同时给出政策建议，论证如何在兼顾政府采购部门资金的使用风险和企业资金需求的基础上，缓解自主创新企业面临的资金配给的难题。

一、政府采购部门与自主创新企业对风险的不同预期

风险总是客观存在的，但是对风险的感知却是一个因人而异的过程。由于政府采购部门与自主创新企业的风险认知度各异、风险偏好也各不相同，因此就出现了对风险的不同预期。

1. 已有的理论解释

关于资金提供者的资金配给问题，以往的研究主要集中在银行管理学的研究领域，在银行管理学中，这种资金供需的不平衡现象被称之为信贷配给，本书将信贷配给的概念引入到了政府采购资金运用的领域。①

政府采购部门通过甄别考核目标企业的资质，然后通过购买货物、工程和服务的形式，将资金分配到自主创新企业手中，企业获得资金支持后进行研发与扩大再生产，把生产出来的产品卖给采购部门。若从资金的供需关系来看，政府采购部门对自主创新企业而言，履行的就是一种典型的资金提供者的角色。政府采购部门与自主创新企业之间的关系，比较于商业银行与有资金需求的企业之间的关系，其实在资金流向上并无二致，而且由于资金供需双方存在信息不对称，因

① 正因如此，本节涉及的资金配给的文献都是出自银行管理学的研究领域。

此对政府采购部门来说，也必然会存在逆向选择与道德风险。认识到这一点，有助于我们将银行管理领域的相关理论运用到政府采购资金的分配分析，并可能得到有益的建议。

Jaffee 和 Russlle（1976）首次将信息经济学的原理运用到对银行信贷资金配给现象的研究，Stiglitz 和 Weiss（1981）系统地论述了在信息不对称市场中利率水平变化所引发的逆向选择与道德风险问题，得出政府采购部门贷款平均预期收益是利率水平的非单调函数的重要结论，证明了信贷配给有可能成为信贷市场的均衡状态。Bester（1985）认为，银行能够同时利用抵押品和利率作为分离贷款项目风险类型的筛选机制，可以通过企业对贷款条件变动的反应敏感程度来分离高风险和低风险的贷款项目，最终实现无配给的均衡状态。Williamson（1986）认为只要存在信息不对称，并且贷款人监控借款人需要成本，信贷配给现象就可能会出现。Schmidt Mohr（1997）假设贷款项目在技术上是可分的，并引入了广泛的风险中性假设，使抵押品和贷款额成为企业和银行的内生决策变量。Hellmann 和 Stiglitz（2000）将信贷市场和权益融资市场结合起来进行分析，论证了信贷配给的存在性。Robert Lensink 和 Elmer Sterken（2002）将实物期权理论运用到信贷市场的分析中，认为借款者可以通过选择投资时间来实现利润最大化，信贷市场最终会达到供求平衡，而不会存在均衡的信贷配给。Cheng Weihong（2003）认为中西方社会背景有所不同，通过对比中西方关于信贷配给的不同解释，研究了中国信贷配给形成原因和对中国货币政策传导机制的影响。Arnold（2005）对 SW 模型中收益曲线的形状提出质疑，认为当存在众多不可区分的借款企业时，即使在完全的资本市场上，受到贷款歧视的借款企业依然贷不到款。Eric Bond 等（2008）建立了发展中国家的动态实证模型，结果表明当金融中介得到发展时，中小企业的资产回报率显著提高。Tensie Steijvers 和 Wim Voordeckers（2009）对近些年以抵押品作为消除信贷配给方法所做的实证研究进行分析，指出这些研究中普遍存在的不足在于未区分企业抵押和个人抵押，并且未能将其他同样能消除信息不完全性的事项（诸如加强借贷双方关系、还款期限和贷款合同等）考虑在内。Arnold 和 Riley（2009）认为 SW 模型的主要结论赖以成立的假设不能成立，而 Itai Agur（2009）对此作出回应，证明由于现实中银行存在一定程度的垄断，Stiglitz 和 Weiss 的结论仍然成立。Xiaoqiang Cheng 和 Hans Degryse（2010）分析了存在一个公众信用登记中心分享借款者信息时如何影响银行的贷款决定，结果发现这种信息分享并没有在平均水平上缓解信贷配给的程度。Karolin Kirschenmann（2011）分析了银行和借款者间关系如何导致了信贷配给，认为缓解信贷配给的途径在于使银行的授信额度高于企业需要的借款额度。

与此同时，国内的学者结合中国的实际状况也做了大量研究。王健（1997）

认为国有银行信贷配给现象非常明显，而利率和抵押与信贷配给之间具有反向的选择效应。孔刘柳（2001）从契约经济学的角度考察了中国独特的信贷合约条款和信贷制度问题，认为中国信贷市场中出现的“惜贷”行为与西方信贷配给行为不同。杨天宇（2002）认为民营企业争取贷款时需付出的非利息成本对银行而言具有逆向选择效应，因此商业银行会对民营企业实施信贷配给。齐志鲲（2002）认为，只有将银行的风险厌恶行为与信息不对称相结合才能完全解释“惜贷”现象。王霄等（2003）建立了内生化抵押品和企业规模的信贷配给模型，证明了资产规模小的企业因提供不起抵押品而被剔除，较好地解释了市场经济及转型经济条件下的中小企业融资难问题。陈欣（2007）基于S－W基本模型对中国的信贷配给现象的形成环境及特点进行分析，并对商业银行改革以及政府决策提出了相应的建议。以上学者从多个方面、多视角论证了信贷配给的产生原因，但却都没有分析当银行和企业对项目投资风险的认知存在差异时，可能对信贷配给产生的影响。姜海军和惠晓峰（2008）建立了竞争和信息不对称条件下的信贷配给均衡模型，表明在为不同的借款人提供由贷款利率和贷款额度组成的相同贷款合同的情况下，信贷市场存在稳定的单合同均衡，信贷市场的均衡在信贷配给点达到。王馨和耿欣（2009）认为“超常态”信贷配给的存在是导致金融机构效率低下的关键因素。因此，减轻“超常态”信贷配给是提高资金配置效率的关键。任月婷（2010）通过对国有商业银行对中小企业信贷配给的现象描述，结合当前中国经济运行的制度特征，分析了国有商业银行对中小企业进行信贷配给的各方面原因，并得出相关结论，最后从国有商业银行、中小企业自身和经济信用环境等方面提供了改善中小企业融资困局的政策建议。楚建德和牛旻昱（2011）在内生化企业规模和抵押品价值模型基础上分析了银行和贷款企业行为，认为抵押品价值过高是当前我国中小企业融资难的主要原因。徐强（2005）首创了“风险认知差异系数”用这一概念来度量银企在融资项目上的风险认知差异程度，指出银行和企业由于存在风险认知差异，将导致信贷配给现象更加严重。但是该文并未意识到信贷配给是商业银行的一种天然属性，而其研究的信息对称与信息不对称条件下的项目期望收益率的差值实际上是信贷配给所带来的损失，因此分析的是认知差异与收益之间的关系，而非认知差异与信贷配给之间的相关性。

本书进一步拓展了以往学者的研究，将银行管理学中的信贷配给概念引入到政府采购资金的分配使用领域，在改进的风险认知差异函数的基础上，分析了有资金需求的企业的比例和能够获得政府采购部门资金支持的企业的比例，通过两者的差异来直观地反映政府采购资金配给的程度，证明了资金配给程度与风险认知差异之间存在着正相关关系，同时给出相应的仿真模拟，并基于风险认知差异提出了缓解资金配给的相关建议。

2. 风险认知差异

假定政府采购的资金市场中只有两类主体：政府采购部门和自主创新企业。每个企业有一个投资项目，所需投资总额是1个单位，且全为政府采购部门提供。政府采购部门不存在资金短缺问题，提供的资金使用数量取决于政府采购部门向自主创新企业要求的收益率r，此处的收益率r是一个复合的概念，不完全等同于单纯的经济收益率。政府采购部门通过资金扶持自主创新企业发展，其目的不在于短期能获得多少的现金回报，更多时候是希望通过资金的杠杆作用，在特定行业内扶持优势龙头企业成长，并以此带动行业内的其他企业争相仿效共同发展壮大。因此，政府采购部门的资金收益率是多维复杂的，本部分的讨论中，我们用一个抽象的r来表示其收益率以简化讨论过程。

假设为了进一步实现风险的分摊，政府采购部门向具有自主创新资质申请资金支持的企业要求一份抵押物d。若企业能顺利完成研发、生产，并交付被采购的标的物，则政府采购部门返还抵押物；而当企业不能完成以上过程，或者即便完成了以上过程但拒绝交付采购标的物时，政府采购部门获得抵押物。设置抵押物有助于帮助自主创新企业树立风险意识，敦促企业健康发展，提高项目投资的成功率。同时，假设企业运行项目成功概率为p，成功则收回投资，且收益率为R，失败则损失全部投资。

尽管自主创新企业投资项目的真实成功概率是p，但是在事先，企业和政府采购部门对投资项目是否成功的认知程度是不同的。假设企业认为的项目成功概率为p_c，并满足正态分布N（u_i，σ_i^2），政府采购部门认为的项目成功概率为p_b，并满足正态分布N（u'_i，σ_i^2），两个正态分布的标准差相同，但是$u_i > u'_i$，表明企业认为的项目的成功可能性要高于政府采购部门认为的项目的成功可能性。令$\delta = u_i - u'_i$，显然δ表示风险认知差异程度，而且$\delta > 0$。当δ的值越大，表明政府采购部门和自主创新企业对项目成功概率的认识上存在的差异越大。

假定自主创新企业的投资决策为政府采购部门和企业之间的共同知识，企业有一个两期的投资决策为：项目成功时，以概率m交付采购物品；项目失败时，企业延期交付采购物品并从另外途径融资继续项目投资，因为有前期的研究经验教训，所以第二期项目投资的成功可能性大增，若再融资导致项目成功，企业以概率n交付采购物品，若项目再次失败，企业放弃抵押品。假定项目成功时企业还款的概率要高于项目失败时企业还款的概率，即有$m > n$。

自主创新企业预期通过运用政府采购资金至少获得正的收益率，在此情况下企业才会申请政府采购资金。必须特别强调的是，政府采购资金不是没有成本不计回报的单纯注资，对资金的提供者与资金的需求者来说，都必须满足收益的最

大化，只是双方追求的目标不一致，效用函数的构成不一样而已。

自主创新企业的追求因此需满足不等式：

$$p_c[m(R-r)+(1-m)(1+R-d)]+(1-p_c)[n(-1-r)+(1-n)(-d)]\geqslant 0$$

可得 $p_c^*=\frac{n(1+r-d)+d}{1+R-(m-n)(1+r-d)}$，即只有在企业认为项目成功概率 $p_c>p_c^*$ 时，才向政府采购部门申请资金支持。由 $p_c\sim N(u_i,\sigma_i^2)$ 可知，所有企业中有资金需求的企业的比例为：

$$q=F(p_c>p_c^*)=1-F(p_c<p_c^*)=1-\Phi\left(\frac{p_c^*-u_i}{\sigma_i}\right)$$

政府采购部门认为企业投资的项目的成功概率为 p_b，只有政府采购部门对该项目贷款的预期收益率大于0时，政府采购部门才会支付采购资金。即有：

$$p_b[mr+(1-m)(d-1)]+(1-p_b)[nr+(1-n)(d-1)]\geqslant 0$$

可得 $p_b^*=\frac{n(1+r-d)+d-1}{(m-n)(1+r-d)}$，即只有在政府采购部门认为项目成功概率 $p_b>p_b^*$ 时，才向自主创新企业提供资金支持。

比较 p_b^* 和 p_c^*。首先，从形式上看，在大多数情况下都有 $p_b^*\neq p_c^*$，这说明一般而言，认知差异是普遍存在的；其次，p_b^* 和 p_c^* 这两者的大小关系并不确定。当 $p_b^*<p_c^*$ 时，说明申请政府采购资金支持的自主创新企业的项目成功概率高于政府采购部门预期的项目最小成功概率，在假设的资金充足条件下，政府采购部门向所有申请政府采购资金的企业提供资金支持，不存在资金配给问题；但是当 $p_b^*>p_c^*$ 时，政府采购部门给予资金支持的条件更严格，即有部分自主创新企业会由于项目成功率达不到政府采购部门的要求而无法获得资金支持，资金配给必然发生。

二、资金配给难题的恶化与缓解

由上一部分可知，政府采购部门在评估后认为自主创新企业的投资项目存在正的期望净收益率时才放款，且当 $p_b^*>p_c^*$ 时，会发生资金配给。我们下面将证明，资金配给的程度会随着政府采购部门和自主创新企业对项目风险的认知差异的扩大而进一步恶化。

1. 不存在风险认知差异时，能够获得资金支持的自主创新企业的比例

此种情况下，政府采购部门认同企业对于投资项目的成功概率的认识，即 $p_b=p_c$，且这两者将满足相同的正态分布，即 p_c，$p_b\sim N(u_i,\sigma_i^2)$。

政府采购部门对成功概率大于 p_b^* 的项目支付采购资金，能够获得资金支持的企业占所有企业的比例是：

$q_1 = P(p_b > p_b^*) = 1 - P(p_b < p_b^*) = 1 - \Phi\left(\frac{p_b^* - u_i}{\sigma_i}\right)$

2. 存在风险认知差异时，能够获得资金支持的自主创新企业的比例

此种情况是，政府采购部门与自主创新企业在投资项目成功概率的认识上存在偏差，即 $p_b \neq p_c$，且满足各自不同的正态分布，即 $p_c \sim N(u_i, \sigma_i^2)$ 与 $p_b \sim N(u_i', \sigma_i^2)$。

政府采购部门对成功概率大于 p_b^* 的项目支付采购资金，获得资金支持的企业占所有企业的比例是：

$q_2 = P(p_b > p_b^*) = 1 - P'(p_b < p_b^*) = 1 - \Phi\left(\frac{p_b^* - u'_i}{\sigma_i}\right)$

3. 认知差异与资金配给

（1）q 和 q_1 的比较。由于 $p_b^* > p_c^*$，且 Φ（x）为增函数，所以有$\Phi\left(\frac{p_b^* - u_i}{\sigma_i}\right)$大于 $\Phi\left(\frac{p_c^* - u_i}{\sigma_i}\right)$，故有 $q_1 < q$，表明在此种情况下获取到资金支持的企业的比例小于申请资金支持的企业的比例，说明即使不存在风险认知差异，仍然会发生资金配给。

（2）q 和 q_2 的比较。由于 $p_b^* > p_c^*$，$u_i > u_i'$，且 Φ（x）为增函数，所以有 $\Phi\left(\frac{p_b^* - u_i}{\sigma_i}\right)$大于 $\Phi\left(\frac{p_c^* - u_i}{\sigma_i}\right)$，故有 $q_2 < q$，表明在此种情况下获取到资金支持的企业的比例也会小于申请资金支持的企业的比例，说明当存在风险认知差异时，会发生资金配给。

（3）q_1 和 q_2 的比较。由于 $u_i > u'_i$，Φ（x）为增函数，所以有 $\Phi\left(\frac{p_b^* - u_i'}{\sigma_i}\right)$大于 $\Phi\left(\frac{p_b^* - u_i}{\sigma_i}\right)$，故有 $q_2 < q_1$，表明当存在风险认知差异的情况时，会发生资金配给，且资金配给的难题更为严重。

于是，联立起来得到：$q_2 < q_1 < q$。其中，q 是申请资金支持的企业的比例，q_1 是不存在认知差异时获得资金支持的企业的比例，q_2 是存在认知差异时获得资金支持的企业的比例，显然，在不同情况下，能够获得政府采购资金支持的企业比例都要小于申请资金支持的企业比例，资金配给的现象十分明显。

下面用 q_1 和 q_2 之间的差额 θ 来代表由于风险认知差异导致的资金配给损失程度，于是有如下式子成立：

$$\theta = q_1 - q_2 = \Phi\left(\frac{p_b^* - u'_i}{\sigma_i}\right) - \Phi\left(\frac{p_b^* - u_i}{\sigma_i}\right) = \int_{\frac{p_b^* - u_i}{\sigma_i}}^{\frac{p_b^* - u'_i}{\sigma_i}} f(x)\,dx = \int_{\frac{p_b^* - u_i}{\sigma_i}}^{\frac{p_b^* - u_i + \delta}{\sigma_i}} f(x)\,dx$$

其中 δ 如前假设为 $\delta = u_i - u'_i$。从以上积分观察，当 $\delta = 0$ 即政府采购部门与自主创新企业对投资项目的风险不存在认知差异时，有 $\theta = 0$，此时资金配给的损失为0；当 $\delta > 0$ 即政府采购部门与自主创新企业对投资项目的风险认知存在差异时，有 $\theta > 0$，此时资金配给的损失会大于0。显然 δ 的值越大，表明政府采购部门和自主创新企业对项目成功概率的认识上存在的差异越大。对上式求导数得到 $\frac{d\theta}{d\delta} = \left[f\left(\frac{p_b^* - u_i + \delta}{\sigma_i}\right) - f\left(\frac{p_b^* - u_i}{\sigma_i}\right)\right]\frac{1}{\sigma_i}$

当 p_b^* 的取值较小，落在正态分布的均值 u_i 的左边时，f（x）为增函数，因为有 $\delta > 0$ 与 $\sigma_i > 0$，所以有 $\frac{d\theta}{d\delta} > 0$，表明信息不对称条件下的资金配给程度是风险认知差异系数的增函数，即当政府采购部门与自主创新企业对项目投资的风险认知差异越大时，资金配给现象越严重，也意味着越多的企业不能够获得政府采购部门的资金支持。

三、仿真模拟

以下对模型推导及结论进行仿真模拟，结果显示资金配给现象确实会随着政府采购部门与自主创新企业对风险的认知差异扩大而恶化。

1. 比较 q，q_1，q_2 之间的大小关系

设定 $u'_i = 0.2$，由于只要设定合理的 m，n，R，r，d 等数值，就可以求得确定的 p_b^* 和 p_c^*，不妨取 $p_b^* = 0.4 > p_c^* = 0.35$。当政府采购部门与企业之间不存在风险认知差异，即 $\delta = 0$ 时，$u_i = u'_i$；而当政府采购部门与企业之间一旦存在风险认知差异，u 与 u′将不再相等，例如若 $\delta = 0.1$，则有 $u_i = 0.3$。将 δ 按照0.001的步长增加，利用计算机仿真模拟的方法设置循环，求得当 δ 递增时 q，q_1 和 q_2 在不同情况下的确定值，绘制成曲线如图5－3所示。

图5－3中，q 表示有资金需求的自主创新企业比例，q_1 表示不存在认知差异时能够获得资金支持的企业比例，q_2 表示存在着认知差异时能够获得资金支持的企业比例。非常明显的是，q_1 和 q_2 均小于 q，说明不论是否存在认知差异，市场上的资金配给现象总是普遍存在的，政府采购部门不会满足企业提出的所有资金需求的。因此，资金配给现象是政府采购部门的天然属性，它不可能完全消除，只能尽量缓解。

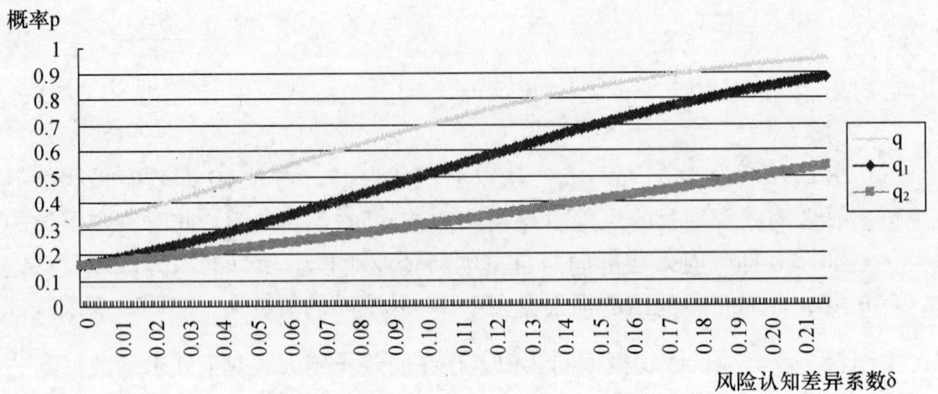

图 5-3 q，q_1 和 q_2 之间的大小关系

同时图 5-3 显示，存在认知差异时能够获得资金支持的企业比例 q_2 总是要小于不存在认知差异时能够获得资金支持的企业比例 q_1，说明认知差异是影响政府采购部门资金配给的重要因素，对项目投资的较大认知差异将导致对企业的较少资金投入；而当认知差异缩小时，政府采购部门将加大对企业的采购资金投入。

2. θ 与 δ 之间的关系

图 5-3 说明了当政府采购部门与自主创新企业对投资项目的风险存在着认知差异时，会导致资金配给。下面我们通过模拟，分析风险认知差异系数 δ 的变化对资金配给的动态影响。假设期初有 $u_i = u'_i = 0.2$，设置 u_i 和 u'_c 以不同的速度增加，其中 u_i 以 0.002 的速度递增，而 u'_i 以 0.001 的速度递增，则可以构造出一个以 0.001 的速度增加的风险认知差异系数 δ 序列，p_b^* 和 p_c^* 的取值不变，σ_i 固定为 0.2。则以 δ 为横坐标，以 $\theta = q_1 - q_2$ 为纵坐标可得两者之间的变化趋势图，如图 5-4 所示。

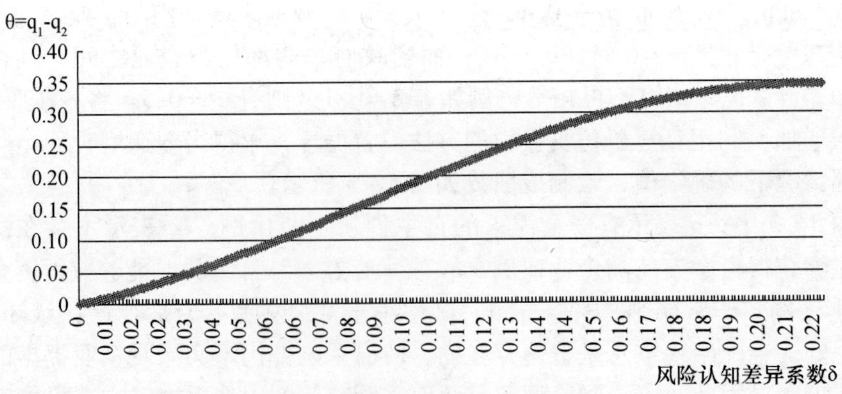

图 5-4 θ 与 δ 的变化趋势图

图 5－4 非常直观地显示，资金配给程度 $\theta = q_1 - q_2$ 是一条向右上方倾斜的曲线。当风险认知差异 δ 不断增加，且（$p_b^* + \delta$）的值位于期望值 u_i 的左侧时，资金配给程度与损失是风险认知差异系数的增函数，即随着系数 δ 的增加，q_1 与 q_2 之间的差距会不断增大，意味着资金配给现象会随着认知差异的扩大而更加严重。

本书论证的主要对象是面向自主创新企业的政府采购资金的分配问题，相对于处于成熟期的大中型企业来说，处于初创期与过渡期的自主创新企业的信息不透明程度更高，政府采购部门与自主创新企业对投资项目风险的认知差异更大，由此导致的资金配给难题更严重。书中建立的模型考虑了不同情况下的企业投资策略，分析了有资金需求的企业的比例和能够获得政府采购部门资金支持的企业的比例，并通过两者的差异来直观地反映资金配给的程度，证明了资金配给程度与风险认知差异之间存在着正相关关系。结论显示，在信息不对称情况下，即使不存在风险认知差异，资金配给依然会发生；而存在风险认知差异时，资金配给程度会进一步加深，且随着风险认知差异系数的增大而更加恶化。该分析提供的启示是，在现实经济中在信息不对称的前提下，可以通过减少政府采购部门和企业在风险项目上的认知差异来达到缓解资金配给程度的目的。

从政府采购部门的角度来看，应尽量降低信息不对称并进行风险管理。资金配给的发生，源自政府采购部门基于风险控制的考虑，因此加强风险管理，建立良好的甄别机制十分重要，这对政府采购部门的风险管理人员的素质提出了较高要求。评级人员既要有全面的宏观经济概念，又要通晓企业财务管理、经营管理等专业，还要有很强的法律和政策观念，在多元化、专业化的知识结构基础上，对申请政府采购资金的企业的状况作出科学合理的评价。

从企业的角度来看，申请政府采购资金的企业和投资项目本身质量的良莠不齐是造成资金配给的一个重要原因，混同均衡致使拥有高质量和高盈利项目的企业也无法获得充分的资金支持。因此申请政府采购资金的企业，一方面应规范经营，做好对自身信息的披露，并保证披露信息的及时性、准确性和全面性，培育自身良好的信誉。另一方面应与政府采购部门进行积极有效的沟通，加深政府采购部门对项目收益和风险的了解，减小双方在项目投资风险上可能产生的认知差异。

由于追求目标的差异，长久以来政府的采购资金更容易流向大中型企业特别是国有企业或者是地方政府保护支持的大中型企业，而作为市场新兴力量的自主创新企业却难以获得资金的支持，造成了社会效益的损失。因此政府采购部门应该更新观念，树立多元的资金使用评估效用函数，从多方面综合考虑政府采购资金的使用效率。同时要加强立法，严格执法，帮助建立起科学合理的社会信用意识，培育良好的信用文化，杜绝由于逆向选择与道德风险给政府采购部门的资金使用带来的危害。

以上这些措施的根本目的都在于减少政府采购部门和自主创新企业在投资项目的风险认知上的差异，从而缓解资金配给，尽量满足自主创新企业的资金需求。

第六章　政府采购促进自主创新企业发展的实践[①]

从世界范围内看，充分发挥巨额政府采购资金的推动作用是扶持具有自主创新资质的高新技术产业发展的一条有效途径，目前西方发达国家普遍取得了较好的效果，美国、加拿大、韩国、澳大利亚、日本、英国、芬兰等国的政府采购以及利用政府采购促进自主创新企业发展的成功经验给了我们很好的借鉴。本章尝试从比较的视角来梳理归纳发达国家政府采购促进自主创新企业发展的成功实践，并从中吸取经验教训，来指导我国促进自主创新企业发展的政府采购机制的实施。

第一节　我国政府采购事业的发展进程

与西方发达国家相比，我国的政府采购起步较晚，但是近年来我国的政府采购事业获得了迅猛的发展，尤其在运用公开的招投标与协议定价等国际通用的方式来分配政府采购资金方面取得了丰硕的成果与经验，主要体现在立法不断完善、公开招标采购方式不断强化、政府采购规模不断扩大以及政府采购构成日趋合理等方面。

一、立法逐步完善

我国的政府采购，按照《中华人民共和国政府采购法》的定义，是指各级国家机关、事业单位和团体组织，使用财政性资金采购依法制定的集中采购目录以内的或者采购限额标准以上的货物、工程和服务的行为。政府采购在发达的市场经济国家已有200多年历史。相较而言，我国的政府采购制度起步较晚，但发展迅猛，相应的法律法规也日趋完善。

① 本书涉及的介绍性材料来源于各级各类期刊、专著、数据库与网络媒体，相关出处首先在文中以页下注释的形式注明，然后引用到的所有文献均在文后的参考文献中注明。若有不慎漏注或错注，敬请谅解。

为规范采购行为，保证采购的公开、公平和效率，世界上很多国家和国际组织都制定有自己的采购法。如美国的《联邦采购法》和《合同竞争法案》，英国的《采购政策指南》和《采购实施指南》，联合国贸易委员会的《货物、工程和服务采购示范法》，国际复兴开发银行贷款开发协会的《信贷采购指南》等。

我国的政府采购制度改革开始于 1996 年，至今大致经历了试点、推广和立法规范三个主要阶段。[①] 在每个不同阶段，中央和地方政府都不断制定和出台了政府采购的一系列相关法律法规，以推进政府采购事业的不断规范化和法制化。

1. 试点阶段（1996～1998 年）

这一阶段，我国从政府采购的内容、采购程序、具体步骤到初期立法都作了一些有益的尝试。

1996 年 10 月，财政部编写了第一份政府采购简报，并在经济发达地区如上海市进行了政府采购的试点工作。

1997 年 1 月，深圳市首次以地方立法的形式，颁布实施《深圳经济特区政府采购条例》，该条例是我国出台实施的第一个政府采购地方性法规。同年，财政部向国务院法制办报送了制定《政府采购条例》的立法请示，国务院法制办还就《招标投标法》和《政府采购法》的立法思路进行了协调。

1998 年，国务院进行机构改革，在国务院核定财政部的“三定方案”后，赋予了财政部负责拟定和执行政府采购政策的职能，从而确定了我国政府采购的主管部门。同年，全国 29 个省、自治区、直辖市以及计划单列市，在不同程度上开展政府采购试点。

2. 推广阶段（1999～2001 年）

1999 年，财政部颁布《政府采购管理暂行办法》，这是我国第一部关于政府采购管理的全国性部门规范性文件。随着该办法的颁布实施，政府采购机制在全国范围内得到迅猛发展。截至该年底，政府采购机构在全国的 29 个省、自治区、直辖市以及计划单列市纷纷建立。

1999 年 8 月 30 日，第九届全国人民代表大会常务委员会第十一次会议通过了《中华人民共和国政府采购法（草案）》，并以中华人民共和国主席令第二十一号公布，该法自 2000 年 1 月 1 日起施行。

同年，《政府采购法》被列入全国人民代表大会常务委员会“九五”立法规划。

2001 年，我国加入世界贸易组织并承诺在成为世界贸易组织成员以后，尽快启动加入世贸组织的《政府采购协议》的谈判。

① 姚文胜．政府采购法律制度研究．法律出版社，2009

3. 立法规范阶段（2002 年至今）

这是我国政府采购制度迅猛发展的一个阶段。

2002 年 6 月 29 日，第九届全国人民代表大会常务委员会第二十四次会议上通过了《中华人民共和国政府采购法（草案）》并以第六十八号主席令公布，于 2003 年 1 月 1 日起施行。与之相配套的一系列法规也相继出台，主要有《政府采购货物和服务招标投标管理办法》、《政府采购供应商投诉处理办法》、《政府采购信息公告管理办法》和《政府采购代理机构资格认定办法》等。这些法律法规的相继出台，使我国的政府采购制度在趋向法制化、规范化的道路上迈进了一大步。

在这诸多的法律法规中，对我国政府采购行为起到最强规范作用的法律主要有两部：《中华人民共和国政府采购法》和《中华人民共和国招标投标法》。

《政府采购法》是规范政府采购行为的核心法律，该法出台对于规范我国政府采购行为起着十分重要的作用，是我国财政法制建设的一件大事，也是政府采购工作法制化建设的一个重要里程碑。它对于全面提高依法行政水平，发挥政府采购在社会经济中的作用，具有十分重大的现实意义和深远的历史意义。

《招标投标法》旨在规范招标投标活动、调整在招标投标过程中产生的各种关系。依据《政府采购法》规定，政府采购工程进行招标投标的，适用《招标投标法》。由于我国的政府采购主要以招投标方式进行，同时工程类采购在政府采购中占比越来越大，因此《招标投标法》对于政府采购行为其有较大约束力。

二、公开招标采购方式不断强化

我国政府采购的方式主要包括：公开招标、邀请招标、竞争性谈判、单一来源、采购询价以及国务院政府采购监督管理部门认定的其他采购方式。

各采购方式的特点比较如表 6－1 所示。其中公开招标是最主要的采购方式，无论是政府集中采购、部门集中采购还是单位分散采购，单项或批量采购金额达到 120 万元以上的货物或服务项目，200 万元以上的工程项目，都要采用公开招标采购方式。

表 6－1　各采购方式特点比较

采购方式	特　　点
公开招标	采购机关或其委托的政府采购业务代理机构以招标公告的方式邀请不特定的供应商投标
邀请招标	招标人以投标邀请书的方式邀请五个以上特定的供应商投标
竞争性采购	采购机关直接邀请三家以上的供应商就采购事宜进行谈判
询价采购	一对三家以上的供应商提供的报价进行比较，以确保价格具有竞争性
单一来源	采购机关对供应商直接购买

随着我国政府采购行为的日益规范化和法制化，我国基本上形成了以公开招标为主，邀请招标、竞争性谈判、询价和单一来源采购方式为补充的格局。

根据《中国政府采购年鉴》的公开数据显示：2003 年，全国采用公开招标方式的采购规模为 949.7 亿元，占全国采购规模的 57.2%。采用邀请招标、竞争性谈判、询价和单一来源方式的采购规模分别为 223 亿元、154 亿元、238.9 亿元和 93.8 亿元，分别占全国政府采购规模的 13.4%、9.3%、14.4% 和 5.7%。

2004 年，采用公开招标的采购规模为 1271.8 亿元，占全国采购总规模的 59.5%。采用邀请招标、竞争性谈判、询价和单一来源方式的采购规模分别为 234.3 亿元、225.6 亿元、281.2 亿元和 122.8 亿元，分别占全国政府采购总规模的 11%、10.6%、13.2% 和 5.7%。

2005 年，公开招标的采购规模为 1916.6 亿元，占全国采购规模的 65.5%，比上年增长近 6%。采用邀请招标、竞争性谈判、询价和单一来源方式进行采购的规模分别占全国政府总采购规模的 7.8%、10.6%、11.3%、4.8%。公开招标采购方式得到进一步加强。

2006 年，公开招标采购方式不断强化，通过公开招标方式进行的政府采购规模扩大到 2489.4 亿元，占采购总规模的 67.6%。

2007 年，公开招标的采购规模为 3269.1 亿元，占全国采购总规模的 70.1%。采用邀请招标、竞争性谈判、询价和单一来源方式的采购规模分别为 294.0 亿元、462.1 亿元、418.2 亿元和 217.4 亿元，分别占全国政府采购总规模的 6.3%、9.9%、9.0% 和 4.7%。

2008 年，公开招标的采购规模为 4289.0 亿元，占采购总规模的 71.6%。采用邀请招标、竞争性谈判、询价和单一来源方式的采购规模分别为 288.8 亿元、562.3 亿元、521.9 亿元和 328.5 亿元，分别占全国政府采购总规模的 11%、10.6%、13.2% 和 5.7%。

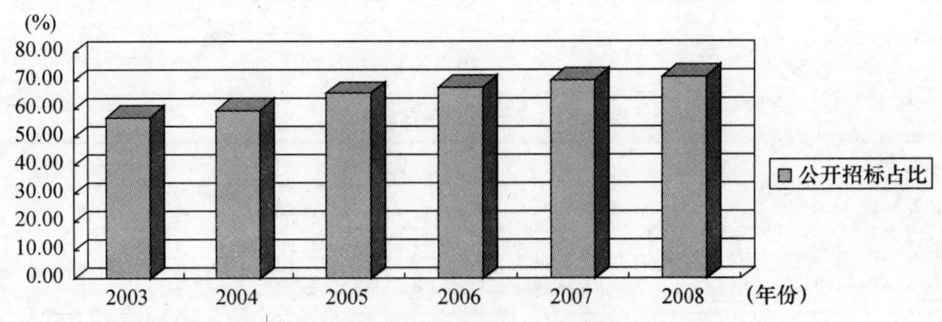

图 6-1 公开招标历年占比

从图 6－1 可以看出，2003～2008 年，公开招标的规模逐年增加，且以公开招标方式进行的政府采购所占比例也在不断增加。

呈现这种变化的主要原因，一是各级政府进一步明确公开招标的项目数额标准，大力推进以公开招标为主要方式的采购活动，财政部门对超过公开招标数额标准而采用非公开招标方式的项目审批严格把关。二是工程类项目要求采用公开招标方式进行采购，而工程类项目采购规模不断扩大。三是办公通用项目和服务项目的采购多采用协议供货和定点采购方式进行采购，协议供货的入围产品和定点采购的入围服务商全部通过公开招标方式确定。

三、我国政府采购规模不断扩大，结构日趋合理

自 1996 年开始实施政府采购试点以来，我国政府采购蓬勃发展，政府采购制度的各项改革逐步推进，采购规模快速增长，采购范围不断扩大，采购程序也日趋规范。尤其是 2003 年 1 月 1 日施行《政府采购法》以来，我国的政府采购更是走上了法制化规范的道路，这也进一步促进了政府采购规模的扩大化。其特点体现在如下几个方面①：

1. 政府采购规模以高于 GDP 的速度快速增长

我国的政府采购规模持续快速增长，占财政支出和国内生产总值（GDP）的比重逐年增加。

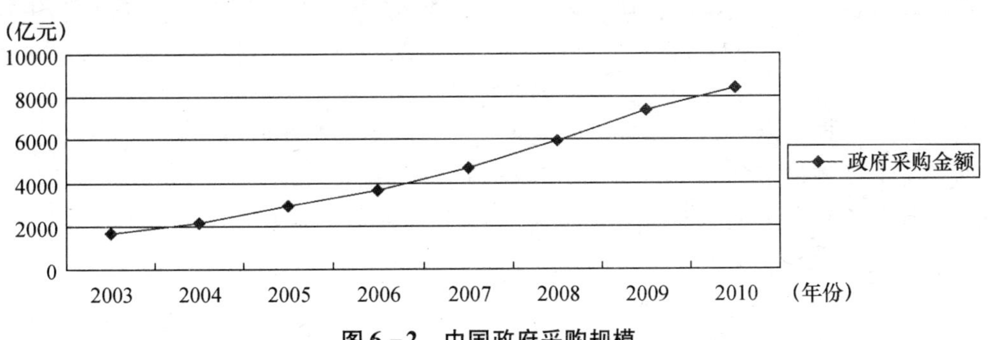

图 6－2　中国政府采购规模

2003 年，全国政府实际采购规模为 1659.4 亿元，分别占当年财政支出和 GDP 的 6.7% 和 1.4%，比上年同期分别增长 2% 和 0.4%。

到了 2010 年，我国政府采购的规模达到了 8422 亿元，比上年增加 13.6%，占全年财政支出的 9.4%，约为 2010 年 GDP 总额的 2.12%。

① 张家瑾．我国政府采购市场开放研究．对外经济贸易出版社，2008；姚文胜．政府采购法律制度研究．法律出版社，2009．文中数据来源于《中国统计年鉴》、《中国政府采购年鉴》以及财政部网站公开数据。

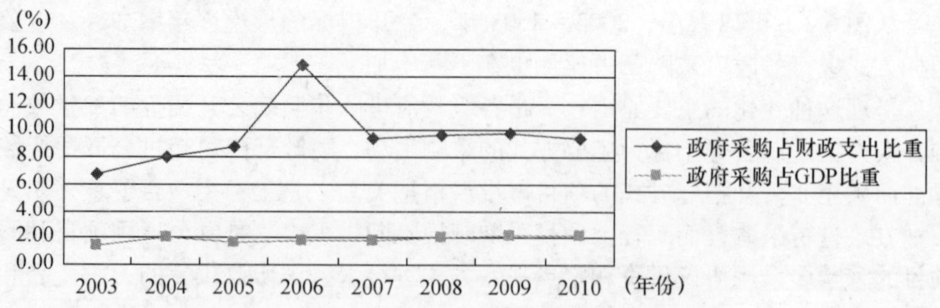

图 6－3　政府采购规模占财政支出和 GDP 的比重

从图 6－2、图 6－3 可以看出，我国政府采购规模的总量不断扩大，政府采购规模占财政支出的比重总体上呈现增长态势，采购规模占国内生产总值的比重较稳定，大体在 2% 上下浮动。

采购规模持续增长的主要原因，一是采购人依法采购意识增强，纳入政府采购范围的项目基本实施了政府采购。二是由于财政收支规模增大，政府采购项目不断增加，促进了政府采购规模的增长。三是政府采购范围的不断扩大，在工程类方面，许多地区对财政投资项目实行政府采购作出制度规定，将社会关注度高、群众关心的公益性工程项目和涉及民生项目的基础设施建设等逐步纳入政府采购实施范围和统计范围；在服务方面，许多地区将信息网络开发和咨询、银行代理、法律咨询、施工监控、物业管理、交通车租赁、卫生保洁、企业职工素质培训、公共场所绿化养护等服务类采购项目也都实行了政府采购。

不过值得指出的是，尽管近年来我国的政府采购事业取得了长足的发展，但政府采购的规模仍然偏小。目前我国政府采购金额占 GDP 的比重大约为 2% 左右，而西方发达国家的政府采购规模占 GDP 的比重一般在 10% ～15% 之间。这意味着我国的政府采购在未来还有巨大的发展空间。

2. 采购构成逐步趋于合理

对相关数据结构的进一步考察，可以让我们了解到我国政府采购发展过程中的一些更细致的特点。

2003 年，我国政府采购中货物、工程及服务项目采购规模分别为 897. 3 亿元、658. 3 亿元和 103. 8 亿元，占全国政府采购规模的比重分别为 54. 4%、39. 3% 和 6. 3%。由于《政府采购法》将工程纳入政府采购范围，2003 年政府工程采购项目的增长，成为全国政府采购规模扩大的主因。

2004 年，全国政府采购规模为 2135. 4 亿元，其中货物类采购规模为 1048. 7 亿元，比上年增长了 17%，占采购总规模的 49. 1%。工程类采购规模为 948. 3 亿元，较上年增长 44%，占采购总规模的 44. 4%。服务类采购规模为 138. 4 亿

元，较上年增长33%，占采购点规模的6.5%。

2005年，工程类和服务类采购规模增长迅速。全国工程类采购1323.2亿元，比上年同期增长39.5%，占采购总规模的45.2%。服务类采购195.8亿元，比上年同期增长41.4%，占采购总规模的6.7%。货物类采购占比为48.1%。

2006年，全国工程类和服务类采购规模继续快速增长。全国工程类采购1763.9亿元，比上年同期增长33.3%，占采购总规模的47.9%。服务类采购达270.3亿元，比上年同期增长38.1%，占采购总规模的7.3%。货物类采购1647.4亿元，占采购总量的比重依旧较大，达到44.8%。

2007年，全国政府采购规模为4660.8亿元，其中货物类采购规模为1973.3亿元，比上年增长了11.9%，占采购总规模的42.3%。工程类采购规模增长巨大，为2330.6亿元，较上年增长32.1%，占采购总规模的50.0%。服务类采购规模为356.9亿元，较上年增长32.0%，占采购点规模的7.7%。

2008年，全国政府采购规模为5990.9亿元，其中货物类采购规模为2559.2亿元，比上年增长了29.7%，占采购总规模的42.7%。工程类采购规模为2978.4亿元，较上年增长27.8%，占采购总规模的49.7%。服务类采购规模为453.3亿元，较上年增长27.0%，占采购点规模的7.6%。

从图6-4可以看出，货物、工程及服务项目采购规模逐年增加，其中工程类采购增速较快，服务类政府采购规模相对较小。

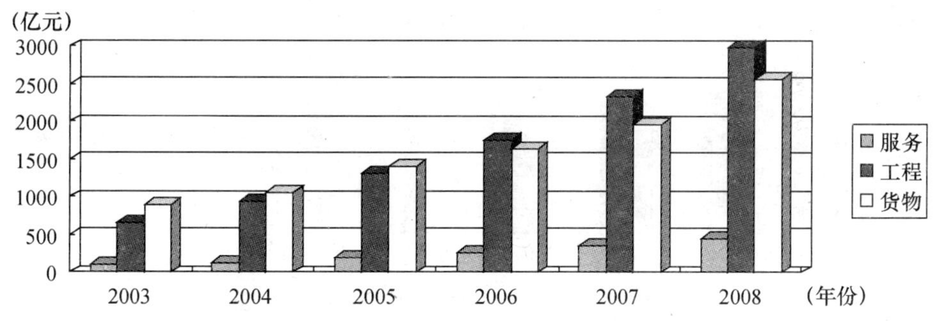

图6-4　政府采购中货物、工程、服务等项目的采购规模

图6-5则显示出各个项目采购规模在采购总量中的占比变化趋势。不难发现，货物类占比总体上呈现下降趋势，而工程类和服务类采购占比在逐年增加，这说明我国政府采购构成正逐步由实物资产的采购向大规模的工程与服务类资产采购转化。

3. 集中采购日益成为主要采购形式

我国的政府采购组织形式分为集中采购和分散采购两种，其中集中采购又分为机构集中采购和部门集中采购，见图6-6、图6-7。

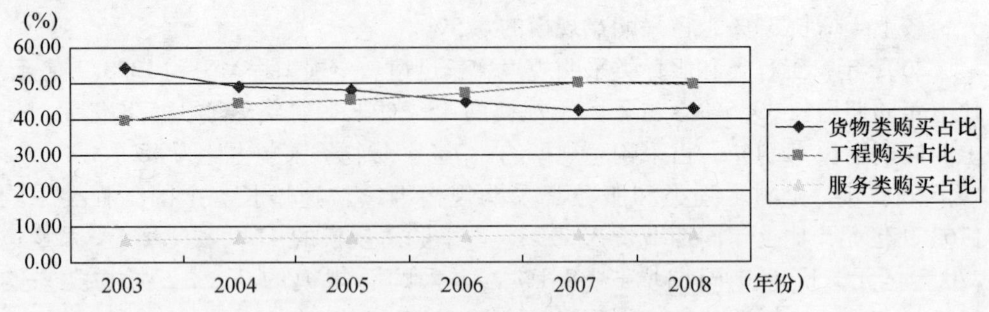

图 6-5　各项目采购规模历年占比

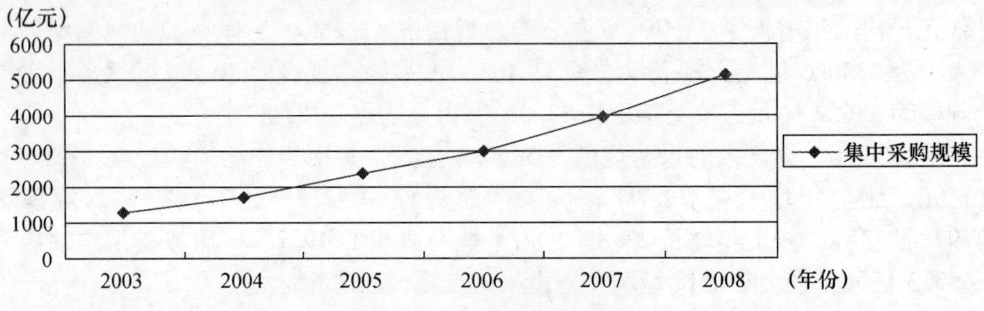

图 6-6　集中采购历年规模对比

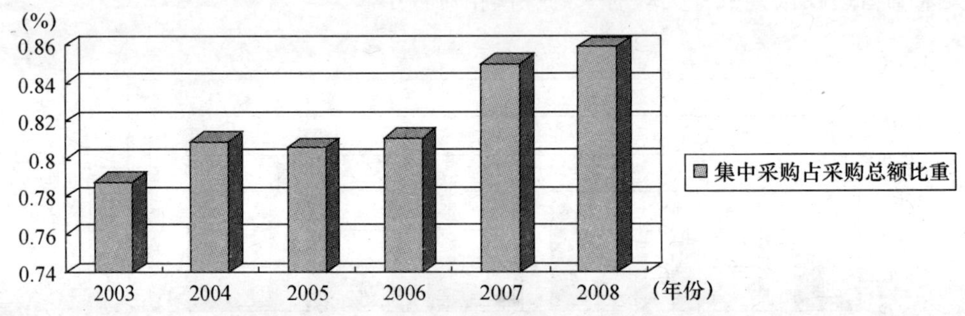

图 6-7　历年集中采购占采购总额的比重

2003 年，全国采购总额中分散采购 351.2 亿元，占采购总额的 21.2%；集中采购规模为 1308.2 亿元，占总量的 78.8%。

2004 年，全国采购总额中分散采购 408.2 亿元，占采购总额的 19.1%；集中采购规模为 1308.2 亿元，比上年增长 32.1%，占总量的 80.9%，比上年同期占比上升 2.1 个百分点。

2005 年，全国采购总额中分散采购和集中采购规模分别为 568.1 亿元和 1308.2 亿元，分别占采购总额的 19.4% 和 80.6%。集中采购占采购总规模的比重有所下降，分散采购则得到加强。

2006年，全国采购总额中集中采购规模2985.6亿元，占采购总规模的81.1%；分散采购696.0亿元，占比进一步下降为18.9%。

2007年，全国采购总额中分散采购697.6亿元，占采购总额的15%；集中采购规模为3963.7亿元，占总量的85%，比上年同期占比上升3.9个百分点。

2008年，全国采购总额中分散采购841.8亿元，占采购总额的14.1%；集中采购规模为5149.1亿元，占总量的85.9%，比上年同期占比继续上升0.9个百分点。

从图6-6可以看出，集中采购在规模和所占比重上都呈现出良好的增长势头，这说明集中采购正日益成为我国政府的主要采购模式。

从获得的公开数据我们发现，近年来我国的政府采购事业取得了长足的发展，但是仍然存在着一些问题。主要体现在：

一是我国的政府采购规模偏小。目前，我国每年的政府采购金额占全国财政支出的比重不足10%，占全国GDP总额的比例只有2%左右，而西方发达国家的政府采购占GDP的比重一般大约都在10%～15%之间，这说明我国的政府采购还有巨大的发展空间。

二是我国政府采购的结构构成有待进一步调整。目前，我国政府采购的主要构成仍然是货物类等实物资产，其他采购项目占比过低。以2008年为例，工程类政府采购占比为49.7%，服务类政府采购占比仅为7.6%。而在政府采购制度完善的国家，工程类政府采购甚至可以占到政府采购份额的80%左右，从中可以看到我国政府采购的结构构成有待进一步的调整完善。

三是我国政府采购的机制设计亟待完善。按照《中华人民共和国政府采购法》的规定，政府采购的主要方式应该是公开招投标。但是，公开招投标的政府采购在实施的同时，由于过分强调经济效益的最大化，却让我国相当一部分的自主创新产品陷入了非常尴尬的境地。不少拥有自主知识产权的民族产品，由于在资本规模上不敌国外的同行，最终不得不在公开招投标的竞争中败下阵来。正是意识到这一点，国务院在最新发布的《国家中长期科学和技术发展规划纲要》中强调指出，要把实行促进自主创新的政府采购机制，确定为未来十五年我国科技发展的一条重要政策与措施。然而，公开招投标与促进自主创新在实施目标上存在一定冲突。因为，“公开招投标”的目标是要将标的物公平、有效地分配到对它评价最高的购买者手中，而“促进自主创新”则要求政府采购向特定的产业进行倾斜、对特定的行业进行扶持。如何调和这个矛盾？如何在政府采购的过程中，既考虑经济效益，又兼顾社会效益与产业发展？这是摆在各级政府以及科技管理部门面前的一个紧迫的研究课题。

第二节　我国政府采购促进自主创新的实践

近年来，我国的政府采购事业取得了长足的发展，政府采购的实践正在迅速与国际接轨，主要体现在立法逐步完善、政府采购规模不断扩大以及政府采购构成不断丰富等，由此促进了自主创新的制度安排不断涌现。

一、国家立法的层次化、完备化

2000 年我国进行政府集中采购试点在全国展开之前，我国的政府采购都是各部门、各单位自行组织，基本上都是自由采购。在自由采购的状态下，对于政府采购行为的政策目标几乎缺乏相应的约束，导致各部门盲目采购、重复采购的现象严重，这种分散采购不仅使得财政性资金使用效率低下、缺乏经济调控功能，而且还滋生了大量的腐败现象，在这种情况下促进自主创新更是无从谈起。这主要表现在各个部门的自行采购中轻视中国自主品牌，轻视中国技术。在分散采购中，各个部门的采购各自为政，缺乏公平、公正的竞争机制，只注重产品的价格或者性能，而不考虑推动产品的技术创新或者综合性能。

从 2003 年开始我国正式实施《中华人民共和国政府采购法》（以下简称《政府采购法》），该法明确规定“政府采购应当有助于实现国家的经济和社会发展政策目标，包括环保政策、扶持不发达地区和少数民族地区，促进中小企业发展等”。不难看出，《政府采购法》已经充分注意到了政府采购的政策功能，并且也规定了通过政府采购来促进我国相关政策的实施。但是，这段时间我国的政府采购实践并没有很好地落实这些政策目标，随着对政府采购的探索与发展，在理论与实践应用方面都逐渐暴露出了一些问题。主要表现在：①政府采购没有重视激发企业自主创新的目标导向。长期以来，我国一直没有制定出相应的激发自主创新的政策措施，虽然政府采购法中已经有了“政府采购应当有助于实现国家经济和社会政策目标”的立法理念，但是，对于如何运用政府采购制度来激发企业的自主创新，却并没有作出具体的规定。②政府采购的理论研究与实践的脱节现象十分明显。在过去的很长时间里，都是理论研究较多，政府采购部门的主动参与却很少，而将两者结合起来的则更少。[①] ③购买本国高新技术产品的少，难以促进我国企业和科研机构的创新。以我国政府 2003 年采购计算机为例，到

---

① 代磊．长春市自主创新导向型政府采购标准研究．吉林大学学位论文，2007

2003年底，中国市场上的国产软件占有率仍然徘徊在30%，而且相对国外软件巨头20%～30%的高额利润率，国产软件的这一指标不断下滑，趋近于零。据调查，2003年中国软件类企业整体销售收入下降2%，利润率更是下降了惊人的57%。不难看出，当时正是由于缺少我国政府采购市场的大力支持，国内软件市场的生存陷入困境。④以往我国政府采购自主品牌的少，外国品牌的多，不能形成激励民族品牌的良好环境。以我国政府采购中占有较大比重的汽车采购为例，2004年，中央国家机关通过政府采购中心公开采购汽车的清单上，自主品牌汽车中只有红旗轿车的采购量较大，其他自主品牌汽车很少。自主品牌的汽车没有了政府采购的这个大市场，也就失去了最大消费群体。没有了消费者的产品也就谈不上盈利，更无法进行科技创新。①

中国政府已经认识到政府采购对自主创新企业的促进作用，直2006年以来，政府已经陆续出台多项法案，希望利用政府采购来实现对自主创新企业的扶持。目前我国自主创新产品政府采购的立法体系已经初具形态，具体内容如下：《中华人民共和国科学技术促进法》以法律的形式确立了自主创新产品政府采购制度，并且明确规定了政府首购与订购制度。《国家中长期科学和技术发展规划纲要（2006～2020年）》和《〈国家中长期科学和技术发展规划纲要（2006～2020年）〉若干配套政策》（以下简称《配套政策》），以国家科技规划纲要和国务院规范性文件的形式明确规定“实施促进自主创新的政府采购”制度，改进政府采购评审方法，给予自主创新产品优先待遇。财政部《自主创新产品政府采购预算管理办法》、《自主创新产品政府采购合同管理办法》、《自主创新产品政府采购评审办法》以及《自主创新产品政府首购和订购管理办法》，以部门规章的形式确立了自主创新产品政府采购中的预算管理制度、合同管理制度、评审管理制度以及首购和订购制度。

在表6－2显示的立法体系中，所谓的自主创新产品是指符合经济社会发展要求和科学技术发展方向，拥有核心技术的自主知识产权，并且能够引领国内市场和带动该产业发展的产品。这里所指的自主创新产品是指纳入财政部公布的《政府采购自主创新产品目录》的货物和服务。目前由财政部会同科技部等相关部门在国家认定的自主创新产品范围内研究制定。

表6－2　政府采购促进自主创新产品的全国性法规②

《国务院关于实施〈国家中长期科学和技术发展规划纲要（2006～2020年）〉若干配套政策的通知》	国发［2006］6号
《财政部关于实施促进自主创新政府采购政策的若干意见》	财库［2006］47号

① 王丛虎．论我国政府采购促进自主创新．科学学研究，2006（6）

② 施锦明．政府采购．经济科学出版社，2010

续表

《自主创新产品政府采购预算管理办法》	财库［2007］29 号
《自主创新产品政府采购评审办法》	财库［2007］30 号
《自主创新产品政府采购合同管理办法》	财库［2007］31 号
《自主创新产品政府首购和订购管理办法》	财库［2007］120 号
《科技部、国家发展改革委和财政部关于开展 2009 年国家自主创新产品认定工作的通知》	国科发计［2009］618 号

我国鼓励自主创新方面的政策措施主要包括以下几个方面：①制定《政府采购自主创新产品目录》。建立自主创新产品认证制度，建立认定标准和评价体系。由科技部会同综合经济部门按照公开、公平、公正的程序对自主创新产品进行认定，并且向全社会进行公告。财政部会同有关部门在获得认定的自主创新产品范围内，确定政府采购自主创新产品目录，实行动态管理。②优先采购的实施。采购人采购的产品属于目录中产品的，招标采购单位必须在招标文件中的资格要求、评审方法和标准中作出优先采购自主创新产品的具体规定，包括评审因素以及分值等。对属于“节能产品政府采购清单”和“政府采购自主创新产品目录”内的产品，按照招标文件中设定的评审条款，给予相应评标项总分值一定幅度的加分或者价格扣除，实行优先采购。具体的评审优惠内容及幅度见表 6－3。③首购制度。所谓“首购”，是指对于国内企业或科技机构生产或开发的，暂不具有市场竞争力，但符合国民经济发展要求、代表先进技术发展方向的首次投向市场的产品，通过政府采购方式由采购人或政府首先采购的行为。这种制度包括两方面内容：一方面，就是政府对国内企业开发的具有自主知识产权的重要的节能环保产品，要坚持实施首购政策。由于企业新技术开发投资成本较高，技术应用又有市场风险，依靠普通的商业性市场难以克服投资需求和市场商业性销售风险。在这种情况下，政府就应当实施支持自主创新的政策，通过政府采购进行首购，使企业不但可以克服商业销售风险，而且还可以帮助社会消费者对新产品的认可和接受。社会消费者对新产品的普遍接受，又可以成为产品更新换代和结构调整的新动力。另一方面，就是规定各政府机构在实施政府采购中，其项目在节能环保清单中有列示的，必须首先和优先采购节能环保产品，否则不予立项不准采购。④订购制度。所谓“订购”，是指对于国家需要研究开发的重大创新产品、技术、软科学研究课题等，通过政府采购方式面向全社会确定研究开发和生产机构的行为。对属于需通过订购的自主创新产品，采购人应当通过公开招标方式确定订购产品的供应商。采购人及其委托的采购代理机构应当根据项目需求，合理设定订购产品供应商资格，包括技术水平、规模、业绩、资格和资信等，并

在招标文件中载明相关评分要素和具体分值等，不得以不合理的要求排斥和限制任何潜在的供应商。

表 6－3　自主创新产品公开招标评审优惠内容及幅度表

<table>
<tr><td>公开招标评标方法</td><td colspan="2">在公开招标文件中明确的评审优惠幅度</td></tr>
<tr><td>1. 最低平标价法</td><td colspan="2">给予投标价格 5%～10% 的价格扣除</td></tr>
<tr><td rowspan="2">2. 综合评分法</td><td>价格评标项</td><td>给予总分值 4%～8% 的加分</td></tr>
<tr><td>技术评标项</td><td>给予总分值 4%～8% 的加分</td></tr>
<tr><td rowspan="2">3. 性价比法</td><td>投标报价</td><td>给予 4%～8% 的价格扣除</td></tr>
<tr><td>技术评标项</td><td>增加自主创新产品评分因素</td></tr>
</table>

二、各部委与地方政府的配套实施措施

为了响应国家关于扶持自主创新产品的政府采购政策的实施，各部门、各地方政府也纷纷出台了各项法案，以此来规范本部门和本地区政府采购制度，使之达到扶持自主创新产品和高新科技产业的目的。

例如，铁道部于 2007 年 8 月底作出了《关于增强铁路自主创新能力，推进和谐铁路建设的决定》，希望通过政府采购方式，加大对自主创新产品的扶持力度。其中，要求铁路企业、事业单位必须依据《国家自主创新产品认定管理办法（试行）》等规定，积极申请自主创新产品的认定，铁道部组织铁路重大自主创新产品的申请认定工作。对经国家有关部门认定进入《国家自主创新产品目录》的产品，铁道部将在政府采购、重大工程采购中优先购买。同时明确规定，在铁路重点工程项目中，国产设备采购比例一般不得低于总价值的 60%。

铁道部还规定，用财政性资金及其配套资金进行采购的部属单位，必须优先购买列入目录的产品。采购人在编制年度部门预算时，应标明自主创新产品。财务部门在预算审批过程中，在采购支出项目已确定的情况下，优先安排采购自主创新产品的预算。发挥财务、审计与检查部门的监督作用，督促采购人自觉采购自主创新产品。

同时，在铁道工程和产品招标制度中增加扶持自主创新的内容和办法。以价格为主的招标项目评标中，在满足采购需求的条件下，优先采购自主创新产品。自主创新产品价格高于一般产品的，要根据科技含量和市场竞争程度等因素，对自主创新产品给予一定幅度的价格扣除。自主创新产品企业报价不高于排序第一的一般产品企业报价一定比例的，将优先获得合同。以综合评标为主的招标项目，要增加自主创新评分因素并合理设置分值比重。对新技术含量高、技术规格和价格难以确定的自主创新服务项目采购，可经财务部门同意，采用竞争性谈判

采购方式，将合同授予具有自主创新能力的企业。

其中还要求完善自主创新产品政府采购合同管理制度。对拒绝接受或提供合同约定的自主创新产品，财务部门应责令其纠正，否则不予支付采购资金。此外，还建立激励自主创新的政府首购制度。对于铁道部立项，由国内企业或科研机构生产或开发的试制品和首次投入市场的产品，具有较大市场潜力并需要重点扶持的，经认证后，铁道部将进行首购。

目前，各地方省份也分别以地方性法规、政府规章以及政府规范性文件的形式开始落实自主创新产品政府采购制度，部分地方性政府采购扶持自主创新产品的法规见表6－4。自主创新产品政府采购法律制度已经成为我国利用法律手段来促进自主创新的重要工具。

表6－4　部分地方性政府采购扶持自主创新产品的法规①

地区	法规
北京市	《关于在中关村科技园区开展政府采购自主创新产品试点工作的意见》
福建省	《福建省政府采购自主创新产品实施办法（试行）》
广东省	《关于广东省自主创新产品政府采购的若干意见》
深圳市	《关于实施自主创新战略建设国家创新型城市的决定》 《深圳市财政局关于通过政府采购扶持自主创新的配套政策》
湖北省	《湖北省人民政府关于增强自主创新能力建设创新型湖北的决定》 《市人民政府关于推进东湖国家自主创新示范区自主创新产品政府采购的意见》 《关于支持东湖示范区自主创新产品政府采购融资相关问题的意见》
安徽省	《安徽省自主创新产品政府采购管理暂行办法》
江苏省	《江苏省自主创新产品政府采购实施意见》 《江苏省自主创新产品认定管理办法（试行）》
上海市	《上海市政府采购自主创新产品操作规程（试行）》 《上海市重大基础设施采购自主创新成果的试行办法》 《上海市自主创新产品认定管理办法（试行）》

北京市人民政府《关于在中关村科技园区开展政府采购自主创新产品试点工作的意见》于2008年11月底颁布，其中提出：①政府要充分认识在中关村开展政府采购自主创新产品试点工作的目的和重要意义。政府采购自主创新产品是增强企业自主创新能力的重要举措，也是发挥政府采购调控功能和公共财政职能的重要措施，在中关村开展政府采购自主创新产品试点工作，将进一步拓展政府采

① 此处仅为部分省、市政府采购扶持自主创新产品的法规，相关材料还在不断完善补充中。

购工作的广度和深度，为探索建立政府采购自主创新产品的新机制和新模式，不断完善政府采购制度，以及在本市全面开展政府采购自主创新产品提供经验。②明确自主创新产品采购范围，扩大政府采购适用领域。采购的中关村自主创新产品包括已列入国家或北京市自主创新产品目录的产品与重大技术装备，以及国家需要研究开发的重大创新产品、技术。采购自主创新产品的适用领域，从政府行政类办公扩展到市政设施、建筑、节水节能、环保和资源循环利用、交通管理、公共安全、医疗卫生、技术改造、科技研发、工程养护等使用市区两级财政性资金全额投资或部分投资的项目。③此次试点工作主要在首购、订购、首台（套）重大技术装备试验和示范项目、推广应用四个方面探索政府采购的新方式。其中对首购、订购产品的对象都作出了明确的说明和规定，值得注意的是，首台（套）重大技术装备试验和示范项目，是指由使用财政性资金的采购单位对首台（套）重大技术装备优先采购的行为。其中：试验项目是指项目业主单位所采用的首台（套）重大技术装备在国际上首次应用；示范项目是指项目业主单位所采用的首台（套）重大技术装备在国内首次应用。并且明确说明重大技术装备是指对国家经济安全和国防建设有重要影响，对促进国民经济可持续发展有显著效果，对调整产业结构、产业升级和节能减排有积极带动作用的装备产品。而推广应用，是由使用财政性资金的采购单位或项目业主单位对已经生产并投放市场、质量可靠、处于国际国内领先技术水平、符合国家相关产业政策的，且已列入国家或北京市自主创新产品目录的自主创新产品，在政府储备或政府投资项目中优先应用的采购行为。④建立对政府采购自主创新产品的有效激励机制。要求市、区县两级政府投资的重点工程中，国产设备及产品的采购比例一般不得低于总价值的60%，在同等条件下优先采购中关村的自主创新产品。对中关村企业研发的重大创新药物、疫苗等，优先进入医保目录或纳入政府储备；市有关部门在预算中要加大政府采购自主创新产品支持力度，对提供自主创新产品的中关村企业、大学、科研院所，优先给予资金支持，用于自主创新技术和产品的进一步研发和推广；对执行情况较好的采购单位或项目业主单位，其列入下一年度实施计划的采用自主创新产品政府投资项目及财政预算，市有关部门应给予优先安排。①

《福建省政府采购自主创新产品实施办法（试行）》规定，福建省的采购单位应当按照法律规定的采购方式（包括网上竞价采购）优先采购自主创新产品。其中创新的亮点为对自主创新产品的“双加分”政策。例如，在一个采用综合评分法的公开项目中，价格评标项标准总分值为60分，对清单内产品加分优惠

---

① 北京市人民政府关于在中关村科技园区开展政府采购自主创新产品试点工作的意见．中央政府 http：//www. gov. cn/zwgk/

幅度为5%；技术评标项标准总分值为30分，对清单内产品加分优惠幅度为6%。若甲公司提供的产品为清单内产品，满足招标文件基本技术指标要求，经评审，价格评标项得分55分，技术评标项得分25分，根据福建省的规定，该产品价格评标项最终得分为55＋60×5%＝58分，技术评标项最终得分25＋30×6%＝26.8分。这种“双加分”政策，将大大加强对自主创新产品的支持力度，使自主创新产品面对政府采购市场不再望洋兴叹。①

厦门市出台的《关于增强自主创新能力建设科学技术创新型城市的实施意见》提出政府采购必须实行自主创新产品认证制度，制订认定标准和评价体系。在获得认定的自主创新产品范围内，确定并公布市政府采购自主创新产品目录。该目录将实行动态管理，定期进行调整。使用财政性资金进行采购，除上级部门明文限制以外，必须优先购买列入目录的产品。该文件要求，必须改进政府采购评审方法，在分值设定上考虑自主创新因素。以价格为主的招标项目评标，在满足采购需求的条件下，将优先采购列入目录的产品。其中，列入目录产品价格高于一般产品的，要根据科技含量和市场竞争程度等因素，对列入目录产品给予6%的价格扣除。厦门市自主创新产品企业报价不高于排序第一的一般产品企业报价5%的，将优先获得采购合同。此外，《关于增强自主创新能力建设科学技术创新型城市的实施意见》还规定，消化吸收再创新形成的先进装备和产品，将纳入政府优先采购的范围。②

《安徽省自主创新产品政府采购管理暂行办法》规定政府采购自主创新产品，采用不同的评审方法，有不同幅度的优惠。例如，①在用最低评标价法时，自主创新产品可得到5%～10%价格扣除；②采用综合评分法时，自主创新产品如按技术评分，可得到4%～8%的幅度不等的加分，如按价格评分，也可得到总分值4%～8%的幅度不等的加分；③而采用性价比评标时，技术分上自主创新产品可得到总分值4%～8%的幅度不等的加分，并且投标价格上可得到4%～8%的幅度不等的价格扣除；④采用竞争性谈判、询价采购方式的，在满足采购需求、质量和服务的前提下，自主创新产品报价不高于一般产品当次最低报价5%～10%的，应当确定自主创新产品优先成交。此外，《安徽省自主创新产品政府采购管理暂行办法》中规定《安徽省政府采购自主创新产品目录》的产生由省财政厅会同省科学技术厅等部门，在已获得认定的列入《安徽省自主创新产品目录》的范围内确定，并向社会公布。其中，值得注意的是，安徽省规定其政府采购自主创新产品目录并非一成不变，相反，对于这个目录实行的是“动态管

① 福建省政府采购自主创新产品实施办法（试行）. http://www.law.baidu.com

② 关于增强自主创新能力建设科学技术创新型城市的实施意见. 厦门网（海峡网），http://www.xmnn.cn

理”。也就是说，没有持续自主创新的产品会逐渐退出这个目录，而又会有新的产品进入目录。这样一来，有利于更好地鼓励自主创新。①

《江苏省自主创新产品认定管理办法（试行）》，于2006年底出台。该办法在国内首先提出了自主创新产品的定义，即“指符合国民经济发展要求和先进技术发展方向，技术或工艺路线国际原创、产品性能国际先进、核心部件和整机产品省内自主开发生产，产品已在国内率先提出技术标准或其核心技术拥有发明专利，并能够替代进口、引领国内市场和带动江苏产业发展的产品”，并明确自主创新产品认证单位为江苏省财政厅和江苏省科技厅。② 此外，该办法中还规定“经省认定的自主创新产品，列入《江苏省自主创新产品目录》并向社会公布。各级政府机关、事业单位和团体组织用财政性资金进行政府采购时，应优先购买列入目录中的产品。其中，对于具有较大市场潜力并需要重点扶持的试制品和首次投向市场的产品，可以由政府进行首购或订购”。不同的是，该法案中还提出省各级财政及科技部门应建立完善的监管机制，实行跟踪问效。采购人或其委托的采购代理机构未按照上述要求采购的，有关部门要按照相关法律、法规和规章予以处理；财政部门视情况可以拒付采购资金。对于在自主创新政府采购工作中取得明显成绩和贡献的单位和个人，应予以鼓励和表彰。同时要加强与审计、检查等部门的沟通，共同做好自主创新产品的政府采购工作。③

《关于广东省自主创新产品政府采购的若干意见》于2009年6月4日出台，《关于广东省自主创新产品政府采购的若干意见》从“总体要求”、“政府采购预算”、“政府采购方式”、“政府采购评审”、“政府采购合同”、“首购与订购”、“重大项目的政府采购”以及“政府采购的监督”八个方面对广东省自主创新产品政府采购制度进行了详细的规定。《关于广东省自主创新产品政府采购的若干意见》是完善广东省自主创新政策体系的重要措施，充分体现了自主创新产品政府采购法律制度融合“政府采购法律制度”与“自主创新法律制度”的价值追求。《关于广东省自主创新产品政府采购的若干意见》明确规定目的在于贯彻落实国务院《配套政策》、《珠江三角洲地区改革发展规划纲要（2008～2020年）》和《广东省促进自主创新若干政策》（粤府［2006］123号）的精神。建立政府采购自主创新产品协调机制。对国内企业开发的具有自主知识产权的重要高新技术装备和产品，政府实施首购政策。对企业采购国产高新技术设备提供政策支持。通过政府采购，支持形成技术标准。④

① 安徽省自主创新产品政府采购管理暂行办法．http：//www. most. gov. cn

② 关于印发江苏省自主创新产品认定管理办法（试行）的通知．http：//www. most. gov. cn

③ 江苏省自主创新产品政府采购政策实施意见．http：//www. yzinfo. gov. cn

④ 广东省自主创新产品政府采购的若干意见．http：//www. zfcg. com/guide/

与其他地方出台关于自主创新产品政府采购制度的规范性文件相比，广东省出台的《关于广东省自主创新产品政府采购的若干意见》具有系统性的特点。《关于广东省自主创新产品政府采购的若干意见》的系统性主要表现其内容包含了“总体要求、政府采购预算、政府采购方式、政府采购评审、政府采购合同、首购与订购、重大项目的政府采购以及政府采购监督”八部分内容。以上的内容架构符合规范性文件制定中的“总则、分则、罚则”的体例要求。《关于广东省自主创新产品政府采购的若干意见》中如此系统的内容规定是其他地方出台的规范性文件所不具备的，如《北京市人民政府关于在中关村科技园区开展政府采购自主创新产品试点工作的意见》重点规定“政府首购与订购”，其他制度内容较少涉及，也没有对自主创新产品政府采购的法律责任作出规定。①

作为深圳市《关于实施自主创新战略建设国家创新型城市的决定》的配套，② 通过政府采购扶持自主创新政策已经从2006年4月17日开始实施。深圳市利用政府采购对自主创新的扶持政策主要表现在以下方面：

（1）将自主创新产品和服务纳入政府采购目录。财政部门结合自主创新型企业、科研机构和产品目录，研究拟订年度政府集中采购目录，将涉及自主创新型企业、科研机构产品的采购品目编入政府集中采购目录，并根据自主创新型企业、科研机构和产品目录变动情况，及时对政府集中采购目录进行调整，采取有效手段督促采购人自觉采购自主创新产品，支持自主创新型企业、科研机构参与政府采购活动。科技、工贸部门会同有关部门建立自主创新型企业、自主创新型科研机构和产品的评价机制，并每半年一次公布自主创新型企业、科研机构和自主创新产品目录。

（2）对具有自主知识产权的重要高新技术装备和产品实行政府首购。对自主创新型企业或科研机构生产或开发的试制品和首次投向市场的产品，且符合国民经济发展要求和先进技术发展方向，具有较大市场潜力并需重点扶持的，以及具有自主知识产权的重要高新技术装备和产品，经科技、贸工部门会同有关部门认定后政府可以实施首购政策。

（3）合理有效地编制政府采购文件。政府采购执行机构要根据自主创新型企业、科研机构的资质条件和自主创新产品的技术特征，有针对性地编制采购文件，合理设定供应商资质门槛，提高自主创新型企业、科研机构和产品在政府采购市场的竞争力，扩大自主创新型企业、科研机构和产品在政府采购市场的份额。

---

① 陈丽佳，劳志健．自主创新产品政府采购法律制度分析——兼评广东省相关政策．中国科技论坛，2010（1）

② 制定《关于实施自主创新战略建设国家创新型城市的决定》若干配套政策分工一览表．http：//www. sz. gov. cn/zfgb/

(4) 充分运用法定政府采购方式采购自主创新产品。经认定的自主创新技术含量高、技术规格和价格难以确定的采购项目，可以在报经财政部门同意后，采用竞争性谈判或单一来源采购方式，与自主创新型企业签订采购合同。完善自主创新产品政府采购合同管理，拒绝接受或提供合同约定自主创新产品的，财政部门应责令其纠正，否则不予支付采购资金。

(5) 优化自主创新产品评标方法。在政府采购评标方法中，在分值设定上考虑自主创新因素。以价格为主的招标项目评标，在满足采购要求的条件下，优先采购自主创新产品。其中，自主创新产品价格高于一般产品的，要根据科技含量和市场竞争程度等因素，对自主创新产品给予6%的价格扣除。自主创新产品企业报价不高于排序第一的一般产品企业报价5%的，将优先获得采购合同。以综合评标为主的招标项目，对自主产品给予10%的价格扣除，并按扣除后的投标报价计算其价格得分。

(6) 对自主创新产品采购赋予附加分值。对涉及自主创新产品的采购项目增加适当的附加分值，分值设定上应将供应商拥有技术专业人员情况、在本地区设置研发中心情况、在本地区售后服务网点、专业维修人员情况、服务响应时间等一并列入评审或谈判的技术性因素。其中，增加自主创新产品评分项，并设定5%的分值权重，增加自主创新型企业、科研机构评分项，并设定5%的分值权重。

(7) 完善政府采购扶持自主创新型企业、科研机构和产品的配套服务措施。政府采购执行机构要主动为自主创新型企业、科研机构提供投标培训，指导自主创新型企业、科研机构科学编制投标文件，有效提高自主创新产品的中标率，同时通过政府采购网站加大对自主创新型企业、科研机构和产品的宣传力度，扩大其在政府采购领域的影响，便于自主创新型企业和自主创新型科研机构及时掌握市场需求。

(8) 鼓励国有企业采购自主创新产品。市属国有及国有控股企业重大建设项目所需原材料、机器设备采购，可比照政府采购有关规定执行，在同等条件下，优先购买属于自主创新产品目录的产品。

(9) 对重大建设项目采购国产设备应达一定比例。政府投资的建设工程项目优先采用拥有自主知识产权的技术和产品。重大建设项目以及使用财政性资金采购重大装备和产品的项目，应将承诺采购自主创新产品作为申报立项的条件，并事先征求有关部门意见，明确采购自主创新产品的具体要求。国产设备采购比例一般不低于总价值的60%，不按要求采购自主创新产品，财政部门不予支付资金。

(10) 建立自主创新产品使用意见反馈机制。各机关事业单位要及时将自主创新产品的使用情况向产业主管部门反馈，产业主管部门根据反馈情况，修改自主创新型企业、科研机构和产品目录，建立自主创新产品使用意见反馈机制，推动自主创新企业技术进步。①

为支持企业实施自主创新，山东省提出要利用财税杠杆，加大财政科技投入，落实鼓励自主创新的财政税收优惠政策。每年由省财政安排9亿多元专项资金，加大对自主创新、产业技术研发、节约型社会建设等的支持力度，保证重大科技专项的顺利实施。对于开展自主创新的企业，山东加强了财税杠杆的支持力度。为鼓励企业加大技术开发经费的投入，山东提出加大对企业自主创新投入的所得税前抵扣力度。允许企业按当年实际发生的技术开发费用的150%，抵扣当年应纳税所得额。支持具有自主知识产权的重要高新技术装备及产品生产。完善企业分配制度，允许企业对有突出贡献的科技骨干实行股权激励或年金制度。为扶持企业开展自主创新，山东省财政性资金优先购买自主创新产品制度。根据《山东省自主创新产品目录》，财政部门制定了《山东省政府采购自主创新目录》，对采购目录中具有较大市场潜力并需要重点扶持的试制品和首次投向市场的产品，可由政府进行首购或者订购。②

湖北省委于2006年颁布了《湖北省人民政府关于增强自主创新能力建设创新型湖北的决定》，其中明确规定：①实施扶持企业自主创新的政府采购政策。由省科技部门会同经济综合部门做好本省自主创新产品的认定，省财政部门确定采购自主创新产品目录，建立财政性资金采购自主创新产品制度。各级机关、事业单位和团体组织用财政性资金进行采购的，必须优先购买列入目录的产品。对本省企业开发的、符合政府采购认定标准和目录、具有自主知识产权的产品，实施政府首购政策和订购制度。使用财政性资金采购重大装备和产品的建设项目，应承诺采购自主创新产品的比例，其中省政府投资的重点工程采购国产设备比例不得低于总价值的60%，不按要求采购自主创新产品的，财政部门不予支付资金。②建立财政性资金采购自主创新产品制度。财政部门要会同科技部门按照国家有关规定落实本省自主创新产品政府采购预算管理办法，首购和订购的办法，政府采购进口产品管理办法。对本省纳入国家批准的自主创新产品目录中的自主创新产品优先首购、订购。对重大建设工程项目，应将承诺采购自主创新产品作为申报立项的条件，采购国产设备比例不低于总价值的60%。科技等部门要会同有关部门建立自主创新企业，自主创新型科研机构和产品的评价体制，每年公布《湖北省自主创新产品目录》。财政部门要结合本省的自主创新型企业，科研机构和产品目录，采取有效手段督促采购人采购自主创新产品，不按要求采购自

① 深圳市财政局关于通过政府采购扶持自主创新的配套政策. http：//www. szzfcg. cn

② 山东省将对自主创新产品实行政府采购制度. http：//www. laoshan. gov. cn/

主创新产品的，财政部门不予支付资金。①

与其他省份出台的政策不同的是，湖北省还配套出台了《关于支持东湖示范区自主创新产品政府采购融资相关问题的意见》，其中明确表明了政府采购对国家、省、市的自主创新产品给予融资支持的适用领域，涵盖了建筑、节水节能、环保和资源循环利用、交通管理、公共安全、医疗卫生、科研、工程养护等方面，使用财政性资金投资或部分投资的项目，列入国家和地方重大建设项目投资计划采购的重大设备和产品，市属国有及国有控股企业的重大建设项目所需原材料、机器设备等。不仅如此，凡在武汉市政府采购项目中中标的东湖示范区自主创新产品，以首购、订购方式采购的自主创新产品，以及首台（套）重大技术装备试验和示范项目，采购金额较大而采购人因当年资金不足以全额支付时，经市财政局及相关单位审批通过后，可凭政府采购合同或首购产品证明等资料向有关签约银行申请贷款。② 足见政府对于扶持自主创新型产品和高新技术产业的决心。

上海市财政局于2009年3月印发了《上海市政府采购自主创新产品操作规程（试行)》的通知，其中明确指出“发挥政府采购政策功能，鼓励、扶持自主创新产品的研究和应用，规范本市政府采购自主创新产品活动”。此外，《上海市政府采购自主创新产品操作规程》指出其中的自主创新产品，是指根据《上海市自主创新产品认定管理办法（试行)》，由市财政局会同市科委、市发展改革委确定的《上海市政府采购自主创新产品目录》的产品。上海市政府采购对自主创新产品的扶持政策很具有代表性，故在此详细介绍，其内容主要包括以下方面：③

1. 政府自主创新产品的预算管理制度

（1）采购人在编制部门预算时，应当考虑优先购买自主创新产品。

（2）采购人采购纳入目录的自主创新产品，应当在年度部门预算、年度执行中追加预算和使用待分配预算时，将纳入目录的产品编入政府采购计划，并标明自主创新产品。

（3）对于纳入部门预算项目支出的自主创新产品政府采购项目，采购人应当在项目支出排序时将自主创新产品政府采购项目排在前列，财政部门优先予以保障。

---

① 湖北省人民政府关于增强自主创新能力建设创新型湖北的决定．科技部门户网站，http：//www. most. gov. cn/kjzc/

② “武汉：采购人可贷款购买自主创新产品”．政府采购信息网，http：//www. caigou2003. com/news/

③ “关于印发《上海市政府采购自主创新产品操作规程（试行)》的通知”．中国上海政府网，http：//www. shanghai. gov. cn/shanghai/

(4) 采购人在预算执行过程中，因采购自主创新产品而确需超出采购预算，或其在运行、培训和维护过程中确需发生额外费用，可按预算管理的有关规定进行预算调整。

2. 自主创新产品政府采购的评审制度

(1) 采购人或其委托的采购代理机构应当按照本规程规定编制采购文件，在采购文件中明确优先采购自主创新产品的评审因素和分值。且采购需求不得超出目录产品的技术规格，以确保自主创新产品能实质性响应采购文件要求。

(2) 采购文件应合理设定供应商资格要求，不得排斥和限制自主创新产品供应商。供应商以其目录产品进行投标的，在进行供应商资格审查时，不得以其注册资本、规模、业绩等商务条件不符合招标文件要求而拒绝其投标或予以废标。

(3) 采购人采用邀请招标方式采购的，应当优先邀请符合相应资格条件的自主创新产品供应商参加投标；采用竞争性谈判和询价方式采购的，应当优先确定自主创新产品供应商参加谈判、询价。

(4) 采用最低评标价法评标的项目，对自主创新产品可以在评审时对其投标价格给予10%的价格扣除。

(5) 采用综合评分法评标的项目，对自主创新产品应当增加自主创新评审因素，并在评审时，在满足基本技术条件的前提下，对技术和价格项目按下列规则给予一定幅度的加分：在价格评标项中，可以对自主创新产品给予价格评标总分值的8%的加分；在技术评标项中，可以对自主创新产品给予技术评标总分值的8%的加分。

(6) 采用性价比法评标的项目，对自主创新产品可增加自主创新评分因素和给予一定幅度的价格扣除，在技术评标项中增加自主创新产品评分因素，给予自主创新产品投标报价8%的价格扣除。

(7) 采用竞争性谈判、询价方式采购的，应当将对产品的自主创新要求作为谈判、询价的内容。在满足采购需求、质量和服务相等的情况下，自主创新产品报价不高于非自主创新产品当次报价的最低报价10%的，应当确定自主创新产品供应商为成交供应商。

(8) 为鼓励供应商投保产品责任保险、产品质量保证保险等科技保险险种，通过商业保险解决风险问题，可以将投保科技保险作为评审因素，并确定评审总分的3%分值。

3. 自主创新产品政府首购和订购制度

其中的首购，是指对于国内企业或科研机构生产或开发的，暂不具有市场竞争力，但符合国民经济和社会发展要求、代表先进技术发展方向的首次投向市场的产品，通过政府采购方式由采购人首先采购的行为。列入自主创新产品目录中

的首购产品，可以在有效期内实行首购。采购人采购的产品属于首购产品类别的，可以采取单一来源采购方式采购，将政府采购合同授予提供首购产品的供应商。所谓订购，是指对于国家需要研究开发的重大创新产品、技术、软科学研究课题等，通过政府采购方式面向全社会确定研究开发和生产机构的行为。其中还指出，“采购人及其委托的采购代理机构应当根据项目需求合理设定订购产品供应商资格，包括技术水平、规模、业绩、资格和资信等，不得以不合理的要求排斥和限制任何潜在的本国供应商”。

4. 自主创新产品政府采购合同的规范制度

（1）自主创新产品政府采购合同必须将促进自主创新作为必备条款，明确支持自主创新产品的内容和具体措施。自主创新产品政府采购合同应当在履约保证金、付款期限等方面给予自主创新产品供应商适当支持。

（2）自主创新产品政府采购合同履行中，采购人需追加与合同标的相同的货物或者服务的，在不违背促进自主创新的原则、不改变合同其他条款的前提下，可以与供应商协商签订补充合同，但所有补充合同的采购金额不得超过原合同采购金额的百分之十。

（3）自主创新产品政府采购合同签订时间应当在自主创新产品认证有效期之内。自主创新产品政府采购合同期限一般不得超过自主创新产品认证有效期。

通过以上材料我们可以看到，目前我国自主创新产品政府采购的立法体系已经逐步形成了“纵横交错、体系完备”的结构。从纵向结构的角度看，我国自主创新产品政府采购的立法体系分别体现在法律、行政法规、政府规章、地方性法规、地方政府规章以及各政策性文件中；从横向结构的角度看，我国自主创新产品政府采购的立法体系已经涵盖了政府采购预算、政府采购评审、政府采购合同、政府首购与订购、购买外国产品审核制度以及国防采购扶持自主创新制度。可见，我国自主创新产品政府采购的立法体系为我国自主创新事业的发展提供了有力的法律保障。

第三节　西方国家的政府采购制度

从世界范围看，西方发达国家的政府采购尤其是支持自主创新企业发展的政府采购制度设计给我国的政府采购事业的未来发展提供了非常好的参考借鉴。

一、美国的政府采购制度

美国是世界上在政府采购领域大规模推行市场化运作的一个国家，关于政府采购的立法、组织管理结构、具体实施方式等都值得我们学习借鉴。

1. 美国政府采购立法简况

美国实行政府采购已有200年的历史，政府采购是政府部门公共支出的主要形式。在美国，政府采购制度已经形成了一套完整的法律、法规体系，这些法律、法规体系随着经济发展不断调整、完善，确保政府采购支出的高效、透明。

美国政府采购制度的立法始于1809年，随后经过不断完善，迄今为止，已有500多个法律、条例涉及政府采购，其中较为重要的法律、条例主要包括《国防采购法》（1948年制定）、《联邦政府采购条例》（1992年修订）、《联邦财产和管理服务法》（1949年制定）、《合同争议法》（1978年制定）、《合同竞争法》（1984年制定）等，其中，最有影响并居于主导地位的是《联邦政府采购条例》。该条例是指导政府采购的主要规章制度，由一系列制约各级政府的规章制度组成，各级政府可以根据特定的需要对条例进行补充。其他影响采购的法律还有《小额采购业务法案》、《1996年克林格尔—科亨法案》、《1994年联邦采购合理化法案》、《美国国会大典》、《美国产品购买法》等等。在美国，除联邦政府外，联邦政府各部门、各州政府、地方政府均可以自行制定采购规则和具体办法，但不能违背《联邦政府采购条例》和有关法律。另外，由于美国是多边贸易协定的签订国，因此其政府采购必须遵守一些国际组织协定所规定的有关内容，如国际贸易组织的《政府采购协议》、联合国贸易法委员会的《货物、工程及服务采购示范法》等。①

2. 美国政府采购的规模

美国政府采购支出的规模一直与其政府职能以及社会经济的变化紧密相关。20世纪60年代以前，美国的预算支出及政府采购支出均大致呈相同比例变化，例如1947～1955年，美国的预算支出占GNP的比重从24%上升到36%，而政府采购支出也从20%升至32%。然而，1969～1996年，尽管美国的预算支出占GNP的比重平均稳定在32%左右，可是政府采购支出占GNP的比重却从27%降至10%左右，这源于美国社会福利制度的不断扩展所带来的政府财政转移支出比重的大幅提高。但是，这种变化并没有改变政府采购的庞大规模以及它在政府行政管理及宏微观经济中的巨大作用。目前，美国政府采购的金额约占整体政府公共支出总额的50%左右，每年大约有2000亿美元的采购规模，执行政府采购合同数在2000万个以上。②

① 陈晓辉．探访美国政府采购国管局赴美国政府采购培训考察团报告．中国机关后勤，2002（4）

② 王习武，唐龙生，臧发臻．美国政府采购的国际化进程及对我国的借鉴．财经论丛，2002（5）

3. 美国政府采购的组织管理结构

美国联邦政府采购制度把竞争作为最基本的原则，通过透明的具有法规约束的采购规则来实现其某些社会和经济目标与资金的高效使用。

目前，美国执行的是高度集中的政府采购管理体制，其政府采购的监督管理与执行体制大体可概括为三个层次：OMB（行政和预算办公室）负责政府采购政策制定和预算管理；GSA（General Service Administration，联邦总署）负责政府采购执行与监督管理；联邦政府各部门在政府采购中执行 OMB 和 GSA 的政策、规定及采购结果并接受管理和监督。在这个体制中，GSA 作为执行主体，是负责美国政府采购（除国防采购外）的专门机构，是法律和政策的具体执行者，是政府采购工作的中间链条和关键环节，在政府采购工作中发挥着承上启下的作用。它有权制定和颁布联邦政府采购条例，有权为几乎所有的联邦政府机构进行采购，有权设立标准和规范等。美国联邦政府总务管理局代表联邦政府许多民事机关购买货物和服务、处理房地产购买、租用和建设等工作。联邦政府中的许多小机构也可以委托美国联邦政府总务管理局进行采购。美国的政府采购主要采用 GSA 签订框架协议的方式进行，政府各部门在 GSA 框架协议内拥有充分的选择权。同时，在具体采购活动中，评标委员会由用户派出的专家组成，可以充分体现用户的意志。

在美国，一般没有部门集中采购和分散采购之分，政府采购就是集中采购，部门自行采购需经联邦总务署授权，权限随时可以收回。美国没有政府采购目录和采购预算，政府部门采购所有货物、服务和工程均要通过联邦总务署来进行，统一执行联邦总务署集中签订的采购合同。大量的采购通过联邦总务署按程序签订的长期供货合同或定点采购合同来进行，这种指定采购方式涉及 1200 万个物品种类，联邦总务署签订的分类采购合同约 15000 个，每年采购金额 320 亿美元左右，约占采购总金额的 80%。其他 20% 有特殊需求（15000 个采购合同中未涉及）的采购由 GSA 授权各部门按规定程序自行采购，并将采购合同报联邦总务署备案。①

4. 美国政府采购制度实施的具体方式

通常采购方式的选择取决于采购的性质、数量、频率及竞争策略和法律要求。② 在美国，采购按其对象的不同主要划分为三大类别：设备与器材、其他服务、开发研究。按采购金额的大小又分为小额采购（2500 ~ 25000 美元之间）和大额采购（25000 美元以上）。

在美国，对金额低于 2500 美元的商品和服务，采用简单易行，价格低廉的

---

① 吴正合．高度集中的美国政府采购．政府采购信息报，2006 - 1 - 13

② 伍红．美国的政府采购制度简介．江西财税与会计，2001（5）

“采购卡”从地方上购买，以减少管理压力。采购部门通过与银行合作发放采购卡，由各部门凭卡直接采购。但对采购卡的管理控制非常严格：一是专人使用；二是采购信息联网，财务管理系统及时汇总，审计部门可随时抽查；三是采购限额控制，比如：单次不超过 2500 美元，每天不超过 5000 美元，每月不超过 50000 美元；四是定点采购，不能随便到定点范围之外刷卡。若采购金额在 2500～25000 美元之间，需采用“货比三家”的方式。在采购规程中，政府根据对当地行情的了解，制定有竞争力的价格，然后根据电话联系几家卖方的报价发出采购订单，运用一些采购技术在订单中暂不规定交货日期和采购数量，让签约方在整个合同有效期展开竞争，以最优的价格和质量满足政府需求。

凡金额超过 2500 美元的采购，都需按正式的程序进行。大额采购的交易数不到总采购交易数的 2%，但合同金额却占政府采购总额的 90%。对金额在 25000 美元以上的大额采购，美国政府则采取两种方式进行：一是公开招标；二是协商采购。采用公开招标方式时，采购过程可分为三个阶段：第一，确定采购需求。买方或者用户须对其所需商品或服务作出说明，必须包括所有跟该商品或服务价格密切相关的信息，如商品或服务功能、性能特点、采购数量、商品的交货期及服务的有效期。第二，签订合同。在竞争激烈的采购中，政府以采购招标的方式向报价方说明具体的需求，然后卖方递交报价提案，经评标后选定签约人签订合同。《合同竞争法案》明确指出，公平竞争是美国政府采购制度的基石，各级政府可以一次与不同的签约对象签订多项内容相同的合同，然后通过具体的“计件订单”，使不同的签约对象相互之间展开竞争，而且在签约对象选择过程中可以进行更为有效的信息沟通。公开招标活动中竞争气氛非常浓，最终与政府签约者一定是报价最低、能满足采购要求的供货商。第三，合同的执行。这一阶段要保证买方所提供的商品及服务满足合同上的质量及性能要求，同时保证卖方按期定量交货。

政府和卖方在市场上是地位平等的交易双方，双方可以为了各自的利益进行“讨价还价”。如果双方不能达成交易协议，卖方没有任何义务根据特殊条件向政府销售商品和服务。如果政府想从签约方得到优惠的签约条件和采购价格，就必须不断提高自己的购买能力。因此，在政府采购过程中，政府和供应商之间大多是一种商业关系，双方的行为都是以利益为基准，通过这种商业化运作，有利于提高美国企业的竞争能力，为以后参与国际竞争奠定基础。此外，还有抗议及索赔制度。美国的采购制度允许未中标的报价方或签约人对政府不合理的行为提出抗议，并由中立的第三方（即仲裁机构）听取其抗议并作出裁决。①

① 刘尚希．政府采购制度研究文集．经济科学出版社，2001

协商采购是指政府与报价方进行协商，就价格、技术能力及其他质量问题进行谈判的采购方式。根据此方式政府可以根据商品的质量对价格进行协商，质量可靠可提高采购价格。由于这一方式具有较大的灵活性，又可以使各级政府买到货真价实的商品及优质服务。近几十年，越来越多的政府机构选择协商采购这一方式。特别是1984年，美国国会旗帜鲜明地肯定了协议采购方式，指出密封投标与一方签约的缺陷，大力提倡各级政府采用与几家报价方同时签约，充分有效地引进公平竞争机制，以最低的成本获取最优的商品和服务。

二、加拿大的政府采购制度

加拿大是一个发达的北美国家，市场化程度很高，其政府采购的运作也有独到之处。

1. 加拿大政府采购的管理体制

总体而言，加拿大政府采购实行相对集中的管理体制，联邦和省，市政府都设有专门机构，并通过制定一系列的法律法规和制度办法使政府采购活动规范化、程序化、科学化。其法律规定，“公共建设与服务部”是联邦政府专门负责政府采购的部门，该部设部长（内阁成员）一人，副部长若干。“公共建设与服务部”负责制定联邦政府采购政策，制度和办法、大宗采购及合同，协调企业与政府部门的关系，促进加拿大中小企业进入政府市场，该部门有多达一千余名工作人员。加拿大在统一集中管理政府采购的同时，又将采购权通过政府采购主管部门授权的方式在可控的范围内适当下放给各级部门，并帮助其建立了规范高效的政府采购运作机制。各省、市政府都有负责政府采购管理的机构，一般设在机关事务管理部门。他们可以在授权范围内根据政府采购要求自主采购所需物资，工程和服务。公共服务和信用卡公司共同发行了一种购物信用卡取代“小金库”，用于采购付账，授权给各部门采购人员使用采购信用卡采购，以提高效率，降低成本，形成高效灵活规范的政府采购运作机制。①

2. 加拿大政府采购实施的流程

加拿大的政府采购实施的流程主要包括以下三个阶段：

第一阶段，确定采购需求。这一阶段的主要目的是拟定采购总计划。政府各部门提出本部门的采购计划，提供货单，对所需商品或服务作出说明，提供相关信息。采购局还要通过电话、电子邮件、信函等与各部门联系，详细了解其情况和需求。采购需求的确定，在时间上一般是从编制下年度财政预算开始。

第二阶段，签订采购合同。政府采购中大部分采购合同的签订是通过竞争方

① 国管局．加拿大的政府采购制度．中国机关后勤，1999（3）

式实现的。采购计划拟订好后，采购局就将其发布在加拿大政府采购杂志上并即时录入到计算机网络政府采购页中，所有的货单都可以在互联网上找到，企业如果感兴趣并有能力，有资格完成供货任务，就可以参加竞争。加拿大政府规定25万加元以上的物品采购计划、6万加元以上的建筑维修项目、7万加元以上的工程建筑设计均要上网。大型工程要有五个以上供应商的选择。

随后，政府组织各类专家和专业人员对招投标进行管理，在公开招标的40个工作日后，就要按规定程序对竞标的标书进行评估，打分和综合评价，在看标价同时看质量的基础上，最后由政府按综合评价情况选定供应商并与之签订合同。综合分数的评价过程之外的所有情况，包括各种分数，都在互联网上公开。一般情况下，政府采购合同每五年签订一次。

第三阶段，执行采购合同。该阶段包括一切必要的，旨在监督卖方执行合同的过程。这一阶段的主要目的是保证卖方所提供的商品及服务满足合同规定的质量及性能要求，同时保证卖方按期定量交货。设备，物品的需求部门接到货后，要及时验收、盖章，采购局向供应商出具“支票”（即财政部授权的预算额度）并及时向财政部反馈信息，由财政部统一支付。对其他劳务性服务如车辆的定点修理等也是如此。如果一项任务分阶段性完成和验收，则财政部门也将根据任务完成和验收情况分阶段支付货款。①

三、英国的政府采购制度

英国是世界上最先设置政府采购制度的国家之一，拥有一套完备的立法与管理机制。

1. 政府采购立法简况

英国为了保证其政府采购“物有所值”的目标及原则得以实现，由财政部颁布了专门的政府采购法规——《采购政策指南》和《采购实施指南》，同时英国政府采购还必须遵循其他一些法律法规的规定，如本国一般合同与商业的法律以及英国作为协议国应遵循的一些国际贸易组织所指定的有关政府采购法协议，包括世界贸易组织的《政府采购协议》，欧盟的六个《指令》、联合国贸易法委员会的《货物、工程及服务采购示范法》等。

另外，英国地方政府还可根据中央政府的法律法规规定，结合自身情况制定《地方政府采购法案》。②

2. 政府采购管理体制

英国是世界上最早实施政府采购制度的国家之一，1782 年，英国设立文具

---

① 杨清芬．英国政府采购及税收成本概况．安徽税务，2000（7）

② 孟春．政府采购理论与实践．经济科学出版社，2001

公用局（STATIONARYOFFICE），该部门的建立为政府采购的组织管理模式和政府采购法规制度的建立奠定了基础；1984 年英国政府提出了推行现代政府采购制度的改革方案，建立了现代政府采购模式。英国财政部设立政府采购办公室，其主要职责是：制定有关政府采购政策和法规，提供采购信息，实施监督和检查。在全国 5 个大区按行业或部门设立了 50 多个采购机构，进行具体的采购业务。[①] 英国现行的政府采购实际是一种比较松散的管理体制。从政府采购的机构看，中央各部门的预算部门和地方政府都有自行采购的权力，独立承担本部门、地区的采购事务，财政部作为政府采购的协调和牵头机构主要起管理作用。在政府部门内通常有一个采购负责部门，这个部门负责制定部门采购策略以实现物有所值，例如：采购负责部门要向高级官员和各部部长提一些建议：该怎样在部门内部组织采购，哪些合同需要中央的鉴定，怎样发展或获得必需的采购技巧。在财政部的领导下还安排采购负责部门交流经验，解决一些共同问题。[②] 另外，还有许多采购代理机构和采购行业协会，协助政府采购的实施。

从政府采购的政策看，英国的政府采购政策都偏重于原则和要求，且较少要求运用政府采购来实现某些经济目标。根据英国政府采购政策，政府部门和其他公共机构的所有物资及公共设施采购都必须建立在物有所值的基础上，既要充分考虑价值因素，又要考虑质量因素，二者有机结合以满足使用者的需要。政府期望通过竞争实现物有所值，认为只有有效的采购，才能激起供应商之间的竞争，才能真正做到物有所值，这是一条核心原则。在英国的政府采购中，地方优惠政策并不存在，但对于经过注册登记的残疾人工厂，情况有所不同，他们在投标合同时，出价可以低于欧共体规定的最低价，享有竞争最优标的机会。

20 世纪 80 年代以前，英国的政府采购法规仅限于货物采购以及建设和维修工程采购两类，而政府部门的服务采购没有任何程序和做法上的限制。1988 年以后制定的一项立法要求英国政府服务部门全部参与招标竞争，因而使政府采购的管理范围扩大到所有政府经济活动的领域。目前，英国政府采购对国家经济影响已经相当大，除军事采购外，中央一级的政府采购每年达 130 亿英镑，地方一级政府采购达 470 亿英镑，合计约占 GDP 的 12%。

3. 政府采购的方式

英国政府有多种采购方式，合同决定的最通用方式是让那些按一定标准选出来的供应商凭各自的生产产量，产品规格和生产执行情况进行竞争性投标；对于以价格为主要因素又相对较容易确定的合同，各部门可以采取公开招标方式，让任何对合同有兴趣的供应商都可以参加投标竞争；对于少数复杂的合同，则应采

① 《法制早报》转自中国政府采购网，http://www.ccgp.gov.cn/site13/gjcg/gjfg/624810.shtml

② 希北．英国政府采购制度简介．财政研究资料，1999（2）

取协商和竞争投标相结合的方式进行；对少数极为复杂的合同，则只应采取有竞争性的协商谈判方式；只有对于极廉价的采购或极例外的特殊情况，方可采取单方投标的方式；投标后再协商的办法（如果是符合道德的）也不失为一种实现物有所值的可行方法，可以更好地利用资金和改进合同细节，对买卖双方都有好处。[①] 此外，政府采购卡（即办事人员在授权范围内用于下订单的支付卡）的使用可节约相当大一部分开支，同时可提供管理信息和确保向供应商及时付款。

4. 政府采购的程序

在英国，每个实施采购的部门都有一名对政府采购负责的会计官员，会计官员必须按财政部门颁发的《采购政策指南》和《采购实施指南》实施采购。具体操作程序如下：

第一，制订采购计划。英国预算支出部门一般制订 3 年的采购计划。计划由财务计划和业务计划两部分组成。编制的计划递交到财务部备案、汇总。财务部有专门负责各支出部门的管理人员，对该计划每年进行一次评估，主要评估当年各部门支出以及总额控制的分配建议。当年采购计划与支出分配有差距时，财政部会对支出部门当年的采购计划提出质疑，并有权将计划退回，要求支出部门重新编制。达成一致后，经批准，就由各预算支出部门独立组织实施，对于极少数不能达成一致的，则提交议会表决。

第二，确定采购需求。各预算支出部门可以根据本部门的需要进行采购，但所采购的商品和服务必需在财政部授权的支出范围之内。采购部门在确定采购需求上承担有一定的咨询义务。一些历史较长，规模较大的采购部门或采购代理机构，还对一些经常性，固定的物品制定标准，进行标准化采购。有的甚至根据用户要求，设计特殊的需求标准，以便供应商对其产品加以改进，在投标时符合用户的要求。

第三，执行采购方式（选择供应商）。根据欧盟政府采购指令等规定，公共采购超过一定数量的必须在欧盟官方媒体上公告，实行国际竞争性招标。在英国，货物或服务超过 10 万英镑，工程超过 350 万英镑的采购，对入围供应商的评标，其原则和标准在有关法律中都有规定，评标小组决定中标候选人。在英国，中标供应商需要得到采购授权官员的批准。

第四，签订采购合同。政府采购合同在欧盟采购指令或财政部制订的政府采购指南以及一些采购行业协会的有关文件中都有范本可参照制订。一般短期的，一次性的采购行为，采用固定价格合同。长期的采购行为就需要采用可变价格合同。合同期限没有规定，视情况而定。在英国，不同采购金额的合同必须由不同

① 鲍芳修，岳林琳．英国法国政府采购的运作及对我国的启示．科技创业月刊，2005（3）

授权权限的采购官员负责签订，以明确采购职责和权限。

第五，履行合同。合同签订后，一般不可改变，并随即按合同约定履行合同。在英国，政府采购资金的支付从时间上看，实行即期付款。一般在收到发票及收据的30天内，要将货款支付给供应商。对提前付款，可享受付款折扣。从支付人看，实行自行采购或委托代理采购的，由预算支出单位或用户支付，实行集中采购的，由财政部门统一支付。

第六，采购的评估。采购的评估主要是起到对采购的监督、分析和对采购人员能力的评估等多方面的作用。不同的采购机构或采购中介代理机构，往往有不同的方式。较严格的采购评估是聘请独立的财务公司和专家进行抽查，被抽查的采购项目从采购审计制订到合同履行的全过程都要进行非常严格和仔细的审查。同时，还要让最终用户打分，了解其满意度。

整个政府采购过程受议会的“公共支出委员会”监控，该委员会受“全国审计长办公室”的监督，而“全国审计长办公室”则是由部门审计师组成，总审计长享有高度的独立工作权，并对财政资金的使用情况有充分的监督权，可以独立决定审计程序及方式，也可履行其职能范围内的检查或向议会报告。①

四、法国的政府采购制度

法国的政府采购历史悠久，并在经济中占有较大比重，目前已形成一个巨大的政府采购市场化运作平台。

1. 法国政府采购的管理体制

由于政府采购所采取的公平、公开、竞争、择优的机制，对政府及其他部门权力的有效制约和对公共资金绩效的有效保障，深受社会的认同和国民的信任，纳入政府采购的内容越来越多，范围和规模都在扩大。所有由公共机构发出的公共合同都列入采购范围。所以，严格地说，应该称政府采购为公共采购，纳入政府采购的部门也不仅是政府部门，而是所有的公共部门，包括公共交通，公共医疗，公共教育等。

每一年政府制订的采购计划在获得议会批准后，再由政府按计划发布公告进行招标。整个招标工作由一个专门委员会负责，委员会成员包括技术专家、政府委员、议会议员、法律专家和市民代表等。委员会负责投标竞争公司企业标书的收集、评估，直到确定中标的公司。采购的整个过程由市场主导，政府部门的权力和影响力较小。②

为保证采购公平公正的实施，审计法院会对政府及公共机构的财务和管理进

① 陈岩明．法国政府采购制度及中法比较．浙江财税与会计，2003（8）

② 梁丽卿．法国政府采购制度及对我国的启示．中国政府采购，2004（10）

行监督。该法院既不从属于立法也不从属于行政，其独立性受其司法地位的保护。在这种独特权力的保护下，审计法院可以通过查阅账目等方式来保证公共资金的有效使用。

2. 法国的政府采购政策

法国的政府采购政策强调是用来维护社会公共利益，而不能成为采购人用来作弊的手段。目前法国运用的政策有：环境保护政策、保护中小企业政策、社会性政策、无纸化操作进程等，其政策标准在事前必须向企业通告。

法国的法律对环境保护政策有着严格的规定，按市政管理要求，对企业生产、汽车尾气排放、空气、水的质量等等制定严格的标准，便于出现纠纷后法院判决有明确的法律依据。

法国的法律对保护中小企业政策没有具体的规定，这是因为法国政府采购市场60%的份额被中小企业占据。在全国3600个市镇中，政府采购项目很小，中小企业以外包商的形式进入政府采购市场履行合同，致使比例高达60%以上。目前在合同签署上对中小企业有两个优惠措施，一是不要求中小企业像大企业一样有合同担保，二是不收预付款。

社会性政策是一个比较复杂的体系，包括要求投标企业中有残疾人占有的比例、中标后带动就业、负责相关知识的培训、雇佣失业者的比例等内容。社会性政策带有更大的区别对待性，在引用上比较薄弱，在一般招标中不作规定，但在履约中采购人可以提出相应的要求。

法国的政府采购强调无纸化操作，招标公告和招标文件在互联网上刊登，供应商的投标文件也可以加密后通过互联网传递。对网上投标，法国实行第三者企业认证的机制，由第三者递交认定书，确认投标商投标的真实性。无纸化操作，缩短了企业递交投标书的期限，网上发布公告更广泛地鼓励竞争，网上电子拍卖，大大降低了竞争成本，因此无纸化操作使政府采购更趋公平。①

3. 法国政府采购的具体方式

根据《公共采购法》，国家和地方政府部门公共采购主要有两种方式。一种是凭发票入账，这种方式只限于购物金额在30万法郎以内的项目（含税），并且要求产品是单一品种。另一种是谈判交易，一般项目资金数额不超过70万法郎。谈判交易分为“竞争类”和“非竞争类”，竞争类可以限定参加竞争的供应商名额，而非竞争类则因所需物品具有某种特殊技术要求，只能由某家企业完成。但无论是哪种谈判交易，采购方都必须将自己的购物需要以广告形式在有关刊物上刊登出来。谈判交易多用于时间比较紧迫，要在较短时间内完成的项目。在谈判

① 晓闻．法国的政府采购制度．中国财经报道，2003－3－17

交易方式中，市长根据市政委员会的意见，拥有成交的最后决策权。①

五、日本的政府采购制度

日本是亚洲发达的市场化国家，其政府采购具有非常完善的实施机制，值得我们借鉴学习。

1. 日本政府采购立法简况

日本没有关于政府采购的全面系统的专门立法，有关规定主要见诸于会计法和地方自治法，这是其较之于其他国家的特色所在。日本调整政府采购的法律包括：《会计法》，规定政府采购的合同义务、合同方式、招投标方式、合同形式等基本内容；《关于预算、审计和会计的内阁命令》和《对〈关于预算、审计和会计的内阁命令〉及〈合同管理会计和规则〉的特别规定》，明确《会计法》中所规定的规则和程序的具体细节；《关于政府货物和服务采购特别程序的内阁命令》和《关于政府货物和服务采购特别程序的行政条例》，规定制定 GPA 的特殊程序；《地方自治法》、《地方自治法实施条例》和《关于地方政府机构货物和服务采购特别程序的内阁命令》，规定中央政府和地方政府的关系，地方政府采购的规则和程序，以及地方政府执行 GPA 的特殊程序；1995 年 12 月 1 日《关于建立政府采购审查办公室的内阁决定》，设立专门处理政府采购过程中供应商投诉质疑的政府采购审查办公室，并规定其职权与程序。②

2. 日本政府采购的管理体制

和美国不同，日本采取的是以分散为特征的采购组织体系，没有一个统一的采购主管机构，而是由各部或委员会依照自身需要制订采购计划并执行采购工作，由总理府官房外政审议室专门负责制定采购政策和采购法规。而且日本也没有如军事、地方政府、紧急状态等使用特殊采购规则的部门和条件。

3. 日本政府采购的具体方式

日本政府采购有三种招标方式，其中公开招标方式占绝对主导地位。

（1）公开招标。又称一般招标竞争方式。采用这种方式招标竞争，通常情况下是先将政府需要采购的物品种类与数量在媒体上刊登，并规定参加投标企业必须具备的资质等级，注明投标以及开标截止时间等。参与一般竞争方式投标企业所必须具备的资格，需要经过日本政府采购部门的认定，通过资格审查和认定的企业在日本政府采购相关部门均有备案，同时其资质名单发布于日本政府相关部门的网页上，在网上就可以找到。资质认定有一定的期限，过了这个期限还需要重新审查、认定。开标一般都采用公开的方式进行，并由有关方面人士在现场

① 刘慧，时光．日本政府采购制度与实践．中国政府采购，2001（5）

② 张照东．政府采购制度比较研究．江西人民出版社，2007

进行监督。最后根据标价结果以及事先规定的条件决定中标供货商。

（2）选择性招标。又称指名招标竞争方式。实施选择性招标的原因主要有二：因仅有少数供货商有能力参与投标而不适合采用公开招标，或使用公开招标可能不利于采购单位。例如，特殊用途的大型计算机等物品，只能限定有能力、有实际业绩的相关企业进行投标，否则会给招标工作增添不必要的费用或者成本。因为这种物品即使采用一般方式招标，最终的货源也只有几家公司能够生产，所以还不如就限定必须具有这种技术和能力的企业参加投标。通常情况下，被指名参加投标的企业是行业内的骨干企业，在业内具有一定的影响力，并拥有很好的实际业绩，可以证明完全能够提供良好的产品和服务。

（3）限制性招标。采用这一方式的前提是采购项目必须具有特殊性、专业性和复杂性，或者仅有少数特定厂商可以提供所需产品或服务，或经多轮招标后仅有部分有能力的厂商参与投标。例如，日本自卫队需要采购飞机、大炮以及作战舰艇等一些特殊的军用品。而符合生产条件，能够保质保量按时生产这些特殊产品的企业屈指可数，所以不需要采用大范围的公开招标方式进行采购。而且这些军工企业长期以来同日本政府有关部门有着良好的合作经历，情况也很熟悉。日本政府在采购这种物品时，通常采用同这些企业自主签约的方式采购。①

4. 日本政府采购的反腐机制

采购双方中的任一方在采购过程中的任一环节都可能产生腐败。比如在双方达成协议以前，采购者可能会采用下列方法：限定特殊的规则来满足特定的供应商；限制关于投标机会的信息；宣布处于紧急状态，作为一个借口在没有竞争的情况下签订一份独立的合同；打破供应商供货的机密性；通过不合格的资格审查使潜在的供货商丧失资格；受贿等。为限制以上行为的出现，日本政府采购实施了以下政策以保证采购活动公平有效地进行。

（1）采购审计制度和采购官员轮换制度。通常采购和会计部门的决策应该由超过一个人来制定和确认。从人事政策的角度看，已经建立起采购官员的轮换体系。采购实体进行系统化的内部和外部审计。采购实体内已经建立起了常规化的内部审计系统，但内部审计是非强制性的，内部审计报告也不能公开获得。而根据日本宪法规定，外部审计是强制性的，由审计委员会主管。依据审计委员会“检查政府收入、支出及投资”的职责要求，政府采购是审计的重要内容。外部审计报告可以公开获取，这一报告包括对政府采购的检查结果与审查，每年由内阁提交给国会。

（2）政府采购审查与质疑机制。根据 1995 年 10 月 1 日的内阁决定，日本建

① 柴亚光．日本政府采购也反腐．政府采购信息报，2006－11－27

立了政府采购审查委员会（Government Procurement Review Board），由科学家、学者和拥有政府采购经历的人士组成，以评价与采购相关的质疑。参加政府采购的或有资格参加采购的相关个人或单位有权启动质疑程序。需提出质疑的个人或单位，可以向委员会提交；委员会在得知质疑后 10 天内进行处理。自委员会 1995 年建立以来，已依法处理了 5 次质疑，另有很多是通过协商解决。为保护潜在的质疑人免受报复，供应商如果愿意，可以要求在处理正式质疑之前匿名。对质疑结果，如果委员会发现采购过程存在与《政府采购协议》或其他法规相违背的行为，可以提出包括适当补救在内的建议，主要有：启动新的采购程序；不改变采购条件，而重新采购；对采购进行重新评价；由其他供应商执行合同；合同终止等。

作为基本原则，采购实体应遵循委员会的建议。与政府采购有关质疑的审查程序规定，如果采购实体不遵循建议，应向委员会报告原因，委员会将把原因的复印件及时提供给政府采购审查办公室（Office of Government Procurement Review），该办公室由总内阁部长担任主任，相关部的副部长是其成员。因此除非采购实体有合法理由，否则必须遵循委员会的建议。

六、新加坡的政府采购制度

新加坡是亚洲新兴的发展中国家，近年来经济取得了长足的让人瞩目的成就，其在政府采购领域中的市场化运作也非常成功。

1. 政府采购立法简况

新加坡是一个没有地方政府的城市国家，其政府采购政策由财政部预算署制定。财政部预算署根据《财务程序法案》和内阁授予的行政权力制定政府采购政策，适用于所有发生政府采购行为的机关（包括政府部门和法定机构两大类）。新加坡是国际贸易组织《政府采购协议》的签署国，该协定适用于新加坡所有的政府部门和 25 个法定机构。为了更好地履行《政府采购协议》，新加坡制定了《政府采购法案》，该法案遵循了《政府采购协议》的规定，对政府采购的基本原则、目的、采购程序、采购方式、对供应商的管理、投标争议处理等方面进行具体规定。特别是对政府采购的基本过程规定较细，对公开招标中的评估标准也作了严格规定。在制定采购政策时，财政部对非 GPA 采购项目也尽量采用 GPA 的规定，以减少行政上的负担。

2. 具体的实施程序

新加坡的政府采购坚持透明、物有所值、公平和公开竞争三大基本原则，力求减少供应商与管理投标工作官员的贪污机会。政府采购机关根据规定程序确定所要购买项目的要求和数量，并要取得所需的批准。审计长对采购过程审计，确保政策有效实施，发现违规行为，要向国会的公共账目委员会报告，要求相关部门和机构作出解释，追究违规责任。

新加坡对不同的政府采购项目，规定了不同的采购程序。具体情况如下：

（1）小额购买。适用于1000新元以下的采购项目，如果价格已知并且合理，可以直接向单一供应商购买；如果价钱未知，则鼓励采用口头报价。

（2）报价。适用于30000新元以下的采购项目，需由两位官员负责，一位官员负责征求、接收、评估和推荐报价，另一位官员负责批准报价。前者须至少提供三个供应商报价，除非获得后者的批准，不得减少报价数。

（3）公开招标。在新加坡，除非符合选择招标或者有限招标的条件，任何30000新元以上（含30000新元）的采购项目必须进行公开招标。政府必须在报纸上刊登广告，任何供应商都可以参加招标。GPA采购项目招标邀请期限不应少于40天；非GPA采购项目常规上不应少于21天，设计建造不应少于40天。在邀请招标文件中，应包含以下内容：说明信、投标者指示、合同条件、要求规格、评估准则、评估表格及注册商申请表。公开招标需经过开启投标箱、评估投标、投标裁决和裁决通告等几个程序，最终确定中标者。

（4）选择招标。可用于复杂和高技术需求的采购项目。它包括两个阶段：一是投标前的资格审定阶段，政府采购机关须根据规定的资格要求进行审定，同时考虑供应商在当地以及全球的能力，淘汰不适合的供应商，以减少之后不必要的投标评估。二是投标兼资格审定阶段，非GPA项目只能向被审定合格的供应商进行招标，其程序与公开招标大致相同；对GPA项目则在向被审定的供应商招标时，须刊登招标通告，以便让那些先前没有参加资格审定的供应商参加。选择招标也采用公开投标的开启投标箱、评估投标、投标裁决和裁决通告等几个程序。

（5）有限招标。可分为两类：一类是有限非公开招标，即因先前公开和选择招标并没有收到适当的投标，或由于公共利益的原因，只向数位供应商进行招标；另一类是取消竞标，即只向单一供应商直接购买，但要避免让供应商知道取消竞标，故这类招标在确定取消竞标的理由、获取有关部门最高领导批准后，形式上仍要通过招标、评估投标和裁决投标诸阶段。

此外，新加坡还规定，对不尽责任的供应商和表现差的供应商在1~5年内实行禁止投标的惩罚措施。①

七、德国的政府采购制度

德国的政府采购相对分散，没有单一的机构专门履行相关职责，但是由于特

---

① 贾康，王桂娟．新加坡的政府采购简介．财政研究资料，1999（2）

别强调公开、透明、效率、竞争的政府采购的原则，因此取得了非常不错的采购效果。

1. 立法状况

德国政府采购法律体系是在发展中逐步完善的。德国的政府采购原来受约于《预算法》，但缺陷是投标人的投诉权得不到保障，于是同时遭到欧盟和美国的反对。基于这两方面的压力，德国内阁通过了《政府采购更新法》，于 1999 年 1 月 1 日起生效。《政府采购更新法》规定，在《反对限制竞争法》中增加政府采购法共 33 条。将《政府采购法》归入《反对限制竞争法》，同时改变了《预算法》对政府采购法律关系调整不当的局面。《政府采购法》制定了详细的采购法规，作为政府采购活动的具体依据和规则，充分保障市场竞争的公平性，确保守法企业不受歧视地参与政府采购活动。

由于德国是联邦制国家，因此地方政府在立法、财政方面具有较大的自治权。根据宪法规定，州政府具有相对独立的立法、行政和司法权力。德国政府采购方面的国内法律除联邦法律外、还包括州和地方等不同层次的法律法规，因此，州和地方政府在政府采购方面不仅要遵守欧盟指令与联邦法律，还要遵守各州自己的法律和地方政府自身的规定。德国政府采购的法律法规主要包括：《反对限制竞争法》、《公共采购条例》、《公共合同定价条例》、《产品和服务合同条款标准准则》、《自由服务合同标准准则》等。与此同时，德国的政府采购，除要遵守本国法律规定外，还必须遵守欧盟的规定以及 WTO《政府采购协定》（GPA）的相关规定。

2. 原则及政策要求

公开、透明、效率、竞争是德国政府采购的基本原则，目标是实现政府采购的物有所值，即政府采购不仅要追求直接采购成本最低，还要力求采购商品、工程在实际运行中的维持和维护成本最低，总之，要使纳税人的钱得到最有效的使用。政府采购除遵循公共资金使用的基本原则外，还要在某些方面体现国家的社会经济政策。在政府采购中“物有所值”主要是通过竞争来实现的，公平竞争是政府采购的一个核心原则。根据有关法律规定，公共部门在进行采购时可以自行决定最符合合同要求的竞争形式，但必须实现以最合理的价格完成采购任务。

在政府采购中，德国公共机构被要求遵守联邦政府制定的一些政策指引。这些政策指引的主要目的是鼓励采购一些潜在供应商的产品和服务，落实某些社会经济政策，如鼓励向残疾人工厂采购等。政府采购除必须遵守现行招投标条例外，还要让中小型企业都能参加政府采购活动，以达到最广泛的竞争。通过与设立在各州的采购顾问办公室的合作，政府集中采购机构将某项政府采购活动所有需要准备的文件和遵守的法规转送到所有相关供应商，努力促进位于原东德的企业参与投标竞争。

德国在政府采购监督管理方面，制度比较健全，机构设置比较完善。经济部负责拟订政府采购政策；财政部负责政府采购预算编制和执行；审计院负责政府采购资金使用的审计监督；联邦和各州政府采购审查办公室负责供应商的投诉审查。为提高采购效率，德国部分联邦政府部门成立了采购机构负责集中采购活动，其中联邦内务部采购局、财政部采购局和国防部军事技术与采购局是三个主要的集中采购部门；州政府成立了集中采购机构负责所有公共机构的采购任务，例如柏林市政府采购中心是柏林的政府集中采购机构，接受柏林市 4000 多个政府部门、大学、公用事业单位等机构的委托。

为了保障政府采购资金的使用，在德国，一方面实施财政计划中期规划和政府预算的提前编制，通过合理编制预算进行约束；另一方面针对预防腐败的发生制定相关的措施。如柏林市采取了如下措施：一是推行电子采购来提高政府采购招投标活动的透明度；二是对政府部门和采购中心的采购人员实行轮岗制度，防止采购员与供应商建立起利益关系；三是政府成立腐败登记处，对历史上有过腐败行为的供应商进行登记；四是由司法部门抽调人员组成反腐败小组，对政府采购招投标活动进行事前和事后检查。①

3. 政府采购模式

在德国，政府采购工程项目都是实行分散采购，货物和服务项目都是实行集中采购，但联邦和地方的集中形式不尽相同。

（1）联邦政府以部门集中采购为主。联邦政府共有 13 个部，其中，联邦财政部、内务部和国防部因采购任务较多、采购量大，都设立了采购中心，开展部门集中采购。其他部门没有专门采购人员，也不能开展采购活动，采购项目必须委托给上述三个部门的采购中心实施采购。

财政部采购中心主要是为财政部机关和下属海关系统进行采购，同时代理其他部门委托的采购事务。由于海关采购量大，财政部已将采购权限下放，允许海关系统自行采购。目前，财政部采购中心主要是为财政部本部以及在柏林、波恩和科隆三地区的直属机构组织采购，同时接受其他部门的委托，代理文具、纸张等 50 类 600 多种办公消耗品的采购。考虑到采购成本和效率，财政部在其他州的直属机构，采购事务实行属地化，委托所在州的采购中心代理采购。财政部采购中心现有 6 名工作人员，2003 年为本部门采购 200 万欧元，代理其他部门采购 400 万欧元。

内务部采购中心成立于 1951 年，为本部门和 25 个联邦机构采购除办公消耗

① 中国招标投标协会秘书处（参考财政部条法司网站公开材料）。

品以外的项目，其采购业务共分为 12 大类，即纺织品，炊事和清洁设备，办公家具，信息技术，广播通信技术，侦察、报警、保安、勘测装置，武器及其配件，救援设备，船只，机动车辆及配件，医疗器械和服务。2003 年采购总额为 5 亿欧元，其中为联邦边界警戒署代理采购 2.5 亿欧元。采购量大的项目主要是机动车辆及其配件、信息技术产品和服务，分别占 2003 年采购总额的 25.8%、24.8% 和 22.6%。国防部采购中心负责国防系统的采购事务。

（2）州和地方以政府集中采购为主。德国州和地方政府地域都不大，都是实行政府集中采购。例如，柏林市是德国的一个州，市政府采购中心是本市的政府集中采购机构，接受市内 4000 多个政府部门、大学、公用事业单位等机构的委托，组织采购 17 万种货物和服务。90% 以上单项委托采购金额低于 500 欧元，该中心汇集需求后，向 250 个较为固定的货物供应商、50 家服务供应商集中采购，每年采购总额达 3 亿欧元。再如，杜塞尔多夫是北莱茵州的一个地区，地区服务局下属采购中心是该区的政府集中采购机构，接受区政府部门及所属政府机构的委托，组织采购货物（包括警用设备）和服务项目，每年采购总额约为 700 万欧元。①

4. 政府采购的具体方式

德国法律规定，超过采购限额标准的货物、工程和服务必须集中采购，主要有三种方式：一是公开招标。招标公告通过政府指定机构向社会发布，任何企业都可以参与投标。在工程采购中，通常提前确定供应商备选资格，即由采购人代表、供应商代表和有关商业团体组成评委会，评选合格厂商并建立备选库，遇有采购标案，即可从中选择合适厂商并通知其参与竞标。二是有限招标。即邀请有限数量的供应商参与投标，也称为限制性招标。所谓有限，就是对潜在投标人的预选，即公开发布标书后，所有供应商都可以申请参与投标，采购人根据一般采购原则从中选择若干供应商，邀请他们参加竞标。三是协商谈判。为了保密、保护专利等特定目的或适应特殊环境、时限要求，采购人可以采取这种非公开方式实施采购，即将标书发送有限的供应商并通知他们报价，然后双方就采购项目的内容和价格等进行协商，确定中标供应商。按照规定，采用协商谈判方式的，必须尽可能促成不同投标人之间的竞争。以上三种采购方式不是随意选择的，法律规定公开招标是政府采购的主要方式，公共机构的采购一般都应该公开招标。但也有一些例外，特别是采购一般性服务的通常是依法必须公开的，就可以不进行公开招标，但必须是邀请招标。因此，公开招标优先于邀请招标，邀请招标优先于谈判采购。

---

① 中国政府采购网公开材料．http：//www.ccgp.gov.cn/wtogpa/govpzd/1166394.shtml

针对政府采购中的争议和纠纷，德国设置了法律渠道。德国的法院包括三类：宪法法院、普通法院、专门法院（行政法院、社会法院、财政法院等，分别隶属于政府有关部门）。普通法院审理专门法院管辖以外的民事、刑事案件；专门法院介于司法机关和行政机关之间，其审判行为具有准司法性质，本质上属于行政司法。联邦卡特尔局设立了公共采购法庭，履行政府采购案件的行政司法职能。在政府采购纠纷中，采购合同金额低于欧盟采购门槛的，当事人应该向普通法院起诉；如果合同金额达到欧盟采购门槛，则由公共采购法庭受理案件，败诉方可向普通法院体系中的上诉法院上诉。在公用事业领域采购发生纠纷，直接向普通法院起诉。如果投标人认为德国的政府采购法律与欧盟条约存在抵触之处，可以提请欧洲法院救济，救济措施主要有纠正、调解和公证等。

八、发达国家的电子化政府采购

发达国家的政府采购历史悠久，极大地促进了各国经济的发展，不过在经过多年的传统发展模式之后，现在西方发达国家在采购方式上普遍呈现出一种“电子化政府采购”的新倾向。目前，电子通信和技术已在政府采购中大量应用，例如电子信息发布、电子信息传递、网上信息搜寻、网上提交投标、网上评标、电子签约、电子支付、电子查阅和电子投诉等，电子化政府采购已经成为目前各国政府采购的一种重要发展方向。

1. 电子化采购系统的特点

电子采购主要包括两个方面：一是电子通信与电子技术在公共采购中的运用；二是电子反向拍卖的使用与规范。采用电子采购可以增加资金的使用价值、给供应商提供更多的信息、节省时间和成本，改进对所授予合同的管理、并减少权力滥用和腐败的机会。具体来说，电子采购系统的主要特点如下：

（1）电子化政府采购系统流程规范严格。为维护政府采购的公平、严谨和权威，保护供应商合法权益，政府采购局要求采购人在采购之前，无论何种资金渠道，均需要提交有财政拨款或者银行贷款的证明。一旦电子化交易完成，采购人必须严格按照合同支付款项；在用户网上选择商品后，订单并不能直接发到供应商，必须先发到政府采购局，由业务人员审核采购需求是否符合标准、资金来源是否正确等之后，才能提交给供应商。这样既可以保证采购需求的合规、合理，也可保障供应商能及时收到货款，防止采购人拖欠供应商货款。

（2）电子化政府采购系统采用了标准化体系。政府采购局使用了统一的编码体系。用户在采购时输入产品代码，即可准确检索到相关商品。由于编码体系的标准性，方便对各种商品的管理与比较，相对更为科学和严谨。

（3）电子化政府采购系统安全性比较高。为保证安全性，电子化系统采用了电子签名技术。电子签名系统由国家造币公司提供。采购文档为国际通用的PDF格式，通过电子签名技术对PDF文件进行加密。电子化采购要求用户必须使用具有电子签名功能的加密锁才能使用系统，保证了交易各方的真实性，保障了交易的法律有效性，提高了数据的安全性，防止数据被非法篡改。

（4）电子化政府采购系统提高效率明显。政府采购局通过实行电子化审核，流程操作一目了然，既规范又简便；在交易完成后，电子化系统自动生成电子合同，减少了手工劳动量。例如，目前西班牙有2500多个政府机关及公共机构通过该系统采购。系统每天生成100多个合同，均通过政府采购局业务部人员在网上进行审核，全部业务要求在两周内完成。业务部人手相对较少，通过电子化系统，可以高效地完成采购工作。

（5）电子化政府采购系统的应用节约了成本。欧盟各国都很重视电子化工作，从社会效益看，通过实施电子化减少了资源浪费，保护了环境。从经济效益看，一方面通过电子化采购减少了纸质标书，节约了供应商成本；另一方面，内部公文流转也减少了纸质文件，节约了行政成本。由于电子化系统运行稳定，操作比较方便和人性化，政府采购局于2009年10月以后实现完全的无纸化办公。

2. 电子化政府采购的主要流程

电子化政府采购的主要操作流程为：政府采购局通过目录制作系统制订和更新商品目录，发布到互联网。各国供应商均可免费注册登录政府采购局电子化采购平台下载标书和在线投标。政府采购局通过公开招标方式确定供应商，评审方式为专家评分，然后以分值排名次，按一定比率进入中标目录。中标入围供应商与政府采购局签署框架协议，将中标产品发布在政府采购网上，期限为3~4年。中标产品还可根据用户需求、市场情况和升级换代情况由政府采购局进行更新，更新时需经专家评分。采购人可在网上查询比较中标产品，进行选择性购买。在网上订购后形成订单先发至政府采购局，由业务人员审核后，再发至供应商，最后形成一式三联的合同，由采购人、供应商和政府采购局留存。采购人需按照合同，自行与供应商结算验收。

3. 电子化采购系统的发展进程

从1999年开始，欧盟就致力于将公共采购法律体系进行调整以推进电子化采购，实现无歧视、公平、透明，并且对欧盟以外的所有的供应商公开。2004年4月，欧盟委员会通过了一系列涉及电子公共采购（E—Procurement）的新的采购指令，将原有的4类分别制定的公共采购法合并为两个法规，即公共部门采购指令和公共事业部门采购指令，为电子化公共采购提供了法律框架。在新的采购指令中关于政府采购电子化的规定具有划时代的意义，它不仅将政府采购若干关键的流程使用信息技术以法律形式进行了规定，还将电子签名纳入了法规之中。同年12月，欧盟委员会发布了实施电子公共采购法律框架的行动计划。

为了在2010年全面实现电子政务管理，2005年4月25日，欧盟发布《“i2010”电子政务行动计划：加速欧洲电子政务，使所有人受益》。计划主要着眼于全民参与、提高效率、电子采购、安全接入和电子民主五大方面。从2006年1月开始，在政府采购的各个阶段，电子签名的应用已在欧盟全体成员国之间合法化。Europa是欧盟最重要的门户网站之一，具有20种欧盟成员国语言的版本，包括了所有欧盟官方机构的网站、官方文件和活动报道，也涉及欧盟公共采购政策、法律、指南、研究、计划和项目等内容，是欧盟电子采购的门户和信息支持系统。

2009年，欧盟新指令将政府采购若干关键的流程使用信息技术以法律形式进行规定，将电子签名也纳入了法规之中。欧盟并没有建设一个统一的电子化采购大平台，而是要求各国根据情况建设适合国情的电子化采购系统，其中大额采购的公告信息发布必须同时提交到欧盟门户网站。

以西班牙为例，政府采购相关信息（包括供应商信用等）均由国家有关部门统一管理和提供。从2000年起，西班牙政府采购局就逐步进行电子化政府采购平台的建设，政府采购电子化系统已有近10年的稳定运行期。目前，西班牙中央政府有25%左右的采购额通过电子化采购完成。政府采购电子化系统于2002年成功投入运行，至今仍然在不断升级和增加新功能，西班牙政府采购局下设信息部负责电子化采购系统的运行维护，政府采购电子化系统的技术架构主要采用了JSP和.Net框架，成本相对较低。据统计，2008年西班牙中央政府集中电子化采购额约为2.5亿欧元。其协议供货系统的商品内容非常广泛，包括办公设备、办公家具、公务用车、安防系统、医疗器械药品及外包服务等9大类，基本满足了政府机构日常办公需要。协议供货系统中标入围产品记录达10多万条，13万欧元以下的商品均可通过该系统采购。[①]

正是因为电子化采购的公开、公正与低成本性，现在西方发达国家普遍加大了电子化采购的推广应用，电子化正在成为一种主流的政府采购的技术处理手段。

第四节 西方国家政府采购促进自主创新的经验借鉴

从世界范围看，充分利用巨额的政府采购资金的推动作用是扶持具有自主创

① 何滨．西班牙中央政府电子化采购的启示．《中国财经报》转引自新浪财经网站，http://finance.sina.com.cn/roll/20091208/18407074179.shtml

新资质的高新技术产业发展的一条有效途径，目前西方发达国家如美国、日本和欧盟取得了较好的效果。我国的政府采购事业起步时间并不长，近几年虽然重点加强了政府采购对自主创新企业发展的扶持，但是力度还远远不够，产生的效果也不十分明显。因此我们有必要对西方发达国家关于政府采购促进自主创新企业发展的相关机制进行比较分析，并从中吸取经验和教训，来指导我国促进自主创新企业发展的政府采购机制的实施。

对于高新技术产业的发展，目前世界各国普遍采用了利用政府采购资金促进本国高新技术产业特别是促进自主创新企业发展的政策。政府通过公共采购为本国高新技术产业提供良好的市场空间，鼓励企业进行自主创新、掌握自主知识产权，扶持中小企业的发展。从美、日、韩等发达国家的高新技术产业的发展历程来看，政府采购都在其中扮演着非常重要的角色，没有政府采购对自主创新企业的扶持，西方发达国家的高新技术企业便不会如此迅猛发展，也难以取得今天引领世界科技潮流的地位。在政府采购中支持自主创新，并实行政府首购、优先购买自主创新产品等政策，不仅可以直接扩大国内产品的市场份额，还能推进技术创新、产品创新和产业结构升级。政府采购对自主创新企业的支持，一方面有利于政府采购自主创新政策功能的更好发挥，另一方面也能整体提高本国的高新技术水平。

一、美国

美国的政府采购的目标除了要节约财政资金、防止贪污腐败外，还要求利用政府采购实现有关的社会、经济或政治目标，这当中就包括通过政府采购促进高新技术产业发展。为此，美联邦政府制定了一系列的法律、法规来推动这一政策目标的实现。如 1933 年美国就出台了《购买美国产品法》（Buy American Act），要求政府机构购买本国的货物和服务；《小企业法》（Small Business Act）要求行政机构将一定比例的政府采购合同给予小型企业和社会弱势群体拥有的企业；《联邦财产管理业务法》、《军需订货规则》、《按时付款法》等许多法令法规都有相关条文规定政府采购必须支持本国高新技术企业、中小企业的发展。此外美国还通过“提高技术标准”、“增加检验项目”和“技术法规变化”等技术壁垒，提高外国高技术产品进入的“门槛”，为本国产品留下广阔的市场空间。美国采取的这一系列政策措施在促进其高新技术发展上起到了举足轻重的作用。20 世纪五六十年代，美国航天工业和电子工业为代表的新兴产业的建立和发展，就很大程度上依赖于政府采购的支持。如美国半导体和计算机工业发展早期，美国国防部和国家宇航局扮演了需求主体的角色，有效地降低了这些产品早期进入市场的风险。1960 年集成电路产品刚刚问世时，100% 由联邦政府购买。政府采购激励了高新技术成果的转化且迅速产业化，这直接促进美国西部硅谷地区和东部128公路沿线高技术产业群的快速发展。在20世纪60年代初以前，政府采购在“硅谷”产品所占的比重都在50%以上，这一比例直到20世纪60年代后才降到30%左右。尽管美国现在已是WTO《政府采购协议》的成员，但仍未放弃运用政府采购扶持高新技术企业发展的政策。90年代，克林顿政府的“全面经济计划”中，为鼓励创新产品开发，仅就计算机相关的新产品的政府购买支出就达90亿美元。通过政府采购扶植了IBM、惠普、德克萨斯仪器公司等一批国际IT业巨头。①

1. 美国政府采购的独特措施②

美国的政府采购具有事实上的公共政策的职能，政府采购可以调节宏观经济的供求关系，承担起实现社会公共利益的责任。由于政府采购的巨大金额是任何企业无法比拟的，所以政府往往是市场上最大的消费者，它对新产品初期市场的培育起着至关重要的作用。从20世纪90年代初期开始，美国经济在高新技术推动下出现的快速发展，很大程度上得益于美国政府通过政府采购的方式对高新技术产业的支持、对新产品市场的培育，其具体的做法有：

（1）专门针对自主创新扶持的政府采购制度规定。美国在《联邦采购法》中，有专门针对技术创新成果采购方面的规定。对于一些高科技项目，美国政府会在项目的研发期就通过政府采购的方式予以支持。美国军队的科研管理中目前正在运行的小企业革新研究计划和小企业技术转化计划就是政府采购项目。它们都按照三阶段来进行：第一阶段为初始研发阶段，经招标后由政府资助研究，但时间控制在半年，经费控制在7万美元；第二阶段是一个连续的研发活动，第一阶段成功的项目，被邀请进入第二阶段，由政府与企业或投资人共同出资研究；第三阶段是研究成果的商业化阶段，成功的项目研究承担者向政府或商业领域推销其开发的产品或服务。联邦政府还将科研服务中有关“咨询和辅助服务”项目也纳入了政府采购。申述制度。在政府采购招标结束后，任何认为自己受到不公平、不公正待遇的供应商均可提出申述，维护自己的权益。申述原则不仅能保证政府采购的公正性和透明性，维护竞争原则在采购中的贯彻实施，还能有效遏制采购中的黑色行为发生。

（2）设立优先购买本国产品的制度。美国于1933年颁布了《美国产品购买法》，其立法宗旨是：“扶持和保护美国工业、美国人和美国投资资本。”该法规定联邦各政府机构除在境外使用、价格过高、对国产品优惠不符合公共利益以及国产品数量不够或者质量不高等特殊情况外，必须购买国产品，工程和服务必须

① 唐振鹏，许锦林，林玮. 中美政府采购扶持高新技术产业之比较及启示. 发展研究，2007（4）

② 张晓杰. 美国政府采购支持科技创新的体制分析及启示. 中国市场，2007（Z2）

由国内供应商提供。同时规定，在政府采购项目的国外报价中，只要本国供应商的报价不超过外国供应商报价的6%，则优先交由本国供应商采购。《联邦采购条例》中就美国产品作出了进一步界定。美国预算补充法案等法律都规定了执行《购买美国产品法》的义务。这种优先购买本国产品的做法，在一定程度上刺激了市场需求，特别是对新产品进入市场提供了条件，起到了引导作用。在克林顿政府的"全面经济计划"中，为扶植创新产品的初期市场，仅就计算机相关新产品的政府购买支出就达90亿美元。这一时期的美国经济表现为高增长、低通胀，经济学家用"新经济"来形容这种现象，并将其根源归结为高新技术，特别是信息技术的巨大发展。

（3）扶持中小企业的有关措施。在美国，中小企业是重要的经济组成部分，也是最具活力和创新精神的部分。但在争取政府采购订单过程中，大型企业由于技术先进等因素，可能对采购信息产生垄断，其资金雄厚和专业化水平极易通过超低报价的形式挤压中小企业，从而使中小企业在信息、报价竞争中处于劣势。为了维护政府采购公开、公平原则，为中小企业分享政府采购利益创造条件，美国在扶持中小企业参与政府采购方面在法律上作了相关规定。《美国产品购买法》规定，在政府采购项目的国外报价中，只要本国供应商为中小企业，其报价不超过外国供应商报价的12%，则优先交由本国供应商采购。美国的地方政府为了扶持中小企业发展，也通过一系列优惠计划鼓励中小企业参与政府采购。这些地方优惠计划归纳起来主要有以下三个方面：一是在政府采购的报价、信息披露方面，为中小企业降低竞争门槛，并扩大信息网络和提供社会化服务。二是降低政府采购项目的标的，增强中小企业竞争。三是制订面向中小企业的政府采购目标。例如新泽西州经过对供应商的调查，发现中小企业有能力占有7%的政府采购份额，即在次年的采购计划中专门作出规定：政府采购支出的7%，必须支付给中小企业供应商。在高科技产业中，大多数企业属于中小企业，这种优先购买政策和优惠计划有利于它们参与市场竞争，促进企业的发展，也极大地提高了中小企业技术创新的能力和水平。

2. 美国政府采购扶持和推动自主创新的现实效果

美国政府采购作为政府公共财政支出的一种基本手段，不仅被广泛采用，而且通过专门的法律形式确定了政府采购的重要地位。美国是最早采用政府采购政策的国家之一，也是世界上采用政府采购扶持和推动自主创新最成功的国家。这些手段的采用主要取得了以下效果：①

（1）成功地支持了本国产业。1993年《购买美国货法案》开始区别对待政

① 张静中，曹文红，黄芬．发达国家政府采购扶持自主创新的经验教训．中国政府采购，2007（9）

府采购中的国内供应商和国外供应商规定。虽然美国是《政府采购协议》的签约国，此法案不适用于对等开放的国家和地区，但对其他国家和地区仍然有效。根据此法案，在政府采购项目的报价中，只有在美国商品高于外国商品价格25%的情况下才能向外国购买。1761年颁布的《联邦政府采购条例》规定美国商品是指使用美国原材料的成本不低于50%的产品。美国的其他补充法案都严格遵守《购买美国货法案》的精神，如1991年美国的《道路运输效率法》规定，各州接受联邦运输部补助采购包括车辆等大众运输机械时，60%以上的必须是美国产品，且车辆最后必须在美国国内组装。

（2）成功地支持了高科技产业。美国政府采购政策已成为支持高科技产业政策非常重要的组成部分，《联邦采购条例》里有专门针对技术成果采购方面的内容，联邦政府的采购政策（如《购买美国产品法》）促进了西部硅谷地区和东部128公路沿线高技术产业群的迅速发展。在20世纪中期，美国的航天航空技术、计算机和半导体技术主要是靠政府采购推动而建立和发展起来的。如1960年集成电路产品刚刚问世时，联邦政府全部买进。1998年来自高技术企业的产品价值占美国政府的采购合同总额的35%。美国政府对高技术的采购不仅份额大，而且采购价格高于市场价格，并优先考虑由本国厂商供应。美国通过各种名目的技术壁垒，提高外国高新技术产品的价格成本，削弱它们的竞争力。通过政府采购市场，美国成功扶植了IBM、惠普、德克萨斯仪器公司等一批国际IT业巨头。

（3）成功地支持了小型科技企业。美国在20世纪80年代后期大约70%的技术创新成果是由小企业完成的，小企业的人均发明是大企业的2倍，小企业在产品创新、服务创新、工艺创新和管理创新中的贡献率分别达到32%、38%、17%和12%。自20世纪70年代以来，苹果公司、微软公司、网景公司等最初都是依靠政府采购对处在小企业发展阶段的扶持，完成了技术创新，得以崛起。《购买美国货法案》要求10万美元以下的政府采购合同优先考虑小企业，通过提高买价幅度达到12%对其给予照顾。美国法律还规定，联邦政府每年应向小企业采购金额至少达到23%，并通过联邦小企业局帮助企业就具体采购目标与政府协商、监督政府的采购比例是否达到法定目标，这对小企业的发展起到了很大的促进作用。

3. 美国政府采购对自主创新企业的促进作用

美国是运用政府采购政策支持高新技术发展最成功的国家之一，其政府采购对自主创新企业发展的促进作用主要体现在：

（1）降低了高新技术产品早期进入市场的风险。高新技术产品的创新活动有不同的阶段，政府采购实施的对象主要是处于产品或产业生命周期早期阶段的

创新。考察高新技术产业的早期发展史，政府采购对创新的作用甚至大于政府提供研究与发展资助的作用。美国的半导体、集成电路、计算机辅助设计和计算机工业，它们早期的发展主要是在国防和空间技术方面的采购起着关键作用。由美国国防部和国家宇航局出面的采购，有效地降低了这些产品早期进入市场的风险。尤其是那些创建时间短、以新技术为基础的小企业，政府采购是作为承担技术创新风险的公共市场来起作用的，通过其自身的需求以及其对于研究开发活动的支持，美国政府刺激电子公司更快地引入新产品，并对电子部件和设备的性能和可靠性进行更为重大的改进。

（2）提高高新技术企业的效益。美国半导体产业发展初期，其供给国防部门的产品价格比商业市场价格高出几倍，这实际上是一种价格补贴。美国在政府采购合同中规定提供补贴，它有助于抵补在其他情况下可能落到民用销售上的固定成本。除采购有形的商品以外，联邦政府还通过合同的形式采购大量的服务，这方面的一个典型事例就是联邦政府通过签订合同来资助科学研究活动。事实上，在美国存在着大量的政府拥有、共同经营的联邦实验室，具体经营方式就是由联邦政府负责实验室的维修，而将研究开发活动委托给大学或者私人研究机构进行。有资料表明，从第二次世界大战结束到20世纪70年代初期，美国政府承担了全国65%的研究开发费用，但他只支持了15%的研究开发活动，其余绝大部分都是联邦政府委托给私营研究开发机构或者大学承担的。

在政府采购过程中，政府也可以对技术创新过程中获得的样品和样机等中间研究成果、技术诀窍及关键技术部件进行预先招标采购，为其提供确定的市场，有效地降低市场风险，提高投资者对这一产业的信心，从而通过外部资金市场来注入产业发展所需的投资，有效加强高新技术企业的再投资能力。

（3）加速高新技术产品向民用市场的扩散。首先，高新技术企业可以用政府采购的利润来实现向民用市场的转化，即通过降低民用市场的产品价格来扩大需求规模。在20世纪70年代以前，美国政府主要是通过与国防有关的公共采购活动来促进有关企业的技术创新活动并实现军用技术向民用领域的溢出效应（国防部是美国最大的采购机构，其采购金额占联邦财政预算采购的60%左右）。其次，高新技术产品通过政府采购在军事、空间技术等方面的应用，展示了该新产品的有效性和可靠性，从而大大加速了它们向民用市场的扩散。

（4）刺激高新技术企业进行技术创新。在高新技术产业中，技术领先需要投入大量资源，但产品寿命周期极短，对收回投资带来了极大困难。政府采购产生了有一定保证的市场需求，使得技术领先企业能沿着学习曲线早于竞争对手降低成本，从而在竞争中占有优势，真正从技术创新中获得足够的收益。

自第二次世界大战以来，政府用于研究开发的资金大多用在与特定军事应用有关的活动之中。数十年来，美国国防部的科研经费一直占美国全国科研经费的50%～90%。政府部门对于某些类型技术改良的需求导致在技术创新政策领域出现了两个重要特点：第一，它意味着政府或者相关的政府机构处于一种能够根据其自身的职能标准确定技术创新目标的位置；第二，公共需求使政府促进和指导相关技术发展的企图具有了合法性。由于这些领域大多与军事工业直接有关，因此，政府采购的首要目标不是创新产品的价格而是其卓越性能或者说是优良的技术标准，因而对于企业的技术创新活动有着强烈的刺激效应。从某种意义上说，在这些领域中，政府采购以及相关的研究开发合同直接决定着企业技术进步的方向、速度与规模，而企业进行的技术创新资源配置也相应地直接取决于政府采购资金的流向。①

美国的采购政策对高新技术产业的成长同样产生了极其重大的促进作用。例如，1955年美国联邦政府购买了约40%的半导体产品，1960年上升为50%，为半导体产业的早期发展提供了稳定的政府采购市场，从而促进了半导体产业的迅速发展。随着半导体产业的成长，政府采购的比例逐渐下降，到20世纪70年代中期为10%。美国的政府采购对集成电路产业的作用更加显著，1960年购买了100%的集成电路产品，1962年为94%，直到1968年还占37%。1994年4月美国政府决定在五年内重点扶持五个特定技术领域的发展，其中一个主要政策就是在此期间，政府将耗资90亿美元培育高新技术产品市场。计算机产业的发展状况是，政府投入的研发资金和政府市场先形成；然后，私人研发资金以及商业市场跟着形成。甚至在“二战”以前，军队已经支出了大量的资金用于探索加快弹道运算的方法。第一台电子计算机ENIAC，就是在一个军方合同资助下由阿伯丁弹道实验室开发的。在20世纪40年代末和50年代初，美国国防部资助了大量的研发项目，目的是设计出特殊的，可用于保卫国家安全的计算机。承包人包括大学，也包括私人企业，如IBM、贝尔电话和RCA。事实上，至少到20世纪50年代初，所有的大型计算机研发项目几乎都是政府资助的。②

发达国家中，通过政府采购对自主创新企业的优惠政策，一大批跨国有竞争力的大企业成长起来，例如德州仪器公司、IBM、惠普公司等。以德州仪器公司的成长为例，我们可以观察到企业受惠于政府采购的全过程。1958年，德州仪器公司的工程师Jack Kilby发明了集成电路，1961年1月空军给予了德州仪器公司制造数字计算机的合同。德州仪器利用18个月的时间建立了一个试点生产线，可以至少连续10天每天生产500个集成电路。1961年10月，德州仪器公司展示

① 王其江．论政府采购政策对高新技术产业发展的支持作用．中共郑州市委党校学报，2002（2）

② Richard R. Nelson. Government Support of Technical Progress：Lessonsfrom History，Journal of Policy Analysis and Management，Vol. 2，No. 4（Summer，1983）：504－506

了由587片硅半导体组成的网络构建的“分子计算机”，体积为6.3立方英寸。德州仪器的发言人强调说，开发这种小型计算机只是为了证明分子电子科技的能力。这次宣传活动效果很好，女士们的时尚杂志也刊登了有关“固态电路”的文章，描绘了固态电路将怎样改变我们的生活。紧接着美国空军对该公司使用新技术的电脑进行了采购，并成功地展示了这项技术的广阔前景。政府采购促进了集成电路这项新技术的迅速推广，促进了德州仪器公司的发展，使其成为具有竞争力的大公司。目前，德州仪器公司一直处于行业的领先地位，并始终保持了先进产品的成套生产线。①

4. 美国政府采购在促进自主创新企业发展中的经验

美国利用政府采购的巨额资金的推动作用扶持了大量的本土企业特别是高新技术企业的初期发展，其成功经验值得我国政府采购部门借鉴学习。

（1）采取本国企业优先原则。美国产品购买法的宗旨是扶持和保护美国工业、美国人和美国投资资本。该法规定联邦各政府机构除在境外使用、价格过高、对本国产品优惠不符合公共利益及本国产品数量不够或质量不高等特殊情况之外，必须购买本国产品，工程和服务必须由国内供应商提供。同时规定，在政府采购项目的国外报价中，只要本国供应商的报价不超过外国供应商报价的6%，则优先交由本国供应商采购。这种优先购买本国产品的政府采购做法在一定程度上刺激了市场需求，特别是为新产品进入市场提供了条件。

（2）注重扶持中小企业发展。为给中小企业分享政府采购利益创造条件，《美国产品购买法》规定，在政府采购项目的国外报价中，只要本国供应商为中小企业，其报价不超过外国供应商报价的12%，则优先交由本国供应商采购。同时，美国地方政府也通过以下优惠计划鼓励中小企业参与政府采购：一是为中小企业提供政府采购的报价等信息。二是降低政府采购项目目标的要求，降低中小企业参与政府采购的门槛。三是制定面向中小企业的政府采购目标。如新泽西州经过对企业的调查，发现中小企业有能力占有7%的政府采购份额，即在次年的采购计划中专门规定政府采购支出的7%必须支付给中小企业。大多数高科技企业属于中小企业，这种优先购买政策和优惠计划有利于它们参与市场竞争，极大提高了中小企业技术创新的能力和水平。②

（3）确立政府采购的法律地位，成立专门的政府采购机构。美国是世界上最早实行政府采购政策的国家之一，也是运用政府采购支持技术创新和高新技术产业化最成功的国家。美国很早就颁布了《联邦采购法》，而且与政府采购相关的法律法规还有4000多个。此外，美国还设立了联邦、州和地方（县、市、镇、

① Bo Lojek. History of Semiconductor Engineering. Berlin：Springer Verlag，2005：187－195

② 常超，王铁山，王昭．政府采购促进企业自主创新的经验教训．经济纵横，2008（8）

学区政府）三级政府采购机构来专职负责政府采购的具体操作。“美国事务管理总署”是联邦政府采购（国防采购除外）的专职机构，下设“联邦供应局”作为具体的执行部门。事务管理总署除由设在华盛顿的总部负责全面的采购管理及制度的执行外，还在各大城市设立分部，配有采购顾问机关、采购规格委员会、采购专业协会和监管机构联邦采购政策办公室等辅助机构。

（4）运用政府采购政策，积极支持本国高新技术产业发展。回顾美国新兴产业的发展史，政府采购的一系列政策措施在其中起到了举足轻重的作用。在20世纪中期，美国的航空航天技术、计算机和半导体技术就是主要依赖政府采购的推动而建立和发展起来的。美国的政府采购激励了高新技术成果的转化，促进了高新技术的产业化，西部硅谷地区和东部128公路沿线高新技术产业群的快速发展就是典型的例证。

（5）限制外国产品进口，对本国产品实行优先采购制度。为保护本国产业，美国早在1933年就制定了“购买美国产品法”，规定凡用美国联邦基金购买供政府使用或建设公共工程使用的商品，若非违反公共利益，或质量不符合标准，均应购买美国货。根据此法案，只有在美国商品价格高于外国商品价格25%的情况下才能向国外购买。另外，美国还通过设定本国产品比例限制，如规定跨国公司政府采购的零部件50%以上必须在美国生产，采购合同比例限制规定，90%的政府采购合同须与本土企业尤其是中小企业签订，通过“提高技术标准”、“增加检验项目”和“技术变化法”等技术壁垒政策，提高国外高新技术产品进入的“门槛”，削弱其对国内相应产品的竞争压力。

（6）积极扶持高新技术企业开拓海外的政府采购市场。美国政府采用宏观政策引路和微观扶持推动双管齐下的策略：一方面，积极与外国政府、国际组织签署有关政府采购协定及相应的贸易协定，在各协定中为高新技术企业进入海外政府采购市场创造有利条件；另一方面，在国内设立各种专门扶持高新技术企业开拓国际市场的民间组织或专项基金，为高新技术企业开拓国际市场提供优惠政策。2001～2003年，美国高新技术企业从加拿大获取的政府采购合同的数量和金额分别占全美公司同类指标的19%和21%，主要集中在高新技术含量的计算机、远距离通信、环保技术等领域。①

与此同时，作为世界高新技术产业发展的领头羊，美国政府在“绿色采购”方面也取得了很大的成就，相关措施有：倡导绿色采购计划，先后制订实施了采购循环产品计划、能源之星计划、环境友好产品采购计划等一系列绿色采购计划。例如通用汽车公司在密歇根实施的化学品管理计划，在政府“绿色采购”

① 刘勇．发达国家政府采购促进高新技术产业发展的经验．经济纵横，2009（6）

计划的支持下，减少了使用化学品 12%，提高了环境和经济绩效。颁布联邦法令与总统令，规定政府按绿色环保产品清单进行采购，目前美国 95% 的监视器、80% 的电脑均符合总统令要求的“能源之星”采购标准。价格优惠：再生制品的价格可高于等功能非再生制品的 5% ~15%。一定采购比例的限制，目前美国每年采购再生制品的比例大于 50%。再生复印纸的使用比率从 1994 年的 12% 升至 1999 年的 98%。

二、加拿大

加拿大的公共工程和政府服务部（Public Work and Government Services Canada，PWGSC）全面负责政府采购。加拿大的法律规定，政府采购应体现从中央到地方不同的优惠政策。高新技术创新产品中的政府首购必须占到 25%，专利使用和成品购买分别达到 15% 和 10%。加拿大供应和服务部门负责为联邦政府购买所有货物，它拥有一个科学中心，负责在采购中推行促进企业创新的活动。加拿大所采取的比较独特的政策如下：

1. 发挥政府采购在推动企业自主创新方面的导向作用

一方面，加拿大政府成立一个公共机构专门负责将政府机构开发的技术和创意商业化，并利用政府采购来确立标准，促使私营企业通过创新来达到这些标准。另一方面，加拿大政府设立专项资金，以开展技术竞赛的方式奖励创新或发展具有国家重要战略意义的技术。经验证明，这类竞赛产生出来的发明和创新的数量很大。此外，政府重视公共采购在创新中起到的作用，发起了促进创新的政府采购运动。从 2002 年的创新战略开始，加拿大政府就开展了促进创新的采购运动，其目标是推动企业自主创新。

2. 强调开放式的招投标

加拿大政府强调定制化采购而非现货采购，因为这有助于促进设计创新。在政府采购过程中采用开放型的投标要求，政府只要求供应商注重要实现什么目标，但给供应商足够的灵活性和更大的创新余地，他们可以自由选择达到要求的方式。此外，政府更重视供应商主动提出的投标申请。企业或企业家经常会请求政府考虑他们认为政府需要的产品和服务。

3. 促进高新技术产业发展为采购的重要目标

加拿大政府在离岸高新技术部门花费大量采购资金，以更好地专门用于发展加拿大的高新技术产业。同时，加拿大政府注重企业采购集群的产品，因为大量的经济研究表明，重要的创新大多发生在企业集群里，政府在企业集群里采购会有助于提高创新效果。此外，加拿大还加强供应链中各方的伙伴关系，通过建立更具竞争性的供应链对这些供应商提出要求来鼓励创新。

4. 创新绩效合同激励与审计

加拿大政府设立绩效合同奖，对政府采购合同企业的自主创新给予奖励。如果一个供应商能在保证服务水平的前提下，通过自主创新提高绩效或效率，就对它进行奖励。这种奖励制度对投标者有很强的激励作用，可激励他们提出创新方案，按时完成任务并在履行合同的过程中着力提高绩效。另外，加拿大政府还加强了旨在鼓励创新的审计和监督力度，这有助于发挥政府采购对企业创新的推动作用。①

三、韩国

20 世纪 60 年代开始，韩国开始实施经济增长五年计划，引进大量国外先进技术，经济发展驶入快车道。到 20 世纪七八十年代，这个原本落后的农业国已实现由引进模仿向自主创新的成功转型。目前，韩国的船舶、手机、纳米技术、汽车制造均在世界市场上名列前茅，相关成绩的取得得益于韩国政府在自主创新进程中对法律的高度重视以及在政策和资金上的大力支持。

1. 韩国的政府采购促进自主创新企业发展的措施

韩国专门设立了政府采购供应厅，负责采购规格和标准的制定及采购全过程的管理。供应厅下设管理部门和业务部门以及政府采购“规格制定委员会”。韩国是实行政府采购较早的亚洲国家。1966 年，韩国成立了政府采购办公室，统一负责对外采购和国内采购、重点工程采购、对企业需要的重要原材料的采购，其促进自主创新企业发展的具体措施有：

（1）利用特权。科技部长及有关部门首长有权采取要求政府相关机构及其他公共团体等优先采购高新技术产品的措施。

（2）采购比例限制。政府购买国产的所有高速列车及核电站等公用事业装备，如在引进法国 12 台高速列车后，其他的 34 台全从本国采购。

（3）高价首购。2004 年，财政部以每台 1 亿韩元（10 倍于同类进口汽车）的价格首购了 50 台现代公司新研制的清洁燃料汽车，政府其他部门还准备采购几百辆。

（4）为保护国内采购限定了政府采购的开放范围，提高了限额标准。

2. 韩国的政府采购扶持自主创新企业的制度安排

韩国法律规定，对中小企业生产的技术开发制品，政府要优先采购，并要求公共机关参照各部门预算和年度工作计划制订采购中小企业产品计划，报国会审议后予以公布。其主要安排有以下几个方面：

① 常超，王铁山，王昭．政府采购促进企业自主创新的经验教训．经济纵横，2008（8）

（1）支持高新技术产品的发展。韩国政府为促进国内企业自主创新，利用政府采购政策推动高新技术产品进入市场。韩国法律规定，科技部等长官为扩大新技术产品的销售，可要求国家机关及地方政府等机构优先采购高新技术产品。韩国政府对国产高速列车和核电站等公用事业装备全部买进。另外，政府还规定，即使本国产品价格较高也要优先采用。此外，政府也要求国有企业优先采购国产的装备或其他产品。

（2）支持中小企业创新。韩国早在1996年就大力支持政府采购机构采购中小企业的产品。1996年政府设立了中小企业厅，当年政府在国内采购总额为42150亿韩元，其中26690亿韩元是向中小企业采购的，占国内采购总额的63%；其中工程采购合同总额为82420亿韩元；其中29120亿韩元是与中小企业签订的合同，占合同总额的35%。政府通过向中小企业大量购买商品和劳务，有力地促进了韩国中小企业的发展。2005年4月，韩国中小企业厅宣布，政府优先购买中小企业开发的产品，同时积极推进修改《中小企业振兴和产品购买促进法》。这有力地促进中小企业生产的新产品打开政府采购市场的销路，使中小企业自主创新得到政府更好的扶持。

韩国不仅对中小企业开发的新技术和生产的技术开发制品，实施政府收购和优先采购，还出资支持其中试和产业化。制订采购中小企业产品计划，报国会审议后予以公布。增加风险中小企业在政府采购中的比重，扩大对其产品的需求。①

（3）对高新技术产品实施政府采购制度。作为重要的市场购销活动，政府采购市场的健康发展在很大程度上能起到鼓励和扶持国内高新技术发展的作用。韩国政府推动高新技术发展的一个颇具成效的做法是通过立法的强制力对高新技术产品实施政府采购制度。如《科学技术促进法》、《科技振兴法》以及以总统令形式发布的《政府合同法实施细则》和以总理令形式发布的《关于特定采购的〈政府合同法〉的特殊实施规则》等。对尚处于市场发展早期需重点扶持的本国高新技术产品，法律规定在性能相近的情况下，即使价格高于国外同类产品，政府仍应优先采购。1983年公立学校率先购买当时价格昂贵的5000台国产计算机，成为推动韩国计算机产业发展的原动力。目前政府采购国产软件的份额更是占到国内市场的半壁江山。②

（4）为科技创新提供政策支持。韩国政府对科技工作较少行政干预，但这并不等于政府行政不作为，政府的作用是为科技创新提供政策支持。韩国《科技振兴法》明确规定，负责全国科技创新的最高行政部门是科技部。2005年韩国重塑科技管理体制，科技部长被提升到副总理级，并在科技部成立副总理级的管

---

① 张静中，曹文红，黄芬．发达国家政府采购扶持自主创新的经验教训．中国政府采购，2007（9）

② 龚颖莉，于惊涛．促进技术创新的政府采购研究——以美国与韩国为例．价值工程，2010（2）

理部门——科学技术创新本部，由科技部长亲自担任创新本部的长官。韩国政府对科技的高度重视由此可见一斑。科技部承担着国家重大科技政策的制定、科技产业优先发展项目的决策、科技发展的统筹协调等工作。政府根据不同时期的科技发展任务确定科技创新重点。韩国政府还构建高度透明的科技经费流通渠道，科研项目资助虽然集中在国家科技部门，但政府研发经费必须直接拨付到科研单位。同时科研项目实施和成果评价的权力掌握在独立的非政府组织手中，普通公民也可上网查阅科技主管部门的项目计划书和资金拨款情况。这样的制度安排无疑有助于监督政府资金的运作情况，确保纳税人的钱落到实处。

（5）为科技创新提供资金支持。根据 OECD 主要科学技术指标 2006 年所提供的数据，目前，研究开发（R&D）投入占 GDP 比重的世界平均水平约为 1.6%，其中发达国家 2.5% ~3%，发展中国家 1% ~2%。目前韩国 R&D 占 GDP 的比重仅低于日本居世界第二位，而且增幅全球最高，2002 年为 2.53%，2003 年为 2.64%，2004 年为 2.82%，2005 年 R&D 投入比上年增加 40%。高水平的 R&D 投入是韩国保持较高创新能力的重要保障。韩国政府提出，在 2012 年前投入巨资用来培育 10 所名列世界前 100 位的研究型大学，引入国家特别研究员制度，研发第十代新增长动力技术。同时，实行优秀科学家国家管理制度，让有望问鼎诺贝尔奖的科学家负责国家大型研究项目，并为其提供充足的研究经费和国家要员级的人身保护。①

四、澳大利亚

澳大利亚在管理服务部内设有“澳大利亚采购”（Purchase Australian），各州和地区均有派出机构，专门负责联邦政府一级采购。管理服务部撤销后，“澳大利亚采购”并至财政管理部，具体采购由参与采购的各企业视实际采购项目而定。澳大利亚重视国外采购中必需有的贸易补偿，如若采购中中标的为外企产品或虽为本国企业但购买外国设备金额超过 250 万澳元，则国内外双方要合作研发或公司资金的 30% 需用于购买本国的相关产品，外企还要就国内的管理、技术和专业人才等方面提供培训服务。在过去的 10 年中，澳大利亚经济获得了飞速发展，探究其成功经验，政府采购是其中的一个重要原因。澳大利亚的政府采购政策的措施归纳如下：

1. 保护本国产业

澳大利亚法律规定，在国际采购中，采购部门必须证明在采购活动中本国供应商得到了平等竞争的机会。在采购 1000 万澳元以上的重大项目中，采购部门

① 江沿．从韩国、芬兰经验看自主创新中的政府行为．经济纵横，2007（8）

须在招标中按《重大项目对现代产业发展影响评估标准的指导意见》的要求，列明采购项目对促进企业研究开发和创新能力的提高有积极作用。

2. 利用国外技术产品带动本国企业的创新

如果外国企业的产品在政府采购中中标，则要求中标的外国供应商与本国企业或科研机构，就符合国内需要且具有持续性的研究项目，共同制订研究计划，或共同成立研究开发中心；或者要求中标的外国供应商就国内欠缺的管理、运行、检测等技术，提供培训服务，为国内企业实现技术升级，提高产品质量，培训专业人才。

3. 支持中小企业

澳大利亚法律规定，政府在采购时，要调查了解本国中小企业的实际竞争力，并通过培训、提供信息等方式，使本国中小企业有参与政府采购的竞争机会。联邦一级采购合同的10%要给予中小企业，并责成财政部对这项规定的落实情况每年进行检查。据1999年度澳大利亚财政部的调查，中小企业获得当年合同数的55.1%，占全部合同金额的27.3%。①

澳大利亚鼓励中小企业参与政府采购的政策类似于美国。联邦各州设有专门负责小企业工作的部门，如新南威尔士州有小企业局等。保证一定采购比例：联邦采购合同的10%要给予中小企业，并责成联邦财政部进行监督。

五、日本

日本利用政府采购扶持自主创新企业发展的经验如下：

1. 保护本国高新技术产业

与美国不同，日本主要是通过非正面的“曲线救国”政策来扶持本国的高新技术产业，通过本土采购比例限制、国外采购的高关税限制及为本土产品支持者提供优惠等措施，来促进本国高新技术产业的发展。政策具体有以下几点：

（1）国有企业采购。电报电话公司（NTT）和电子计算机公司（JECC）大规模高价采购国内电子通信产品，甚至其合作者在购买国外高新技术设备时也受限制。

（2）本土采购比例限制。在振兴汽车工业时，政府单位100%购买国产，驻外公司汽车零件的30%须在日本采购；其他产品外商采购比例不得超过总金额的20%。据不完全统计，政府采购2/3以上的份额被本国企业占据。

（3）国外采购的高关税限制。采购银行专用计算机时，对本国尚未生产的中央处理器和国产外部设备的进口关税分别定为15%和25%。

---

① 张静中，曹文红，黄芬．发达国家政府采购扶持自主创新的经验教训．中国政府采购，2007（9）

（4）为本土产品支持者提供优惠。购买国产计算机可享有特别折旧优惠，购买国产机器设备可享有照顾性补贴以及长期、低息、延期偿还的贷款。

（5）运用 GPA 和国内各种例外条款以及“第三种机构”（类似于政府机构），利用严格的产品标准要求，复杂的海关文件以及严密的工业网络等排斥外国供应商。

2. 注重利用国有企业采购促进高新技术产业发展

日本通过国有的电报电话公司（NTT）和日本电子计算机公司（JECC）采购，来确保国内电子通信市场的增长。NTT 是国有垄断企业，其采购规模在电子通信产品市场上占有相当大的比例，其采购政策遵循优先使用国内产品的原则，并支付带有补贴性质的高价格。

3. 注重支持中小企业

日本成立了由中小企业厅、科、专管和主管四级的采购管理机构，辅之以中小企业团体中央会等民间机构来支持中小企业的发展；并通过立法支持中小企业团体卡特尔，限制大企业对中小企业的挤压。日本中小企业政府采购的参与度并不高。只规定国家对公共事业的支出必须从中小企业采购，在一定程度上制约了中小企业的发展。

4. 注重政府绿色采购

日本政府于 2000 年颁布了《促进再循环产品采购法》，该法旨在促进国家机构和地方当局积极购买对环境有益的再循环产品，同时最大限度地提供绿色采购信息。该法律实施一年后，74% 的供应商绿色产品销量增加，75% 的供应商推出了新的绿色产品。①

日本被公认为在绿色采购方面做出了很有影响力的工作，成立了采购网络联盟（Green Purchasing Network，GPN），颁布绿色采购法。

六、欧盟

欧盟诸国也有相关的政府采购政策扶持其本土自主创新产业的发展。如在水、能源、通信及交通四个领域的公共设施采购中，欧盟约定本国产品的比例必须达到 50% 以上，价格高于 3% 以内的，应优先购买。在政府采购时，废除报价低于任一成员国 3% 的非成员国（不包括与其互相开放市场的国家）企业的投标，使欧盟以外产品中标的可能性降至极低。此外，英国要求政府部门、政府实验室、国营公司必须从本国公司采购计算机和通信器材等高新技术产品；法国要求航空、铁路、通信等部门优先购买本国产品。

① 刘勇．发达国家政府采购促进高新技术产业发展的经验．经济纵横，2009（6）

欧盟其他国家如意大利也鼓励将大宗政府采购合同按一定比例分包给中小企业。欧盟还通过加强网络信息化建设和提供法律、技术和语言交流上的支持减少中小企业的采购障碍，增加中小企业中标的比率，采取奖励和构建欧盟协助中小企业发展网络群等多项措施。

同时，欧盟仿效美国与日本成立了欧洲绿色采购网络组织（European Green Purchasing Network，EGPN）发布“政府绿色采购手册”，统一绿色采购纲领，并建立了一个采购信息数据库，指导各国政府绿色采购。2004～2008 年，欧盟组织绿色采购运动，据估算该运动可以节约的能源、水、废物总量是 5 亿欧元，减少 3500 吨二氧化碳排放，其中 2004 年雅典奥运会场馆家具的装修全部采用的是环保水性漆。德国倡导优先采购环保标志产品，使得到 2005 年国内环保标志产品已达 7500 多种，占全国销售商品总数的 30%。大众汽车公司全部回收达到生命周期的汽车，不仅节约采购成本，取得经济效益，还提高了企业声誉，打响了知名度。①

欧盟国家当中，英国和芬兰采取的政府采购政策较为典型：

（1）英国。英国的经验可以归纳为：

1）设立专门的政府采购机构。英国的政府采购管理体制相对松散，属于典型的分散采购管理体制，中央设立政府采购商业办公室，专门负责与协调 200 余个中央部门和公共组织的政府采购。中央各部的预算部门和地方政府都拥有自行采购的权利，独立承担本部门及地区的采购事务，议会和财政部履行监督管理职能，并设有监督管理机构——政府采购管理司。采购代理机构及行业协会协助政府采购。

2）保护本国高新技术产业。英国政府规定，政府部门、政府实验室、国营公司必须从本国公司采购计算机、电子产品及通信器材；在国际采购中，采购部门必须证明在采购活动中本国供应商得到了平等竞争的机会；在水、能源、通信及交通四个领域的公共设施采购中，本国产品的比例必须达到 50% 以上，价格高于 3% 以内的，也应优先购买。

3）注重支持中小企业。英国成立了专门的中小企业管理局，各地相应成立中小企业管理咨询机构及中小企业委员会；贸工部每年要拨专款用于鼓励中小企业开展技术革新的可行性研究、中间试验、新产品研究和开发计划；规定政府在采购时，要调查了解本国中小企业的实际竞争力，并通过培训、提供信息等方式，使本国中小企业有参与政府采购的竞争机会；要将大宗采购项目细化为小项目，以利于中小企业参与政府采购竞争；中央一级采购合同的 10% 要给予中小

---

① 任胜钢，李丽．发达国家政府采购促进高新技术产业发展的政策比较及启示．中国科技论坛，2008（3）

企业，并责成财政部对这项规定的落实情况每年进行检查。据2004年度英国财政部的调查，中小企业获得当年合同数的占49.6%，占全部合同金额的25.3%。①

英国中小企业参与政府采购的政策相当具体。包括成立中小企业管理局，全国各地成立相应的中小企业管理咨询机构以及中小企业委员会等；贸工部每年拨专款用于鼓励中小企业开展技术革新的可行性研究、中间试验、新产品研究和开发计划；将大宗采购项目细化为小项目，以利于中小企业参与政府采购竞争；制订小企业研究计划，保证中小型企业研发采购至少占到政府全部研发经费的2.5%；驻外使领馆的商务机构帮助中小企业开拓海外市场，并获得国际基金资助，其中英格兰获得国际基金已超过5亿英镑；对资金不足的中小企业提供贷款担保。对创办两年以上的企业担保85%，最高可一次性贷款25万英镑，对创办不足两年的企业担保70%。

（2）芬兰。芬兰的成功之处在于政府高比例投资教育进而创建两大体系即国家创新体系和创新风险投资体系，在此基础上成功地孵化出高新技术。

1）优先保证教育投入，培养学以致用人才。重视教育使芬兰成为欧洲教育体系最完善的国家，而投资教育的巨大回报是芬兰经济的高速发展。在芬兰政府预算中，教育经费始终处于优先保证的地位，即使是几年前芬兰经济出现衰退时，政府预算削减的主要是军费开支，教育经费不减反增。政府对基础教育阶段学生的投资年人均为5100美元，高中及职业教育阶段为6500美元，大学则为11800美元。高比例的教育投资使只有500万人口的芬兰拥有20余所大学，人均拥有大学和图书馆的比例居世界前列。

2）通过建立独特的国家创新体系来促进产学研的结合。芬兰是世界上首个将国家创新体系概念用于构建其科技创新产业政策框架的国家。芬兰国家科技政策理事会作为该体系的最高领导机构负责高科技产业政策的制定，隶属于芬兰贸工部的国家技术局在该体系中扮演着执行者和协调者的角色，是各科技发展项目的赞助人，隶属于芬兰国会的国家开发基金和隶属于芬兰教育部的芬兰科学院也帮助各高科技企业和科研机构融资贷款。除为高科技项目提供资金支持外，芬兰政府还建立了北欧地区最大的综合研究机构芬兰国家技术研究中心。芬兰政府通过宏观指导和协调，促使产学研密切合作，共同推动技术开发及科技成果的转化。

3）架构创新风险投资体。各国风险投资发展的历程证明，政府的导向和激励是至关重要的外部动力。芬兰政府在风险基金领域扮演着重要角色，自20世

① 刘勇．发达国家政府采购促进高新技术产业发展的经验．经济纵横，2009（6）

纪80年代中期开始探索以高科技开发为目标的风险投资以来，政府风险投资公司始终与私营风险投资公司共存并处于主体地位。芬兰第一个以科技为对象的风险投资基金国家研究与发展基金就隶属于芬兰国会。同时，各地方政府也积极支持和参与地方风险投资基金的组建。如有芬兰硅谷之称的大赫尔辛基地区的因诺波利科技园在成立斯平诺风险投资种子基金时，赫尔辛基市政府、爱思堡市政府都出资合股。高科技创新行业与风险投资是天然交织在一起的。通过政府的参与可提高风险投资公司的信誉，增加投资人的安全感，保证科技创新的良性发展。①

七、经验借鉴

综观发达国家促进自主创新的政府采购制度，可以发现以下政府采购举措值得我国借鉴。

1. 政府首购

政府首购，指的是对于国内供应商生产或开发的、暂不具有市场竞争力，但符合国民经济发展要求、代表先进技术发展方向的首次投向市场的产品，通过政府采购方式由政府首先采购的行为。比如，在美国集成电路初问世时，由美国政府100%采购；在韩国，清洁能源汽车研发成功后，韩国财政部带头购买了50台现代公司研制的清洁燃料汽车。我国《科学技术进步法》第二十五条也规定，对境内公民、法人或者其他组织自主创新的产品、服务或者国家需要重点扶持的产品、服务，在性能、技术等指标能够满足政府采购需求的条件下，政府应当购买；首次投放市场的，政府采购应当率先购买。

2. 政府订购

指的是当自主创新产品尚处于研究开发阶段时，采购人员运用招标方式确定科学技术研究开发机构、高等学校或者企业进行研究开发，并予以订购。西方发达国家基本上也都规定了政府订购制度，并通过政府订购促成了一系列新产品和新技术的研发和面市。我国《科学技术进步法》第二十五条第二款规定了政府订购制度。

3. 优先采购本国产品

即给予本国创新产品较外国供应商的产品更优惠的价格，或者强调优先采购本国创新产品。比如在美国，在同等条件下，给予本国供应商10%～30%的价格优惠。在政府采购项目的国外报价中，如果本国供应商的报价比外国供应商的报价高出不超过6%的幅度，则必须优先采购本国供应商的产品。在日本，在振兴

① 江沿．从韩国、芬兰经验看自主创新中的政府行为．经济纵横，2007（8）

汽车工业时，政府单位100%购买国产车，驻外公司汽车零部件的30%必须在日本采购；其他产品外商采购比例不得超过总金额20%。在韩国，科技部等长官为扩大新技术产品的销售，可要求国家机关及地方政府等机构优先采购高新技术产品。韩国政府对国产高速列车和核电站等公用事业装备全部买进。在欧盟，水、能源、通信及交通等领域的公共设施采购中，欧盟产品的比例必须达到50%以上，价格高于3%以内的，也应当优先购买。我国政府采购法第十条也规定，政府采购应当采购本国货物、工程和服务，除非需要采购的货物、工程或者服务在中国境内无法获取或者无法以合理的商业条件获取，或者为在中国境外使用而进行采购，或者其他法律行政法规另有规定。

4. 扶持科技型中小企业，保证采购比例

各国扶持科技型中小企业的政府采购政策大致包括：报价优惠，例如《购买美国货法案》规定，在政府采购报价中中小企业可享受比外国和本国供应商分别高出12%和6%的报价优惠。合同预留，例如美国《小企业法》规定，所有预算不超过一万美元并属于小额购买的政府采购或服务合同必须预留给小企业等。澳大利亚法律也规定，联邦一级采购合同的10%要给予中小企业。

5. 合同拆分、分包或转包

例如，日本保证中小企业受到政府和公共机构的订单法案采取诸如将工程分割成较小的单位或者将相应的订单拆分成较小数额订单等做法，创造有利于中小企业进入政府采购领域的机会。

6. 制订面向中小企业的政府采购优惠计划

如韩国法律规定，对于中小企业生产的技术开发制品，政府要大力支持相关机构优先采购。通过综合评估认定，每年确定鼓励采购的高新技术产品的品种目录。公共机构要参照本部门预算和年度工作计划制订采购中小企业产品计划，报国会审议后予以公布实施。

7. 技术转移

例如，澳大利亚法律规定，如果外国企业的产品在政府采购中中标，则该外国供应商应与本国企业或者科研机构，就符合国内需要且具有持续性的研究项目，共同制订研究计划，或共同成立研究开发中心，或者要求中标的外国供应商就国内欠缺的管理、运行、检测等技术，提供培训服务，为国内企业实现技术升级，提高产品质量，培训专业人才。

以上列举的几种促进自主创新的政府采购的具体措施，均是从实体规则、微观层面进行介绍。从宏观层面，欧盟的有关做法和经验值得关注和借鉴。在欧盟，促进自主创新的政府采购政策的实施框架（或者称为关键性政策指引）包括三个方面：第一，政府采购与私人需求相联合，进行市场化改造。创新品要得以商业化、市场化，要求其必须得到市场的认可，营造出充分的市场需求，尤其是广大普通消费者的需求。因此，政府采购必须引导和带动一般消费者对创新品的市场需求。在采购过程中，通过各种形式与私人采购相联合，有助于创新品的市场化。第二，谋求政府采购需求和供应商供应能力相一致。创新品的研发和供给都存在较大不确定性和风险，只有做到政府采购需求和供应商供应能力大致一致，才能将风险最小化，实现包括促进创新在内的采购目标。鉴于此，政府采购必须在早期就未来的需求和供给作出考虑，就未来的公共需求给予供应商预先信号，以便其做好研发、生产等各方面准备和筹划。第三，调整政府采购评审标准。一般而言，政府采购部门倾向于将政府采购合同给予那些低启动成本和高可靠性的供应商，以此来规避政府采购过程中的风险。然而，自主创新在启动阶段无疑是成本不菲、风险巨大的。因而，若仍然固守于最低成本的评审和授予标准，则潜在的自主创新就无法得到扶持。鉴于此，在作出促进自主创新的政府采购决策时，应当采用一种新的成本收益分析模式，即考虑到全生命周期成本（Whole Life Costs），包括取得成本、运作成本和处置成本，以及采用所谓的最经济有利（Most Economically Advantageous Tender，MEAT）的标准，来取代最低成本的评判标准。MEAT 标准的确立，需要赋予价格和非价格因素相应权重。当然，在很大程度上，权重大小受到合同类型是商品还是服务的影响。服务类合同需要衡量非价格因素和成本的重要性。在具体操作中，评判因素可以划分为诸如商业性因素、质量和技术因素、经济或财政因素等多个指标，并分别赋予一定的权重；或者将每一个标准区分为强制性或者选择性，并设定合适的权值。若未达到强制性标准，则投标应被否决，选择性因素可以在评审中予以衡量，但是由此导致的额外成本也应当考虑。欧盟委员会在一份题为《政府采购中创新方案指引良好做法的 10 项要素》的报告中，对如何做好政府采购归纳了 10 项要素：①政府采购部门成为智能用户（Intelligent Customer）；②在招标之前，先与市场进行沟通，进行市场调查；③在整个采购过程中，保证关键参与者参与其中；④让市场创造出创新方案；⑤在政府采购过程中，着眼于获取价值而非仅仅强调价格最低；⑥利用电子化手段和信息技术；⑦决定如何管理好采购过程中的风险；⑧利用契约安排激励创新；⑨制订出配套的实施计划；⑩总结经验，为以后采购工作的开展提供借鉴。[①]

① 翁国民，熊伟．发达国家促进自主创新的政府采购制度及其启示．浙江学刊，2010（5）

附录

我国政府采购组织形式统计表（万元）①

年份	项目	集中采购		分散采购	合计
		采购机构集中采购	部门集中采购		
2003	货物	6337049.33	1145961.52	1490421.90	8973432.75
	工程	3118523.20	1597630.14	1867176.21	6583329.55
	服务	793885.65	88757.71	154869.04	1037512.40
	合计	10249458.18	2832349.37	3512467.15	16594274.70
2004	货物	6789549.80	2199355.16	1498091.81	10486996.77
	工程	4906540.98	2221673.83	2356105.31	9484320.12
	服务	1006638.62	151037.73	228194.73	1385871.08
	合计	12702729.40	4572066.72	4082391.85	21357187.97
2005	货物	8759533.52	3253408.20	2073699.26	14086640.98
	工程	7350407.04	2607873.49	3273257.68	13231538.21
	服务	1367023.80	255938.81	334518.35	1957480.96
	合计	17476964.36	6117220.50	5681475.29	29275660.15
2006	货物	10361863.80	3608702.07	2503373.27	16473939.14
	工程	9566733.71	4036068.15	4036329.10	17639130.96
	服务	1946149.54	336884.99	420019.90	2703054.43
	合计	21874747.05	7981655.21	6959722.27	36816124.53
2007	货物	13022840.58	3998006.93	2711979.38	19732826.89
	工程	15110552.23	4477580.72	3718303.96	23306436.91
	服务	2403620.87	619672.59	546119.16	3569412.62
	合计	30537013.68	9095260.24	6976402.49	46608676.41
2008	货物	16481124.58	5600107.14	3510912.28	25592144.00
	工程	20833787.99	4735447.97	4214271.94	29783507.89
	服务	3192212.36	648516.98	692393.51	4533122.85
	合计	40507124.92	10984072.09	8417577.72	59908774.74

① 资料来源：历年《中国政府采购统计年鉴》。

我国政府采购方式统计表（万元）①

年份	项目	采购方式						合计
		公开招标	邀请招标	竞争性谈判	询价	单一来源	其他	
2003	货物	3852861.28	1247216.5	1116419.7	2063160.7	693771.63		8973429.84
	工程	5125942.68	855156.16	270337.91	191510.20	140382.71		6583329.66
	服务	518217.89	127744.30	153313.56	134611.97	103627.48		1037515.20
	合计	9497021.85	2230117.0	1540071.2	2389282.9	937781.82		16594274.7
2004	货物	4622795.76	1153931.5	1499576.3	2367969.9	842723.38		10486996.8
	工程	7389024.18	1063100.8	554923.34	281458.73	195813.08		9484320.12
	服务	706152.82	126015.38	201914.39	162795.38	188993.11		1385871.08
	合计	12717972.76	2343047.7	2256414.0	2812224.0	1227529.6		21357188.0
2005	货物	6985749.09	1077713.1	2281616.3	2778374.1	963188.34		14086641.0
	工程	11107251.20	1076396.5	565702.06	298939.34	183249.12		13231538.2
	服务	1073437.80	119022.06	260097.81	248318.58	256604.71		1957480.96
	合计	19166438.09	2273131.7	3107416.2	3325632.0	1403042.2		29275660.6
2006	货物	8693408.15	907030.64	2829415.4	2997731.7	1046353.3	0.00	16473939.1
	工程	14644211.42	1380747.2	977511.02	368511.95	268149.37	0.00	17639131.0
	服务	1556153.30	128614.28	412732.79	299763.96	305790.10	0.00	2703054.43
	合计	24893772.9	2416392.1	4219659.2	3666007.6	1620292.7	0.00	36816124.5
2007	货物	11226015.4	873831.34	3016358.0	3295682.2	1320912.0	27.98	19732826.9
	工程	19440911.3	1897424.9	1039440.0	499937.03	428723.66	0.00	23306436.9
	服务	2024444.73	168842.93	564849.15	386776.82	424398.99	100.00	3569412.62
	合计	32691371.4	2940099.2	4620647.2	4182396.0	2174034.7	127.98	46608676.4
2008	货物	14847768.7	867949.72	3684980.5	3954438.0	2235552.1	1455.1	25592144.0
	工程	25269331.5	1862531.9	1389267.6	794862.54	465112.63	2401.7	29783507.9
	服务	2772842.93	157815.69	548580.00	469445.81	583865.83	572.60	4533122.85
	合计	42889943.14	2888297.32	5622828.10	5218746.31	3284530.53	4429.34	59908774.74

① 资料来源：历年《中国政府采购统计年鉴》。

第七章　机制设计与政策建议

政府采购制度是我国公共财政管理的重要内容，也是政府调控经济的一种有效手段。2011 年 5 月 26 日，财政部党组成员王保安同志在全国 GPA 谈判应对工作及政府采购工作会议上作了题为“立足国内改革和对外开放推动政府采购工作再上新台阶”的重要讲话。① 他指出我国当前及未来很长一段时间内深化政府采购体制改革的指导思想是：深入贯彻落实科学发展观，围绕财政“十二五”改革发展目标，积极构建符合国际惯例、具有中国特色的政府采购制度，全面加强政府采购科学化精细化管理，大力推进节约型社会和服务型政府建设，充分发挥政府采购在经济社会发展中的职能作用，努力实现政府采购事业全面协调发展。并强调以完善政策体系和执行机制为重点，着力发挥政府采购政策功能。

王保安指出，在经济全球化深入发展的背景下，政府采购政策功能应逐步从国内扩展到国际范畴，成为维护国家主权、增强国家竞争力的有效手段。具体来说，要进一步学习借鉴国际经验，加快构建功能完备的政府采购的政策体系，更好地服务经济社会发展；进一步完善促进节能减排的政府采购政策，加大绿色采购力度，提高节能节水产品和再生利用产品比重；完善政府采购强化信息安全的政策措施，建立采购信息安全产品的审查机制；推动政府采购支持中小企业发展办法尽快出台，加快制订本国产品的认定办法，研究制定支持少数民族地区发展、保护弱势群体等方面的政策措施。同时，要研究完善政府采购政策功能的实施办法和实现方式，采取预留采购份额、强化供应商资格审查、实行评审优惠、附加合同约束、采用不同采购方式等手段，统筹协调各项政策目标；加强对采购人的审计监督，强化政策执行监督检查，建立完善的绩效评价机制，努力提高政策执行效果。

由此可见，充分发挥政府采购资金的引导作用，扶持有潜力的自主创新企业发展在我国具有十分重要的现实意义，基于此，我们提出相关机制设计与政策建议。

① 财政部网站，http：//gks. mof. gov. cn/redianzhuanti/zhengfucaigouguanli/201105/t 20110531_ 555729. html

第一节　促进自主创新企业发展的政府采购的基本原则

为了充分发挥政府采购在促进自主创新企业发展中的作用，提高政府采购资金的引导效果，更好地体现政府采购的政策性功能，在借鉴西方国家经验的基础上，我国应在政府采购机制的设计以及政策的制定上，遵循以下基本原则。

一、国货优先原则

国货优先原则是指给予本国创新品较外国供应商的产品更优惠的价格，或者强调优先采购本国创新产品。这是各个国家在促进自主创新企业发展中普遍运用的基本原则。在我国，《政府采购法》第十条规定，政府采购应当采购本国货物、工程和服务，除非需要采购的货物、工程或者服务在中国境内无法获取或者无法以合理的商业条件获取。尽管在2009年多部委出台的文件中，也表明了这一原则，不过，目前来看，我国的相关规定不够细化和具体化，有待进一步改进。

二、政府首购原则

政府首购原则指的是对于国内供应商生产或开发的、暂不具有市场竞争力，但符合国民经济发展要求、代表先进技术发展方向的首次投向市场的产品，通过政府采购方式由政府首先采购的行为。比如在美国，集成电路初问世时，就是由美国政府100%采购。我国《科学技术进步法》第二十五条规定，对境内公民、法人或者其他组织自主创新的产品、服务或者国家需要重点扶持的产品、服务，在性能、技术等指标能够满足政府采购需求的条件下，政府应当购买；首次投放市场的，政府采购应当率先购买。

三、优惠采购原则

优惠采购原则是指政府采购具有自主创新及自主知识产权的产品或专利成果，实行价格优惠，即可按高于其他不具有自主创新特质的同类产品的价格采购。自主创新产品价格高于一般产品的，要根据科技含量和市场竞争程度等因素，对其给予合理的价格扣除；自主创新产品企业报价不高于排序第一的一般产品企业报价一定比例的，优先获得采购合同。政府价格优惠的幅度，可以视技术创新程度和自主知识产权情况对优惠的幅度予以规定。政府通过价格优惠，既可以增加自主创新企业或服务机构的销售机会，使这些企业不至于因创新成本高而丧失政府采购市场，又可以通过价格优惠的收益，进一步提高技术开发能力，并激励更多的供应商为获得政府采购订单在自主创新方面展开竞争。

第二节　优化完善政府采购的规模与结构

自1996年开始实施政府采购试点以来，我国的政府采购事业蓬勃发展，政府采购制度的各项改革逐步推进，采购规模快速增长，采购范围不断扩大，采购程序也日趋规范。尤其是2003年1月1日施行《政府采购法》以来，我国的政府采购更是走上了法制规范的道路，这也进一步促进了政府采购规模的扩大化。

目前我国的政府采购规模持续快速增长，占财政支出和国内生产总值（GDP）的比重逐年增加。例如2010年，我国政府采购的规模达到了8422亿元，占到全年财政支出的9.4%，约为当年GDP总额的2.12%。而且政府采购的构成正在日趋合理，货物类占比总体上呈现下降趋势，工程类和服务类采购占比在逐年增加，这说明我国政府采购的构成正逐步由实物资产的采购向大规模的工程与服务类资产采购转化。以2008年为例，我国政府采购中货物类采购规模比上年增长了29.7%，占采购总规模的42.7%，工程类采购较上年增长27.8%，占采购总规模的49.7%，服务类采购较上年增长27.0%，占采购规模的7.6%。同时，集中采购在规模和所占比重上都呈现出良好的增长势头，这说明集中采购正日益成为我国政府的主要采购模式。例如，2008年我国政府采购中集中采购规模占到总量的85.9%，比上年同期占比继续上升0.9个百分点。与此同时，在政府采购资金分配过程中，国际通用的公开招标采购方式也在不断强化，2008年我国采用公开招标方式进行采购的规模占到采购总规模的71.6%，采用邀请招标、竞争性谈判、询价和单一来源方式的采购分别占采购总规模的11%、10.6%、13.2%和5.7%。

不过值得指出的是，尽管近年来我国的政府采购事业取得了长足的发展，但政府采购的规模仍然相对偏小。目前我国政府采购金额占GDP的比重大约为2%，而西方发达国家，政府采购的规模占GDP的比重一般在10%~15%。这意味着我国的政府采购的规模仍然偏小，对自主创新的需求拉动作用相对有限。

同时，我国政府采购的结构构成有待进一步调整。目前，我国政府采购的主要构成仍然是货物类等实物资产，其他采购项目占比过低。以2008年为例，工程类政府采购占比为51.4%，服务类政府采购占比仅为7.9%，而在政府采购制度完善的国家，工程类政府采购甚至可以占到政府采购份额的80%左右。在国外政府采购促进企业自主创新的实践中，政府往往为了实现促进目标而刻意和主动扩大自主创新产品的购买量，而在我国政府采购中，为自主创新产品所创造的市场份额还远远不够。因此，我们要继续扩大政府采购规模，有计划地扩大自主创新产品的需求，具体措施如下。

一、努力拓宽采购领域与采购主体范围

我国政府采购自主创新产品，目前在采购领域上，主要限制在政府预算安排的办公类别内；在采购主体范围上，政府采购自主创新产品主要局限在市一级及其以上部门的政府投资中。范围的狭小性、主体的有限性严重制约了政府采购市场对创新产品的需求数量。为了扩大政府采购规模，尤其是提高自主创新产品的采购份额，在采购领域上，应从办公类产品向工程与固定资产投资项目以及服务领域进行拓展；在采购主体上，应扩大到区县政府以及所有的预算拨付资金的公共部门。为了确保采购资金的政策导向，首先应完善党政机关及公共部门的办公设施配置标准，将相关设备分档次纳入标准配置体系，使不同层次的自主创新产品都能顺利进入政府采购市场。① 其次应进一步扩大集中采购的规模以及在财政购买支出中的比重。最后应针对首购政策制定具体的实施细则并切实加以落实，若有可能可以进一步扩展到“首台”或“首套”政策。

二、加大对中小企业自主创新的扶持力度

在西方国家的政府采购政策中，通常都有针对向中小企业倾斜的相关规定，以促进中小企业的自主创新。例如《美国产品购买法》就规定，在政府采购项目的国外报价中，只要本国供应商为中小企业，其报价不超过外国供应商报价的12%，则优先交由本国供应商采购。同时，美国地方政府也通过以下优惠计划鼓励中小企业参与政府采购：为中小企业提供政府采购的报价等信息；降低政府采购项目标的物要求，降低中小企业参与政府采购的门槛；制定面向中小企业的政府采购目标。此外，美国还通过《小企业法》对中小企业进行扶持，该法中要求行政机构将一定比例的政府采购合同给予中小企业。在澳大利亚，规定联邦一级采购合同的10%，要给予中小企业。在英国，除了成立中小企业管理局专门机构外，还特意将大宗采购项目细分为小项目，以便于中小企业参与政府采购竞

① 薛菁．促进企业自主创新的政府采购政策研究．中共山西省委党校学报，2008（8）

争。而在韩国，中小企业厅强调，政府必须优先购买中小企业开发的产品，同时积极推进修改《中小企业振兴和产品购买促进法》。

我国的中小企业是一个十分活跃的创新主体，目前全国65%的发明专利、74%以上的技术创新，以及82%以上的新产品开发都是由中小企业创造的。[①] 但由于中小企业的规模较小，因此在政府采购市场中处于弱势地位，它们的成长与壮大急需政府的扶持。因此，在我国的相关采购制度中，应明确扶持中小企业的实施细则和操作办法，在规模指标的限定上降低门槛，有目的地向科技型中小企业倾斜。对科技型中小企业而言，政府应当根据国家的产业发展方向，确立以政府采购扶持科技型中小企业的具体政策目标，结合科技型中小企业的特点，制定细致的采购扶持政策。例如政府可以在每年的采购合同中，规定应给予中小企业的比例；在采购价格、采购数量、采购标准等方面更多地倾向科技型中小企业，甚至可以对一部分需要重点发展的科技型中小企业采取定点、定向、定量的采购。在价格、质量、规格、交货方式及期限、货款交付方式及期限的同等条件下，优先购买中小企业的科技创新产品和技术。[②]

第三节　促进自主创新企业发展的政府采购机制设计

促进自主创新的政府采购的机制设计应当从如下几个着力点入手。

一、科学合理地设计自主创新的衡量标准

在政府采购具有自主创新的产品与服务时，衡量自主创新的标准确定非常重要。其中重要的一环是要加强自主创新的权威认证，同时建立自主创新产品与服务的信息库。只有拥有完善的经过权威认证的自主创新产品与服务的信息库，才能保证政府采购顺畅、有效地进行下去，并实现低成本运营。因此，为了确保巨额的政府采购资金能够支持符合国家政策目标的企业发展，就必须构建可以量化的衡量标准。一是要保证企业本身属于自主创新企业的范围；二是要保证所采购的产品是自主创新产品，两者缺一不可。基于此，我们认为，一套合理的衡量标准应该从产品和企业两个角度予以衡量，分别构建自主创新产品指标体系与自主创新能力评估体系。

---

① 胡长生．完善自主创新政府采购制度的路径选择．党政干部学刊，2008（8）

② 刘小川．促进企业科技创新的政府采购政策研究．学海，2008（5）

1. 自主创新产品指标的构建

2006年12月，国家科技部和国家发展改革委员会、财政部联合发布了《国家自主创新产品认定管理办法（试行）》（以下简称《办法》）。该《办法》规定：申请认定的国家自主创新产品，应符合以下条件：①产品符合国家法律法规，符合国家产业技术政策和其他相关产业政策。②产品具有自主知识产权，且权益状况明确。③产品具有自主品牌，即申请单位拥有该产品注册商标的所有权。④产品创新程度高。⑤产品技术先进，在同类产品中处于国际领先水平。⑥产品质量可靠。⑦产品具有潜在的经济效益和较大的市场前景或能替代进口。

但是《办法》中给出的七个条件只是自主创新产品的定性条件，没有给出具体的评价指标。因此，我们结合对自主创新内涵的认识，根据《办法》中给出的七个条件，着手构建自主创新产品指标，首先将自主创新产品评价指标体系分为自主创新产品指标和企业自主创新能力指标两个一级指标，然后对这两个指标分别构建二级指标。如表7－1所示。

表7－1　自主创新产品指标

自主创新产品指标	自主创新技术指标	自主知识产权数量
		自主知识产权权益情况
		自主创新技术的数量
		核心技术的自主创新程度
		自主创新技术的技术水平
	经济效益指标	新产品利润率
		新产品销售率
		市场占有率
		出口创汇水平
		新产品利税率
		研发费用的投资回收期
	环境指标	产品能源消耗减少程度
		产品环境污染减少程度

2. 企业自主创新能力指标的构建

目前对企业自主创新能力评价指标体系研究较有权威性和影响力的是由国家统计局中国经济景气监测中心发布的《中国企业自主创新能力分析报告》，该报告从技术创新能力的角度提出了一个企业自主创新能力的评价指标体系，共包括四个一级指标。一是潜在技术创新资源指标，包括企业工程技术人员数、企业工业增加值、企业产品销售收入等项。二是技术创新活动评价指标，包括科技活动经费占产品销售收入比重、研究和试验发展（R&D）活动经费投入占产品销售收入比重等项。三是技术创新产出能力指标，包括申请专利数量占全国专利申请比例、拥有发明专利数量占全国拥有发明专利量比重、新产品销售收入占产品销售收入比重等项。四是技术创新环境指标，包括财政资金在科技活动经费筹集额中的比重、金融机构贷款在科技活动经费筹集额中的比重等项。

表7－2　企业自主创新能力指标

企业自主创新能力指标	创新资源指标	企业工程技术人员数
		企业工业增加值
		企业产品销售收入
		生产设备先进水平
		产品质量水平
	创新投入能力指标	研发投入强度
		研究人员投入强度
		研发培训费用
		研发设备水平
		引进和改造投入强度
		消化吸收投入强度
		开发的时间及费用
		已有技术的先进程度
	创新组织管理能力指标	信息收集能力
		企业领导的创新欲望和责任心
		企业员工创新意识
		工程技术人员和技术工人的素质及状态
		创新激励机制水平
		组织文化和气氛
		创新的预测和评估能力
		与外界的研究和生产合作能力
	创新产出能力指标	研发成功率
		科技论文和著作数
		申请专利数量占全国专利申请量比例
		拥有发明专利数量占全国拥有发明专利量比重
		单位研发人员的发明专利数

续表

<table>
<tr><td rowspan="11">企业自主创新能力指标</td><td rowspan="7">创新产出能力指标</td><td>单位研发经费的发明专利数</td></tr>
<tr><td>创新产品先进程度</td></tr>
<tr><td>新产品研发周期</td></tr>
<tr><td>获省级及国家级科技成果奖励数</td></tr>
<tr><td>自主开发新产品、新工艺数量</td></tr>
<tr><td>自主品牌或驰名注册商标数量</td></tr>
<tr><td>质量保障体系认证指数</td></tr>
<tr><td rowspan="4">创新环境指标</td><td>企业所处地域的信息化水平</td></tr>
<tr><td>企业所处地域的市场竞争程度</td></tr>
<tr><td>企业所处地域的政府部门的扶持度</td></tr>
<tr><td>企业所处地域的金融机构的支持度</td></tr>
</table>

该分析报告的不完美之处在于将自主创新能力等同于技术创新能力，同时缺少了影响企业自主创新能力的其他指标。因此我们在其基础之上，结合自主创新能力的内涵，参考其他学者给出的评价指标体系，对企业自主创新能力指标进行构建，见表7-2。

为了完成对企业或技术自主创新资质的权威认定，根据第二章的分析，可以尝试引入评估团评价机制，建立起以管理专家与技术专家为主体的多阶层评价体系，遴选专家对自主创新的不同表现特点进行阶梯评价，再从评价矩阵中提炼出多维，或者是更简练的二维甚至是单维结论，为科技管理部门提供决策参考。

二、完善促进自主创新企业发展的招投标制度

按照《中华人民共和国政府采购法》的规定，政府采购的主要方式应该是公开招标。但实际上，公开招标根据其不同目的、不同目标和不同对象，在实施过程中有不同的模式可供选择。

1. 建立分层次招标体系

根据投标主体以及投标对象的不同，应当实行分层次的招投标，该做法不但符合促进自主创新的战略决策要求，而且更能有效地发挥政府采购对自主创新的促进作用。分层次招标制度的设计构想如下：

第一个层次，国外厂商具有绝对技术优势的产品与服务，可实行全球公开招标。若竞标者过少，竞争不激烈，尝试推行双边叫价或讨价还价，把公正的市场价格挖掘出来。但应该坚持把国内同行企业参与建设作为一个必备的附加条件，力争引进技术而不是现成产品，争取消化吸收再创新。

第二个层次，国内外厂商在技术上差距不大时，应积极鼓励国内企业与国外企业同场竞标。可从机制制定、优惠政策等方面给予资本薄弱的国内企业一定的倾斜，技术条件近似时，宜采用具有自主创新特质的国内企业的产品与服务。但倾斜政策不能成为国内企业的保护伞和疏于进取的理由，应利用公开招标和市场竞价的力量来逼迫国内企业走向成熟。

第三个层次，国内厂商具有一定优势时，应坚决执行面向国内企业的公开招标。主持招标时，政府不能因主观偏好而执行任何不公平的政策。通过严格的优胜劣汰，将最具自主创新活力的产品与服务甄别出来。

2. 引入两阶段招标制度

对于创新技术性重大的产品，由于受采购人员专业知识的局限，可能造成采购人员无法进行判断或判断失误的情况。在尚未与供应商或承包商就其确切的技术能力和可能提供的型号等进行谈判前，采购机构需要协商以获取相关技术规范。因此，要求我们将技术与价格分开投标，即采用两阶段招标方法。第一阶段，采购机构就拟采购货物或工程的技术、质量或其他特点以及就合同条款和供货条件等广泛地征求建议，并同投标商进行谈判以确定拟采购货物或工程的技术规范。第二阶段，采购机构依据第一阶段所确定的技术规范进行正常的公开招标程序，邀请合格的投标商就包括合同价款在内的所有条件进行投标。采用两阶段的招标方法，在技术招标时，通过吸引更多的开发机构参与投标，可以更准确地预见技术的发展方向和确定创新产品的功能、技术指标与技术规格，并在价格招标时通过公开招标的方式降低采购成本。① 目前我国《自主创新产品政府采购评审办法》中规定的招标方式是公开招标和邀请招标，并不明确包含两阶段招标方式，应在今后的实践中考虑引入。

3. 完善政府采购评标体系

在传统的最低价评标法、性价比评标法等评标方法下，自主创新产品在竞标中可能处于劣势，因而不利于支持企业的自主创新，需要针对传统方法予以改进。具体来说，可做如下尝试：

第一，价格扣除法。对于自主创新产品，可依据其技术含量和市场竞争程度等因素的大小，在作一定幅度的价格扣除后，再运用最低价法进行评标。也就是说，只要自主创新产品企业报价不高于一般产品企业报价的一定比例，就可优先获得采购合同。

第二，权重赋予法。以综合评标为主的招标项目，适当增加自主创新评分分值，并规定自主创新因素的最低权值，提高自主创新产品的中标率。

---

① http：//www. sei. gov. cn/showarticle2008. asp？ArticleID = 159855

第三，选择性地采用竞争性谈判招标。对自主创新技术含量高、对国民经济发展或某个行业发展具有决定性作用的自主创新产品，政府可采取非公开招标方式进行采购，将合同授予具有自主创新能力的企业。①

第四，采用最经济有利标准（Most Economically Advantageous Tender, MEAT）。一般而言，政府采购部门倾向于将政府采购合同给予那些具有低启动成本和低风险的供应商，以此来规避政府采购过程中的不确定性风险。然而，科技创新在启动阶段成本较高、风险较大。如果仍然固守传统的评标方法，潜在的科技创新就无法得到扶持。因此，在作出促进科技创新的政府采购决策时，应当考虑全部生命周期成本（Whole Life Costs）（包括取得成本、运作成本和处置成本），采用MEAT标准，来取代最低成本的评判标准。MEAT标准的确立，需要赋予价格和非价格因素相应的权重。在具体操作中，评判因素可以划分为商业性因素、质量和技术因素、经济或财务因素等多个指标，并分别赋予一定的权重；也可将每一个标准区分为选择性或强制性，并设定合适的权值。如果没有达到强制性标准，投标应被否决，选择性因素可以在评审中予以衡量，但是由此导致的额外成本应当在总成本中进行考虑。②

三、对自主创新企业给予一定的优先待遇

常见的促进自主创新企业发展的优先待遇有税收扶持、金融支持和政府支持等。优先待遇能尽量精减评估、申报、引进和履行等行政环节的成本，并让自主创新企业在经济收入上获得实惠。不过，给出优惠待遇容易，而要确定优惠待遇的“度”却非常难。在对自主创新企业实施优惠待遇时尤其要注意两点：其一，优先待遇应当信息公开并在竞标前公示，不能在竞标后让非自主创新企业据此钻政策的漏洞而妨碍市场效率；其二，应当把是否形成新的自主创新能力和是否形成新的拥有自主知识产权的产品作为企业在提供产品服务行为发生之后的一个重要考核指标，从而敦促自主创新企业进一步的可持续发展。

四、建立反合谋操纵的防范机制

促进自主创新的政府采购，不是一种纯粹的、放任自流的完全市场化的行为，而是一种在政府有意识的引导之下的制度创新。正因为在政府采购的过程中，各局中人都是有利益偏好的经济人，因此基于无利益偏好的完全理论化的市场竞价机制可能会导致合谋操纵等严重问题，从而给资源与资产的所有者造成极

① 薛菁．促进企业自主创新的政府采购政策研究．中共山西省委党校学报，2008（8）

② 姜爱华，王斐．典型国家和地区利用政府采购政策促进科技创新的实践及经验．中国政府采购，2011（6）

大的伤害。

在政府采购的招投标过程中，至少存在着三类合谋会扭曲理论的均衡价格。第一类合谋：参与竞标者与掌握关键信息者之间的合谋。竞标者可能通过与关键局中人勾结，获取关键信息，以低于自己预期的价格获得标的物。作为报答，竞标者在交易成功后将付出一部分信息租金给关键局中人。合谋操纵的结局对合谋的各成员而言是满足激励相容与个人理性的，但却给政府采购者带来了深重的灾难。合谋利益集团的总利润不会凭空产生，它事实上来自于对设标方利益的强行攫取。第二类合谋：多位竞标者之间的合谋。竞标者之间合谋存在的前提是设标方的机制设计有漏洞，如无限制条款的二价暗标投标就很容易给卖方带来巨大损失。单纯的买主间合谋可以通过恰当的机制来进行预防，因此纯粹的买方合谋在实际中并不多见，常见的更可怕的合谋必定有掌握内幕信息的关键局中人参与。此时若把买主联盟看成一个“人”的话，第二类合谋就成了第一类合谋的拓展，但是利益分配方式不同。第三类合谋：设标方与政府之间的合谋。这种合谋少有人关注，因为我国是以公有制为主体的社会主义国家，因此设标方与政府间的合谋在实际中大多数时候是被默许的，但这种合谋也会带来严重的后果。假设设标方有系列采购将连续进行，在初期，若政府与设标方串通，将采购价过分压低。表面上看政府在当次交易中是得利的，但他损害了当期竞标者的利益并向潜在的竞标方传递了政府不守信用的强劲信号。于是在余下的采购过程中，即便设标方开出实价也不会有竞标者轻易接盘了。由此将出现两种后果：要么设标方坚持要价，无竞标者接盘让采购流拍；要么设标方被迫将采购价格抬高，结果造成后续的经济损失。这两种情况对设标方与政府都相当不利，在单次博弈中眼光短浅的利得之后，合谋方换来了重复博弈的长期损失。

合谋操纵是多人博弈中不可回避的难题，在政府采购的公开招标过程中，防止合谋操纵导致的价格扭曲与资产流失，建立有效的防范机制，应从以下几个方面入手：

（1）加强对关键局中人的监管。措施主要有，加大监督力度、降低关键局中人违规“成功”的概率；提高关键局中人的正常工作收入，提高其违规的预期成本；提高相应罚金额，改罚金与违规金额的线性比例关系为累进的高阶非线性比例关系，以形成强烈的震慑作用；加大处罚概率，阻止违规的进一步蔓延；或者把违规者打入“黑名单”，彻底剥夺违规者“翻身”的希望，同时公示严厉的处罚手段与措施，加大潜在的可能违规者对初次犯罪的厌恶感。

具体来说，合谋操纵的防范，加强对政府采购职能部门的监管极其关键，应着手强化监管力度，一是建立贯穿于政府采购活动始终的内部监督机制，通过各参与主体间的相互监督来实现；二是建立全面、广泛、外在和刚性的法律监督机制，加强处罚力度，加大违法的机会成本；三是建立包含政府采购定期报告制度、政府采购定期检查制度、政府采购举报奖励制度、信息网上公开制度在内的外部监督制度，做到内外监督的有机结合；四是强化政府采购预算制度，提高政府采购计划约束力。

（2）设置独立的交易主持人。为了减少人为的干扰因素，降低关键局中人对政府采购招投标过程进行干预的可能性，防止双向寻租的出现，应实现交易主持人的独立化。首先，可尝试让社会资金的所有者来主持交易。尽管一步到位的改革非常困难，但可以采取不断引入广泛的资金来源的方式逐步过渡。其次，应不断完善专家评委库，充分发挥专家在评审工作中的作用，由其对政府采购设备的技术、性能、指标等关键的技术环节进行把关，并对其质量、价格、服务等情况进行评判，保证政府采购工作的科学性、权威性、公正性和严谨性。为了增强采购工作的科学性和客观公正性，减少合谋操纵的可能，在确保专家在评审过程中的独立性的同时，要建立可操作的专家聘用、监督、考核、处罚、退出等机制。

（3）改进竞价规则等。站在政府采购方的角度，即便在不同的竞价机制之下，都有一个最简便的有利于设标方的方法，那就是增加竞标参与者。但是让所有具有购买意愿的竞买者同场竞标并不可取，因为在不加筛选的情况下高昂的交易成本会将交易的收益损失殆尽。因此招标之前的“选秀”非常重要，对竞买者的恰当遴选一方面可以在增加收益与降低成本之间寻找理想的均衡点；另一方面也能尽量筛选掉相关度大的参与人，降低合谋操纵的可能性。此外，应提高竞价规则与竞价过程的透明度，加快电子化采购系统的建设，实现电子信息发布、电子信息传递、网上信息搜寻、网上提交投标、网上评标、电子签约、电子支付、电子查阅和电子投诉，逐步推行网上竞价的成交规则。

（4）建立信誉约束制度。前文的分析结论表明，在声誉机制约束之下，基于收益最大化，不论是合谋型投标人还是非合谋型投标人，都会选择不合谋的行为，这显然有利于维护招标人的利益，并提高消费者的福利。显然，一个有效健全的声誉约束机制可以规范和引导市场参与者的行为选择，可以对参与人产生较强的约束。以此为理论依据，我们可以考虑建立一个信息全面、数量巨大的供应商数据库，全面动态地反映其信誉，并对其进行定期的、动态的信用评估，逐步建立和完善一套规范的政府采购供应商信用考评机制。对于那些不具资质、没有实力、商业信誉欠佳的厂商，要坚决从数据库中清理出去；对于在采购过程中弄虚作假、以次充好、串标围标、恶意合谋的供应商要严厉处罚，限制其在一定时期内不得进入政府采购市场，直至吊销其资格证书。①

---

① 刘本燕．建立和完善我国政府采购监管机制．地方政府管理，2002（12）

五、其他配套措施

在上述的技术化手段之外，我们还提出相关的配套政策建议。

1. 完善法律体系

为了实施促进自主创新的采购政策，财政部已经先后制定了《自主创新产品政府采购预算管理办法》、《自主创新产品政府采购评审办法》、《自主创新产品政府采购合同管理办法》等部门规章。这细化了《政府采购法》相关条款的规定，填补了法律空白，但是由于其法律位阶较低，约束力不够强，监督、惩罚等配套规定不健全，且条款的操作性仍需不断完善等原因，这些制度不能充分发挥政府采购对自主创新的扶持和激励作用。因此，一方面建议财政部提请国务院或全国人大制定相关规定，提高其法律位阶，同时增强对工程建设、机电产品等政府采购的约束力度；另一方面建议各级政府结合技术创新的特点，进一步完善自主创新采购方面的配套规定，着手制订《采购外国产品审核办法》、《自主创新产品界定标准》、《自主创新项目采购信息公告管理办法》、《自主创新项目采购方式确定办法》、《自主创新项目采购评标标准制定办法》、《自主创新项目采购申诉办法》等规定。①

2007 年以来，我国制定了多项关于促进自主创新的政策，但是我国的《政府采购法》并没有突出对自主创新产品的支持，政府采购法律与政策间存在冲突。由于法律的效力高于政策的效力，很多单位采购主要依据的仍然是政府采购法，两者冲突必然导致法律对自主创新的保障不够。因此，有必要适时对我国的《政府采购法》进行修订，同时应制定《政府采购法实施细则》，明确自主创新产品首购和订购的主体、使用的主体、采购预算编制、采购合同、采购评审、采购程序等；明确规定没有经过市场检验的自主创新产品缺陷的容忍比；明确国货优先的操作细则等。②

2. 建立政府采购促进企业自主创新的绩效评价制度

首先，应建立绩效评价基本框架。企业自主创新的政府采购政策绩效，应包括两个层面内容，一方面是从财政的角度出发所表现出来的政府采购管理以及政府采购资金运用绩效；另一方面是从科技进步与产业发展角度出发所表现出来的创新能力提升与产业结构优化绩效。这两个方面均应进入我们的评价视野，实现两个绩效的最优化，因此，应建立起一个评价主体多元、评价方法多样、评价内容丰富的评价框架，实现与政府采购政策目标的多元化相吻合。

---

① 李红军，李小捧，王春光．自主创新政府采购实施对策．中国政府采购，2009（3）

② 宋河发，穆荣平，任中保．促进自主创新的政府采购政策与实施细则关联性研究．科学学研究，2011（2）

其次，应选择合适的评价方法。从财政的角度，要强调政府采购的组织绩效，考虑引入目标管理（MBO，Management By Objectives）评价方法，强化政府绩效评价；从科技进步与产业发展的角度，要强调产业升级与企业竞争力提升的效果，可考虑引入关键绩效指标法（KPI，Key Performance Indicators）和标杆法，评价政府采购在多大程度上促进了企业核心自主创新能力的提升，在多大程度上缩小了我国与西方发达国家在产业发展上的差距。

再次，应建立绩效评价指标体系。如自主创新产品的采购金额、自主创新产品的采购金额占全部政府采购支出的比例、自主创新产品政府采购的合同数量、采购部门人均的自主创新产品采购金额、企业自主创新能力、产品核心竞争力等，全面反映政府采购自主创新产品的绩效。

最后，应明确绩效评估主体。对政府采购自主创新产品的绩效评价，应由专门的绩效评估小组来完成。评估小组成员可由财政部门人员、第三方专家和企业界人士共同组成，以保证评估结果的独立性和专业性。评估小组与评估对象就评估结果进行沟通和交流，以使评估结果更客观公正。绩效评估的结果作为上级主管部门对政府采购中心进行奖惩的依据。①

3. 完善自主创新产品目录

包括明确列入自主创新目录的产品认定标准、认定程序、建立自主创新产品目录快速更新机制②以及建立对自主创新目录中的产品进行分类管理的制度等，各级政府要制订自主创新产品目录，并根据自主创新产品的技术更新速度的不同在不同的时间间隔内定期更新目录，针对不同类别明确具体的优惠标准或优惠幅度以及操作规程。

由以上分析可见，实行促进自主创新企业发展的政府采购制度是一个复杂的系统工程，在此过程中，恰当的技术处理可以引导政府采购向特定的产业进行倾斜，扶持有自主创新资质的企业发展壮大。我们相信，在特定条件约束下的政府采购的创新机制，必将在未来发挥更大作用，从而促进我国的自主创新企业进一步做大做强。

---

① 彭鸿广．我国政府采购扶持自主创新政策效果评估与对策．科技与管理，2011（5）

② 宋河发，穆荣平，任中保．促进自主创新的政府采购政策与实施细则关联性研究．科学学研究，2011（2）

参考文献

[1] 鲍芳修，岳林琳．英国法国政府采购的运作及对我国的启示．科技创业月刊，2005（3）

[2] 柴亚光．日本政府采购也反腐．政府采购信息报，2006－11－27

[3] 常超，王铁山，王昭．政府采购促进企业自主创新的经验教训．经济纵横，2008（8）

[4] 陈昌柏，李刚，王双杰．企业自主创新能力评价体系构建．科技广场，2006（6）

[5] 陈劲．从技术引进到自主创新的学习模式．科研管理，1994（2）

[6] 陈丽佳，劳志健．自主创新产品政府采购法律制度分析——兼评广东省相关政策．中国科技论坛，2010（1）

[7] 陈晓辉．探访美国政府采购——国管局赴美国政府采购培训考察团报告．中国机关后勤，2002（4）

[8] 陈欣．中国信贷配给问题研究．理论学刊，2007（2）

[9] 陈岩明．法国政府采购制度及中法比较．浙江财税与会计，2003（8）

[10] 陈志俊，邹恒甫．防范串谋的激励机制设计理论研究．经济学动态，2002（10）

[11] 楚建德，牛旻昱．银行信贷配给下的我国中小企业融资问题研究——基于内生化企业规模和抵押品价值模型视界．生产力研究，2001（3）

[12] 代磊．长春市自主创新导向型政府采购标准研究．吉林大学学位论文，2007

[13] 傅家骥．技术创新学．清华大学出版社，1998

[14] 龚颖莉，于惊涛．促进技术创新的政府采购研究——以美国与韩国为例．价值工程，2010（2）

[15] 郭立田．企业自主创新能力确认测度与评价——无形资产研究的新视觉．会计之友，2006（7）

[16] 国管局．加拿大的政府采购制度．中国机关后勤，1999（3）

[17] 胡宝清．模糊理论基础．武汉大学出版社，2004

[18] 胡长生．促进企业自主创新的政府采购制度研究．长江论坛，2009（1）

[19] 胡长生．完善自主创新政府采购制度的路径选择．党政干部学刊，2008（8）

[20] 胡舜，陈丽霞．促进湖南高新技术产业发展的政府采购政策试探．湖南财经高等专科学校学报，2008（3）

[21] 胡翼琼．企业自主创新能力评价指标体系与应用研究．企业技术开发，2006（11）

[22] 贾康，王桂娟．新加坡的政府采购简介．财政研究资料，1999（2）

[23] 姜爱华，王斐．典型国家和地区利用政府采购政策促进科技创新的实践及经验．中国政府采购，2011（6）

[24] 姜海军，惠晓峰．基于信息不对称的信贷配给均衡模型研究．金融研究，2008（9）

[25] 江沿．从韩国、芬兰经验看自主创新中的政府行为．经济纵横，2007（8）

[26] 孔刘柳．商业银行信贷合约行为理论．上海财经大学出版社，2001

[27] 李红军，李小捧，王春光．自主创新政府采购实施对策．中国政府采购，2009（3）

[28] 李兴文，刘国新．企业自主创新能力的评价及实证分析．科技与经济，2007（5）

[29] 李真．我国政府采购对科技创新的促进作用实证分析．中国市场，2010（41）

[30] 梁丽卿．法国政府采购制度及对我国的启示．中国政府采购，2004（10）

[31] 林迎星．民营企业自主创新能力评价框架与实例．福建论坛（人文社会科学版），2006（6）

[32] 刘本燕．建立和完善我国政府采购监管机制．地方政府管理，2002（12）

[33] 刘汉屏，李安泽．政府采购理论与政策研究．中国财政经济出版社，2004

[34] 刘和东，梁东黎．R&D 投入与自主创新能力关系的协整分析——以我国大中型工业企业为对象的实证研究．科学学与科学技术管理，2006（8）

[35] 刘慧．政府采购对科技创新具有巨大推动作用．中国政府采购，2005（11）

[36] 刘慧，时光．日本政府采购制度与实践．中国政府采购，2001（5）

[37] 刘尚希．政府采购制度研究文集．经济科学出版社，2001

[38] 刘小川．促进企业科技创新的政府采购政策研究．学海，2008（5）

[39] 刘小川．中国政府采购的政策功能及其政策定位．中国政府采购，

2007（10）

［40］刘勇．发达国家政府采购促进高新技术产业发展的经验．经济纵横，2009（6）

［41］柳卸林．新时期我国促进自主创新的政策解读．山西大学学报（哲学社会科学版），2007（3）

［42］陆军．区域发展中的财政与金融政策工具．新华出版社，2004

［43］洛建文，顾晓雯，彭鸿广．政府采购促进高技术产业自主创新策略研究．科技管理研究，2009（7）

［44］马建新．科技型企业自主创新能力提升的主要评价指标体系及其路径选择．湖南大众传媒职业技术学院学报，2006（5）

［45］孟春．政府采购理论与实践．经济科学出版社，2001

［46］彭鸿广．我国政府采购扶持自主创新政策效果评估与对策．科技与管理，2011（5）

［47］齐志鲲．银行惜贷、信贷配给与货币政策有效性．金融研究，2002（8）

［48］任胜钢，李丽．发达国家政府采购促进高新技术产业发展的政策比较及启示．中国科技论坛，2008（3）

［49］任月婷．从信贷配给角度看国有商业银行对中小企业融资问题．现代经济信息，2001（16）

［50］沈木珠，徐升权．通过地方立法建立扶持高新技术产业发展的政府采购制度．政府采购，2006（2）

［51］施锦明．政府采购．经济科学出版社，2010

［52］孙冰，吴勇．地区自主创新能力评价指标体系的构建——以大中型工业企业为实例的研究．科技与经济，2006（4）

［53］宋河发，穆荣平．自主创新及创新自主性测度研究．中国软科学，2006（6）

［54］宋河发，穆荣平，任中保．促进自主创新的政府采购政策与实施细则关联性研究．科学学研究，2011（2）

［55］唐振鹏，许锦林，林玮．中美政府采购扶持高新技术产业之比较及启示．发展研究，2007（4）

［56］唐振鹏，林玮，许锦林．促进福建省高新技术企业发展的政府采购对策研究．福建论坛（人文社会科学版），2007（6）

［57］田仪顺．扶持自主创新产品的政府采购制度研究．武汉理工大学学位论文，2009

［58］王丛虎．论我国政府采购促进自主创新．科学学研究，2009（6）

［59］王健．国有商业银行信贷配给论．经济学动态，1997（5）

［60］王其江．论政府采购政策对高新技术产业发展的支持作用．中共郑州市委党校学报，2002（2）

［61］王习武，唐龙生，臧发臻．美国政府采购的国际化进程及对我国的借鉴．财经论丛，2002（5）

［62］王霄，张捷．银行信贷配给与中小企业贷款．经济研究，2003（7）

［63］王馨，耿欣．“超常态”信贷配给、商业银行市场行为及其绩效．金融研究，2009（4）

［64］王一鸣，王君．关于提高企业自主创新能力的几个问题．中国软科学，2005（7）

［65］温瑞珺，龚建立，王黎娜．企业自主创新能力评价研究．集团经济研究，2005（9）

［66］翁国民，熊伟．发达国家促进自主创新的政府采购制度及其启示．浙江学刊，2010（5）

［67］伍红．美国的政府采购制度简介．江西财税与会计，2001（5）

［68］吴正合．高度集中的美国政府采购．政府采购信息报，2006－1－13

［69］希北．英国政府采购制度简介．财政研究资料，1999（2）

［70］晓闻．法国的政府采购制度．中国财经报道，2003－3－17

［71］薛菁．促进企业自主创新的政府采购政策研究．中共山西省委党校学报，2008（8）

［72］杨德林，陈春宝．模仿创新、自主创新与高技术企业成长．中国软科学，1997（8）

［73］杨清芬．英国政府采购及税收成本概况．安徽税务，2000（7）

［74］姚文胜．政府采购法律制度研究．法律出版社，2009

［75］谢夑正．科技进步、自主创新与经济增长．中国工程师，1995（5）

［76］徐冠华．调整产业结构关键在于企业自主创新．创新科技，2009（3）

［77］徐焕东．运用政府采购杠杆促进自主创新．中国政府采购，2005（11）

［78］徐强．风险认知差异与信贷配给程度的关系．预测，2005（1）

［79］闫逢柱，张文兵．中部六省大中型工业企业自主创新能力评价与政策建议．经济纵横，2006（11）

［80］阎军印，孙班军．企业技术创新的系统分析与评价．中国财政经济出版社，2002

［81］杨杰．我国中小企业自主创新能力的评价体系研究．集团经济研究，

2006（23）

[82] 杨天宇．国有商业银行对民营企业的信贷配给行为研究．经济科学，2002（4）

[83] 曾黄麟．粗糙集理论及其应用．重庆大学出版社，1996

[84] 张家瑾．我国政府采购市场开放研究．对外经济贸易出版社，2008

[85] 张杰．基于灰色聚类的企业自主创新能力评价．统计与决策，2007（6）

[86] 张静中，曹文红，黄芬．发达国家政府采购扶持自主创新的经验教训．中国政府采购，2007（9）

[87] 张凯，郝晓燕．内蒙古采购与技术创新激励的研究．商场现代化，2010（614）

[88] 张凌，伦洪涛，刘井建．中小企业自主创新能力的综合评价．统计与决策，2007（6）

[89] 张瑞华，张兰．利用政府采购推动中国产业技术创新的思考．中国石油大学学报（社会科学版），2008（2）

[90] 张炜，杨选良．自主创新概念的讨论与界定．科学学研究，2006（12）

[91] 张文修等．粗糙集理论与方法．科学出版社，2001

[92] 张晓杰．美国政府采购支持科技创新的体制分析及启示．中国市场，2007（Z2）

[93] 张照东．政府采购制度比较研究．江西人民出版社，2007

[94] 邹平，刘鸿芳．鼓励自主创新的政府采购制度研究——以云南省为例．云南师范大学学报（哲社版），2009（1）

[95] 周寄中，张黎，汤超颖．关于自主创新与知识产权之间的联动．管理评论，2005（11）

[96] Arnold, Lutz G., and John G. Riley. On the Possibility of Credit Rationing in the Stiglitz - Weiss Model. American Economic Review, 2009, 99（5）: 2012 - 2021

[97] Ashenfelter, O. How Auctions Work for Wine and Art, Journal of Economic Perspectives, 1989（3）

[98] Bester H. Screening vs. Rationing in Credit Markets with Imperfect Information. American Economic Review, 1985, 75（4）: 850 - 855

[99] Bikhchandani, S. Reputation in Repeated Second - price Auctions. Journal of Economic Theory, 1988（46）: 97 - 119

[100] Bo Lojek. History of Semiconductor Engineering. Berlin: Springer Verlag,

2005: 187 - 195

[101] Bond, E., J. R. Tybout and H. Utar. Credit Rationing, Risk Aversion and Industrial Evolution in Developing Countries. NBER Working Paper No. 14116, 2008

[102] Chatterjee, K. and W. Samuelson. Bargaining under Incomplete Information, Operations Research, 1983 (31)

[103] Cheng Weihong. Comments on Credit Rationing. Journal of Finance. 2003 (11)

[104] Cheng, X. and H. Degryse. Information Sharing and Credit Rationing: Evidence from the Introduction of a Public Credit Registry, EBC working paper, 2010

[105] Daniel Houser, John Wooders. Reputation in Auctions: Theory, and Evidence from Ebay. Journal of Economics & Management Strategy, 2006, 15 (2): 353 - 369

[106] David M. Kreps, Robert Wilson. Reputation and Imperfect Information. Journal of Economic Theory, 1982 (27): 253 - 279

[107] Hansen, R. G. Auctions with Endogenous Quantity, Rand Journal of Economics, 1988 (19)

[108] Hellmann T. and J. Stiglitz. Credit and Equity Rationing in Markets with Adverse Selection. European Economic Review, 2000, 44 (2): 281 - 304

[109] Huizhong Wu, Fang Wang, Xia Zhang & Nian He. A model of inexact reasoning in mechanical design evaluation. Artificial Intelligence in Engineering 10, 1996: 357 - 362

[110] Itai Agur. On the Possibility of Credit Rationing in the Stiglitz - Weiss Model: A Comment. DNB Working Paper No. 237, 2009

[111] Jaffee D. M. and T. Russell. Imperfect Information, Uncertainty, and Credit Rationing: a reply. Quarterly Journal of Economics, 1984, 99 (4): 869 - 872

[112] Jiangguo Sun, Perqi Ge, Zhenchang Liu. Two - grade fuzzy synthetic decision - making system with use of an analytic hierarchy process for performance evaluation of grinding fluids, Tribology International, 2001 (34): 683 - 688

[113] Jian Yang, Xiaorui Hu, Han Zhang. Effects of a reputation feedback system on an online consumer - to - consumer auction market. Decision Support Systems. 2007 (44): 93 - 105

[114] Kirschenmann, K. Credit rationing in small business bank relationships, Aalto University School of Economics, working paper, 2011

[115] Laffont, J. J, and D. Martimort. Collusion under Asymmetric Information, Econometrica, 1997 (65)

[116] Laffont, J. J, and D. Martimort. Collusion and Delegation, Rand Journal

of Economics, 1998 (29)

[117] Laffont, J. J, and D. Martimort. Mechanism Design with Collusion and Correlation, Econometrica, 2000 (68)

[118] Laffont, J. J, Faure, Grimaud, A, and D. Marimort. Collusion, Delegation and Supervision with soft information. Working Paper IDEI, Toulouse, 2001

[119] Lensink R. and E. Sterken. The Option to Wait to Invest and Equilibrium Credit Rationing. Journal of Money, Credit and Banking, 2002, 34 (1): 221 - 225

[120] Luis Cabral. The Rise and Fall of Reputation. 2009, Working Paper

[121] Maskin, E. S. and Riley, J. G.. Optimal Auction with Risk Averse Buyers, Econometrica, 1984 (52)

[122] Maskin, E. S., and Riley, J. G.. Optimal Multi - unit Auctions, in Frank Hahn (eds.) The Economics of Missing Markets, Information, and Games, Oxford University Press, Clarendon Press, 1989

[123] McAfee, R. P., Vincent, D.. The Declining Price Anomaly, Journal of Economic Theory, 1993 (60).

[124] Michael H. Rothkopf, Ronald M. Harstad. Modeling Competitive Bidding: A Critical Essay. Management Science, 1994, 40 (3): 364 - 384

[125] Milgrom, P. R., and Weber, R. J.. A Theory of Auctions and Competitive Bidding, Econometrica, 1982 (50)

[126] Milgrom, P. R.. Putting Auction Theory to Work, Cambridge Press, 2004

[127] Milgrom, J. Robert. Predation. Reputation, and Entry Deterrence. Journal of Economic Theory, 1982 (27): 280 - 312

[128] Ming Zhou, Martin Dresner, Robert J. Windle. Online Reputation Systems: Design and Strategic Practices. Decision Support Systems, 2008 (44): 785 - 797

[129] Myerson, R. B.. Optimal Auction Design, Mathematics of Operations Research, 1981 (6)

[130] Ni - Bin Chang, H. W. Chen and S. K. Ning. Identification of river water quality using the Fuzzy Synthetic Evaluation approach, Journal of Environmental Management, 2001 (63): 293 - 305

[131] Richard R. Nelson. Government Support of Technical Progress: Lessons from History, Journal of Policy Analysis and Management, Vol. 2, No. 4, 1983: 504 - 506

[132] Riley, J. G. and Samuelson, W. F.. Optimal Auctions, American Economic Review, 1981 (71)

[133] Robert J. Barro, David B. Gorden. A Positive Theory of Monetary Policy in a Natural Rate Model. The Journal of Political Economy, 1983, 91 (4): 589 -610

[134] Rubinstein, A.. Perfect Equilibrium in a Bargaining Model, Econometrica, 1982 (50)

[135] Ruei - Shan Lu, Shang - Lien Lo. Diagnosing reservoir water quality using self - organizing maps and fuzzy theory, Water Research, 2002 (36): 2265 -2274

[136] Schimdt - Mohr U.. Rationing versus collateralization in competitive and monopolistic credit markets with asymmetric information, European Economic Review, 1997, 41 (7): 1321 -1342

[137] Stiglitz J. and A. Weiss. Credit Rationing in Markets with Imperfect Information, American Economics Review, 1981, 71 (3): 393 -410

[138] Teece D J, Piano G, Shuen A. Dynamic capabilities and strategic management. Strategic Management Journal, 1997, 18 (7): 509 -533

[139] Tensie Steijvers and Wim Voordeckers. Collateral and Credit Rationing: A Review of Recent Empirical Studies as A Guide for Future Research, Journal of Economic Surveys, 2009, 23 (5): 924 -946

[140] Tirole, J.. Hierarchies and Bureaucracies: On the Role of Collusion in Organization, Journal of Law, Economics and Organization, 1986 (2)

[141] Tirole, J.. Collusion and Theory of Organizations, in Advances in Economic Theory, J. J. Laffont (eds.), Sixth World Congress, Cambridge University Press, 1992

[142] UTTERBACK JM. Mastering the Dynamics of Innovation. Boston: Harvard Business School Press, 1994

[143] Williamson S. D.. Costly monitoring, financial intermediation, and equilibrium credit rationing, Journal of Monetary Economics, 1986, 18 (2): 159 -179

[144] Wilson, R.. A Bidding Model of Perfect Competition, Review of Economic Studies, 1977 (44)

[145] Wilson, R.. Auctions of Shares, Quarterly Journal of Economics, 1979 (93)

[146] Wei Chen, Ji - Chang Yang, Zhong - Qin Lin. Application of integrated formability analysis in designing die - face of automobile panel drawing dies, Journal of Materials Processing Technology, 2002 (121): 293 -300

[147] Zhao Jia, Huang Jinhua. An Empirical Research on Taobao: Seller Reputation's Impact on Auction Price Premium. Advanced Management of Information for Globalized Enterprises. IEEE Symposium on 2008: 1 -5

后 记

本书是国家社科基金青年项目“政府采购实施过程中的问题与对策研究”与湖南省社科基金“政府采购招标制度中反合谋操纵机制的研究与设计”的最终研究成果。在这个研究课题开展以来将近三年的时间里，我们很多次夜不成寐，因为选题意义的重要性，也因为研究过程并不是十分顺利，加上中间出国访问一段时间，对课题的研究进展也有些影响。

好在最后一切的艰难都过去了，书稿也终于完成。

在此过程中，要感谢国家社科基金与湖南省社科基金的资助，感谢湖南省财政经济学院吴金光教授的合作，感谢武汉大学经济与管理学院的各位同事的帮助。还要感谢我的连续三届的研究生，帮我查找了大量的资料并与我共同度过那段艰难的研究时光，使书稿在结构上更加完整，内容上更加丰满。这三届的同学们分别是：牛勇、刘洋、朱婉丽、石若菡、徐玲、卢烨婷、朱阳关、熊启跃、涂一灵、王琳、邓锦、林训立、许琳、杨敏、王聪、胡远等。事实上，本书中一些技术方面的成果，我和各位合作者以及以上同学已经通过论文的形式在各级各类期刊上发表。

书稿虽然完成，但仍然觉得意犹未尽，因为促进自主创新企业发展的政府采购机制设计是一个非常具有现实意义的研究课题，随着市场经济的进一步深入，相关政策措施都需要与时俱进地进行调整，我们也希望在后续的研究中能够拿出更加丰硕的成果奉献给各位读者。

马理

2011 年 2 月